创业环境、自我效能 与大学生村官创业

Entrepreneurial Environment, Entrepreneurial Self-efficacy and the Influence on the College-Graduate Village Officials' Entrepreneurship

李剑富　黎　敏　著

中国财经出版传媒集团

经济科学出版社
Economic Science Press

图书在版编目（CIP）数据

创业环境、自我效能与大学生村官创业/李剑富，黎敏著.
—北京：经济科学出版社，2020.12

ISBN 978 - 7 - 5218 - 1983 - 0

Ⅰ.①创…　Ⅱ.①李…②黎…　Ⅲ.①农村 - 基层干部 -
工作 - 中国　Ⅳ.①F325.4

中国版本图书馆 CIP 数据核字（2020）第 201220 号

责任编辑：杨　洋　卢玥丞
责任校对：郑淑艳
责任印制：李　鹏　范　艳

创业环境、自我效能与大学生村官创业

李剑富　黎　敏　著

经济科学出版社出版、发行　新华书店经销

社址：北京市海淀区阜成路甲 28 号　邮编：100142

总编部电话：010 - 88191217　发行部电话：010 - 88191522

网址：www. esp. com. cn

电子邮箱：esp@ esp. com. cn

天猫网店：经济科学出版社旗舰店

网址：http://jjkxcbs. tmall. com

北京季蜂印刷有限公司印装

787 × 1092　16 开　15.25 印张　240000 字

2020 年 12 月第 1 版　2020 年 12 月第 1 次印刷

ISBN 978 - 7 - 5218 - 1983 - 0　定价：62.00 元

（图书出现印装问题，本社负责调换。电话：010 - 88191510）

（版权所有　侵权必究　打击盗版　举报热线：010 - 88191661

QQ：2242791300　营销中心电话：010 - 88191537

电子邮箱：dbts@ esp. com. cn）

国家自然科学基金项目《创业环境、自我效能与大学生村官创业研究》（71463024）研究成果

前　言

　　创业是一个国家或区域经济活力的源泉，创业活跃度与地区经济增长速度密切相关。大学生村官工作自探索实践到全面推进，得到了基层政府和广大群众的高度认可，为农村基层稳定、经济社会发展发挥了重要作用。随着大学生村官工作的顺利实施，大学生村官以其良好的工作态度、积极的工作成效、奋发的工作状态，赢得了广泛赞誉。自 **2008** 年金融危机以来，扩大内需成为实现国内经济循环的战略主基调，而农村投资需求、消费需求成为扩内需的主战场。积极推动大学生村官就近就地创业，既是大学生村官自身发展的内在要求，也是推动农村发展转型的客观需要，是保持国内经济良性健康发展的关键所在。近年来，党和政府一直关注、全力支持创新创业活动。在关于大学生村官期满的流动工作中，强调通过引导聘用期满大学生村官通过留村任职工作、考录公务员、自主创业发展、另行择业、继续学习深造五条出路有序流动。其中特别鼓励大学生村官通过创业农副产品小型加工企业、发展高效农业种植园区、创办专业合作社等，就近就地自主创业。在体制机制上，强调要建立健全党委政府引导、社会组织和企业扶持、市场运作相结合的工作机制，鼓励和支持大学生村官干事创业。通过政府支持、社会募集等方式筹集大学生村官创业扶持资金。整合项目资源，发挥科研机构、高等院校的智力优势，为大学生村官创业富民提供服务。鼓励和扶持大学生村官创办领办农民合作、科技推广、社会化服务等组织和实体。探索创新创业扶持模式，引导和鼓励企业、社会组织参与扶持大学生村官创业，以大学生村官创业带动社会青年创业。中共中央组织部还会同中国人民银行等部门，出台扶持大学生村官创业富民的优惠政策。相关部门和组织还建立创业扶持基金，探索建立

创业环境、自我效能与大学生村官创业

党委政府引导、社会组织和企业参与、市场运作相结合的创业扶持模式。为对冲外部经济挑战，促进实体经济发展，我国坚持以新理念引领经济发展新常态，坚持稳中求进的工作总基调，坚持以推进供给侧结构性改革为主线，加快推动经济结构战略性调整和经济转型升级，让国民经济呈现结构改善、动力增强和质量提升的崭新面貌，产业结构不断优化，需求结构持续改善，企业成本不断下降，企业发展环境不断优化。

发展条件的改善和外部环境的变化，给大学生村官创业带来了重要影响。研究主要包括了四个部分，涵盖了大学生村官创业动因、创业环境和创业自我效能的分析评价、创业影响因素的分析及评价、创业具体案例分析等主要内容，并具体分列九章。研究通过创业环境、自我效能的变化、对大学生村官创业影响的分析，评价大学生村官创业面临的环境及其对创业意愿、创业行为和创业绩效的影响；同时，发展条件的改善和外部环境的变化对大学生村官心理、心态也会产生强烈冲击，影响到大学生村官的创业认知、创业自我效能，并进一步反馈其创业动机和创业行动。研究主要集中于江西省赣南区域并进行适当拓展。作为我国相对集中连片的特殊贫困地区，赣南等地区经济发展仍然滞后，民生问题仍然突出，贫困落后面貌仍然没有得到根本改变。作为国家层面的区域性发展战略，研究结合新的历史条件，集中关注区域大学生村官创业意愿的变化和创业行为的调整，关注新形势下大学生村官创业压力调适，创造良好创业环境、提升大学生村官的创业自我效能感，激发大学生村官的创业意愿、引导大学生村官的创业行为、提高大学生村官的创业绩效，对于推动农村发展、加快乡村振兴步伐、实现区域经济协调发展都具有十分重要的意义。通过实地调查数据研究环境满意度和自我效能感对大学生村官创业意愿行为及绩效的影响；为科学判断环境满意度和自我效能感对大学生村官创业的影响方向、程度及机理提供理论依据；为政府进一步科学优化创业环境、提升创业主体自我效能感提供建议；为进一步促进大学生村官积极创业和成功创业提供实践参考；为激发农村创业活力、推动农村发展进步提供借鉴。

结合大学生村官创业环境和自我效能现状分析，研究提出了相关对策建议。一是要注重政策设计上的整体推进与分类实施，注重战略上的整体推进，同时又要考虑实际。二是要注重日常管理中的统一要求与个性服

务，基于大学生村官的特点有针对性地做好管理服务工作。三是要注重创业环境中的系统优化与突出重点，要结合分析中关于环境分析中的主要因素和主要矛盾进行改进和完善。四是要注重自我效能感的全面提升与精准施策，要把职前、职中与职后教育进一步打通，发挥学校创业教育的基础性作用和村官创业培训的关键性作用，切实提高大学村官的创业意愿，使想创业的能创业、在创业的能成功。

李剑富　黎　敏
2020 年 **8** 月 **31** 日

目　录
CONTENTS

绪　　论

一、研究缘起

随着各国创新活动日趋活跃，创业激情日益升温，创新全球化和多极化日渐凸显，创新活动的新格局渐趋形成，创业已经成为人们的重要职业选择之一。新创小企业对于国家经济的增长、技术的革新以及工作的提供都有着重要贡献，小企业在实现充分就业、提升经济活力、拓展市场容量方面作用巨大。当前，全球贸易形势复杂，国内产业结构转型压力巨大，农村市场疲软、农村创业活力不足、农业产业发展滞后、农民收入偏低等问题仍然是影响中国发展的重大问题。创新创业是乡村产业振兴的重要动能，人才是创新创业的核心要素。大学生村官工作计划作为一项重大战略决策，自 2008 年全面铺开以来，大学生村官创业问题受到各级政府以及社会各界的高度重视和大力支持，一些大学生村官带头创业富民，为农村发展注入了新动力。

积极推动大学生村官就近就地创业，既是大学生村官自身发展的内在要求，也是推动农村发展转型的客观需要。2010 年《关于做好大学生"村官"有序流动工作的意见》指出，要通过引导聘用期满大学生村官，通过留村任职工作、考录公务员、自主创业发展、另行择业、继续学习深造五条出路有序流动，其中特别鼓励大学生村官通过创业农副产品小型加工企业、发展高效农业种植园区、创办专业合作社等，就近就地自主创业。2012 年《关于进一步加强大学生村官工作的意见》中明确提出：积极扶持创业。建立健全党委政府引导、社会组织和企业扶持、市场运作相结合的工作机制，鼓励和支持大学生村官干事创业。通过政府支持、社会募集等方式筹集大学生村官创业扶持资金。整合项目资源，发挥科研机构、高等院校的智力优势，为大学生村官创业富民提供服务。鼓励和扶持大学生村官创办领办农民合作、科技推广、社会化服务等组织和实体。探索创新创业扶持模式，引导和鼓励企业、社会组织参与扶持大学生村官创业，以大学生村官创业带动社会青年创业。中共中央组织部还会同中国人民银行等部门，出台扶持大学生村官创业富民的优惠政策。一些组织还建立创业扶持基金，探索建立党委政府引导、社会组织和企业参与、市场运作相结合的创业扶持模式。2013 年 10 月 25 日，国务院部署推进公司注册资本登记制度改革。2016 年 8 月，为促进实体经济发展，国务院持续推进供给侧结构性改革，采取针对性、系统性措施，有效降低实体经济企业成本，优化企业发展环境，助推企业转型升级，进一步提升产业竞争力，增强经济持续稳定增长动力。这些工作和具体措施进一步优化了创业环境，降低了创业成本，有效激发了创业动机和创业意愿。

尽管党和政府出台了支持大学生村官创业的相关政策，但创业动因是个体因素和环境共同作用的结果（Suzuki & Kim，2002）。大学生村官处于新农村建设的最基层，优化农村创业环境，激发大学生村官的创业激情显得尤为重要（范明和肖璐，2012）。理想的创业环境是激发创业行为的平台。创业环境是相关要素组合，一方面是指影响人们开展创业活动的政治、经济、社会文化诸要素；另一方面是指获取创业帮助和支持的可能性（Bird B.，1989）。作为外部支持力，很多研究发现，当外界环境不支持创业者时，创业者发现要想获得成长的需要将是非常困难的，可能会让创业者失去兴趣（吴启运和张红，2008）。创业自我效能（entrepreneurial self-efficacy，ESE）是一种个体相信自己能胜任不同创业角色和任务的信念（Chen，1998），它是隐藏在创业者认知结构、创业意向、创业行动背后的深层次的信念因素（Krueger，2007）。作为内在动力源，研究发现自我效能感对创业意向有十分明显的主效应（Boyd，1994；Zhao，2005）；创业自我效能理论可用作理解和解释人类创业行为的有力工具，实证分析表明自我效能感对创业动机有显著影响，个体一旦判断自己能够把握创业机会，其自我效能感就会增强，创业动机也相应被强化（韩力争，2006；王玉帅，2008）。但目前极少的有关大学生村官创业问题的研究仅是对大学生村官创业成功典型的介绍及现状分析（谢志远等，2010；吉蕾蕾和吴国清，2010；袁晓辉和王卫卫，2011；范明和肖璐，2012）。而更需要我们关注的是：从外因看，大学生村官面临创业环境怎样，其满意度如何？从内因看，大学生村官创业自我认识如何，其自我效能感怎样？我们该如何激发？创业环境和自我效能对大学生村官创业有何影响、如何影响？我们该如何引导？大学生村官对外在环境的满意度和内在自我的效能感有何变化？我们该如何提升自我效能感？这些问题的科学应对是推动大学生村官积极创业的重要基础，也是促使大学生村官创业富民、实现价值的关键所在，真正使大学生村官留得下、用得上、有作为。

研究主要集中于江西省赣南区域并进行适当拓展。我国当今乡村地区经济发展仍然滞后，民生问题仍然突出，贫困落后面貌仍然没有得到根本改变。面对新机遇，区域大学生村官的创业意愿如何？创业行为有何变化？我们要如何调整以创造良好的创业环境、提升大学生村官的创业自我效能感，激发大学生村官的创业意愿、引导大学生村官的创业行为、提高大学生村官的创业绩效，对于推动农村发展、加快赣南等区域振兴步伐、实现区域经济协调发展具有十分重要的意义。因此，我们从创业环境和自我效能介入，构建适合当前大学生村官岗位特点、农村基层创业实际的创业环境评价指标体系和创业自我效能评价指标，由此形成问卷调查材料，通过实地调查数据、实证研究环境满意度和自我效能感对大学生村官创业意愿行为及绩效的影响，并提出相应的优化和改进建议，以期既为科学判断环境满意度和自我效能感对大学生村官创业的影响方向、程度及机理提供理论依据，也为政府进一步科学优化创业环境、提升创业主体自我效能感，促进大学生村官积极创业和成功创业提供实践依据，并通过大学生村官创业激发农村创业活力，推动农村发展进步。

二、研究设计

我们依据社会认知理论和行为决策理论模型，以"认知—行为—反

创业环境、自我效能与大学生村官创业

应"为主线,创业环境和自我效能通过影响创业主体的认知(包括大学生村官对创业环境期望与感知之间的差异程度,即大学生村官对创业环境满意度;大学生村官创业对自己是否有能力完成创业活动所进行的推测与判断,即大学生村官能否胜任自身创业角色和创业任务的信念的大小),进而影响大学生村官的创业意愿、创业行为选择及其创业行动。我们首先从外因和内因两个方面切入,考察大学生村官对创业环境的满意度及自我效能感;再按照"意愿—行为—绩效"思路,重点科学地判断创业环境和自我效能对大学生村官创业意愿激励、创业行为引导、创业绩效促进的作用和机理这三个关键问题。图0-1揭示了创业环境、自我效能对大学生村官创业影响的研究框架。

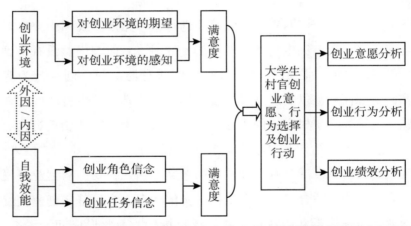

图0-1 创业环境、自我效能对大学生村官创业影响的研究框架

为准确了解大学生村官创业相关情况,把握大学生村官创业意愿,有针对性地促进大学生村官创业行为,我们通过对相关文献的梳理和大学生村官的特征,结合创业活动特点和农村基层创业实际,设计了《大学生村官创业问题研究》调查问卷。根据研究目标,问卷主要包括6个部分。一是村域特征,主要是大学生村官工作地特点、与乡镇及县城的紧密度、当地创业资源状况、村民收入水平及乡镇经济发展水平。二是个体特征,主要有个人自然特征、教育培训状况、身份状况、风险偏好、社会交往状况。三是家庭特征,含有父母文化程度及收入来源、家庭成员情况、个人收入水平及区间、家庭社会资本情况等。四是创业环境。五是创业自我效能。六是创业认知特征。后三部分内容主要是在参考相关研究文献及创业相关成熟测量量表基础上，分别构建大学生村官创业环境和自我效能评价指标体系（见表 0-1）。

表 0-1　　大学生村官创业环境和自我效能评价指标体系设计

类别	一级指标	二级指标	设计依据
创业环境	政策支持环境（Se）	使用税收减免、用地优惠、创业项目、工商登记、信息咨询、法制环境、税费、融资渠道多少、获得低息贷款的难易、获得各类金融服务支持的机会等指标	梳理相关研究文献及创业环境模型，结合农村基层环境实际设置相关题项进行测量
	经济发展环境（Ee）	使用经济增长趋势、经济活动多样性、家庭对创业支持程度、公众对创业的支持程度、公平竞争环境、信息网络、交通设施、水电气设施等指标	
	社会文化环境（Ce）	使用创业教育、创业培训、适用工人的可获得性、技术服务等指标	
自我效能	创新效能（Ip）	使用为既定目标的努力程度、坚持时间、面临挫折和负面反馈时的决心等指标	梳理相关研究文献，结合大学生村官和政策目标，并参考陈等（Chen, et al.）创业自我效能量表设置相关题项进行测量
	机会识别效能（Rp）	使用开发新产品的能力信心、识别新市场机会的能力信心等指标	
	管理控制效能（Mp）	使用风险管理能力、风险承担能力以及与潜在投资者、利益相关者、合作者和员工的关系协调信心等指标	
	组织承诺效能（Op）	使用能否保持对供应商、员工、顾客、投资者的承诺自信等指标	

以上指标通过相关题项，利用费耐尔模型（即顾客期望与感知逻辑模型）测量大学生村官对各项具体创业环境的满意度和自我效能感。在调查问卷中，将大学生村官对二级指标下各具体题项的最终评价结果采用李克特 7 级量表：1 = "非常不同意"；4 = "中性"；7 表示"非常同意"。由大学生村官依据自己的判断进行回答。

其中第四部分包括了政策支持环境、经济发展环境和社会文化环境三类内容，以 33 个题项来测量。第五部分通过创新效能、机会识别效能、管理控制效能和组织承诺效能 4 个维度，用 20 个题项来具体评估。第六部分则从创业需求性、创业可行性、创业动机类型、创业意愿强度 4 个方面，通过 21 个题项来评价。第七部分则是创业意愿行为的调查。主要通过创业信息关注情况、创业行为选择、创业意愿形成及创业原因分析、创业状况评价等来具体了解大学生村官的创业动因，并进一步对大学生村官创业扶持政策进行满意度评价。问卷设计完成后进行了模拟测评，主要根据测试者反馈对相关题项及选项进行进一步修订完善，使之易于实施、便于选择。

三、主要数据来源及统计描述

（一）数据来源

我们以赣州市所辖 18 个县（市、区），参照执行对口支援政策的吉安市吉州区、青原区、吉安县、吉水县、新干县、永丰县、泰和县、万安县；抚州市黎川县、南丰县、乐安县、宜黄县、广昌县等 13 个特殊困难县（区）共 31 个县作为调研县。调研工作以实地问卷调查形式为主，以深入访谈、座谈会、小型会议为辅，比较系统地采集相关数据和资料。截至调查时点，赣南等地区有大学生村官 1800 余名，按照 20% 的比例随机确定问卷对象 360 名。2015 年暑假前夕，我们利用大学生暑期社会实践的机会，根据问卷调查对象所在区域在全校在校大学生中遴选大学生调查员，经培训后返乡进行问卷调查，实际共发放调查问卷 325 份，回收 296 份，问卷回收率达 91.1%；剔除填写不全等无效问卷后有效问卷为 262 份，回收问卷有效率为 88.5%。调查对象具体情况如表 0-2 所示。

表 0-2 　　　　　　　　调查对象分布情况参数

市	县（区）	回收问卷（份）	有效问卷（份）	有效率（%）	性别比例（%）		文化程度百分比（%）			婚配比例（%）	
					男	女	大专	本科	研究生	已婚	未婚
赣州市	18	154	135	87.7	46.4	53.6	5.3	86.9	7.8	39.4	60.6
吉安市	8	113	102	90.3							
抚州市	5	38	34	89.5							

（二）调查对象基本特征描述

1. 调查对象区域特征

我们的抽样调查显示（见表 0-3），目前大学生村官工作区域大多集中在城郊乡镇周边的行政村，距离乡镇中心地一般不超过 5 公里，与乡镇中心联系紧密度较高。但从适合创业资源支持情况来看情况还不容乐观，有较多创业资源的地方不足 10%。从问卷调查数据中也反映出，尽管有创业意愿的大学生村官超过总数的 50%，但实际创业的大学生村官却不足 10%。另外，调查显示大学生村官所在村或乡镇的经济水平一般，当前农村经济发展任务还很重。

表 0 - 3　　　　　调查对象工作地区域基本特征描述

题项		频率	百分比（%）	有效百分比（%）	累积百分比（%）
是否城镇郊区	是	167	63.7	63.7	63.7
	否	95	36.3	36.3	100.0
到乡镇距离	小于 2.5 公里	108	41.2	41.2	41.2
	2.5～5 公里	72	27.5	27.5	68.7
	5～10 公里	61	23.3	23.3	92.0
	10～20 公里	18	6.9	6.9	98.9
	20 公里以上	3	1.1	1.1	100.0
是否有合适创业资源	根本没有	28	10.7	10.7	10.7
	有一些	211	80.5	80.5	91.2
	有很多	23	8.8	8.8	100.0
所在村收入水平	较低	63	24.0	24.0	24.0
	一般	164	62.6	62.6	86.6
	较高	35	13.4	13.4	100.0
所在乡镇经济发展水平	较低	46	17.6	17.6	17.6
	一般	167	63.7	63.7	81.3
	较高	49	18.7	18.7	100.0
	合计	262	100.0	100.0	

2. 调查对象个人特征统计描述

从目前大学生村官队伍总体情况看，他们大多是男性，绝大多数处于未婚状态，年龄多集中在 25 岁左右，他们正处在发展的关键时期，具有成就一番事业的强烈愿望。从我们的调查数据来看（见表 0 - 4），调查对象中有 63.4% 是男性大学生村官，62.6% 属于未婚。93.5% 的大学生村官学历为

创业环境、自我效能与大学生村官创业

大学本科及以上，大多数是中共党员，思想素质和专业素质总体比较高。

表 0 - 4   调查对象个人基本特征描述

题项		人数	所占比例（%）	题项		人数	所占比例（%）
性别	男	166	63.4	所任职务	村支书	15	5.7
	女	96	36.6		村主任	17	6.5
婚姻	已婚	98	37.4		两委委员	83	31.7
	未婚	164	62.6		两委助理	147	56.1
年龄	22 岁以下	11	4.2	现在身份	村干部	124	47.3
	23～25 岁	111	42.4		公务员	25	9.5
	25～28 岁	95	36.3		事业编制人员	31	11.8
	28～35 岁	39	14.9		企业人员	1	0.4
	35 岁以上	6	2.3		其他	81	30.9
学历	大专	17	6.5	任职时间	1 年以下	52	19.8
	本科	227	86.6		1～2 年（包含 1）	92	35.1
	研究生	18	6.9		2～3 年（包含 2）	70	26.7
政治面貌	中共党员	182	69.5		3 年及以上	48	18.3
	共青团员	74	28.2	风险偏好	冒险型	41	15.6
	民主党派	1	0.4		中间型	157	59.9
	群众	5	1.9		保守型	64	24.4
学校层次	211 及以上	20	7.6	月度话费支出	40 元以下	18	6.9
	省属高校	215	82.1		40～60 元	79	30.2
	市属高校	16	6.1		60～80 元	76	29.0
	专科院校	11	4.2		80～100 元	52	19.8
专业类别	农业类	35	13.4		100 元以上	37	14.1
	理工类	66	25.2	与朋友联系数量	3 位及以下	26	9.9
	管理类	4	1.5		4～6 位	107	40.8
	医学类	53	20.2		7～9 位	67	25.6
	财经类	25	9.5		9～11 位	21	8.0
	法学类	13	5.0		11 位以上	41	15.6
	教育类	26	9.9	是否有一技之长	有	142	54.2
	其他	40	15.3		无	120	45.8

题项		人数	所占比例（%）	题项		人数	所占比例（%）
出生地	城镇	76	29.0	技术专长	农业技术	61	23.3
	农村	186	71.0		工业技术	26	9.9
选择村官原因	就业压力	42	16.0		建筑技术	6	2.3
	政策吸引	63	24.0		营销技术	25	9.5
	作为跳板	44	16.8		管理技术	81	30.9
	建功立业	65	24.8		信息技术	63	24.0
	他人影响	15	5.7	受过专门培训	是	134	51.1
	其他	33	12.6		否	128	48.9

　　另外，从大学生村官职业发展来看，已有12.2%的大学生村官已担任村级两委班子负责人即村支书或村主任，正式成为村级两委成员的已占43.9%。这与大学生村官任职时间也基本上保持一致，从调查对象来看有45%的大学生村官任职在2年及以上时间。这也说明，经过一段时间的适应、融入和工作实践，大学生村官逐渐得到了村民和基层组织的认可，逐渐进入村级组织核心圈层，这为他们发挥作用提供了更广阔的舞台。

大学生村官创业动因的理性分析

　　创新是经济发展的灵魂,凭借创新作为特殊工具,企业家将变化看作是开创另一个企业或服务的机遇。创新创业这一时代主题,逐渐演变成不同国家和地区间发展的主要竞争力,正受到社会日益广泛的关注。农村发展事关国家工作全局。长期以来,农村地区建设一直受到党和政府的高度重视。可以说,农民实际生活水平的高低是我国发展农村工作成效的最直接体现。2013 年 4 月 9 日,习近平总书记在海南省出席博鳌亚洲论坛就近到农村考察时,了解近年来当地农业生产发展、农民生活改善的情况后,感叹地说道:"小康不小康,关键看老乡"![①] 如何才能使我国广大农村地区,特别是贫困地区得到长足发展,缩小日益拉大的城乡差距呢? 事实表明,光靠国家"输血"式的扶贫不能解决农村问题,甚至造成了越扶越贫的怪异现象,只有增强农村发展内生动力,将国家"输血"与农村当地"造血"相结合,才是解决农村发展问题的良策。受传统农业思想的影响,在农村,农民的农业生产方式方法只是在原有的基础上进行小修小补,未能与时代发展的脚步相结合,使得最新技术与农业生产相脱节。大学生在农村的创业,有利于其凭借自身优势,充分利用当地农业资源,发现商机;有利于其带动当地经济发展,增加农民收入;有利于农民接受科学的农业理念,掌握最新农业机械设备,将先进的科学技术与管理方式运用于

---

① 李维. 习近平重要论述学习笔记 [M]. 北京:人民出版社,2014.

农业生产生活中，进而提高农业生产、节省劳动力、提升劳动效率，推动现代农业的发展；有利于农民转变原有的思想观念，接受新的思想，真正成为紧跟时代脚步的现代农业人。

在当今科学技术发展迅速的信息时代，农村地区应该立足自身实际，发展新产业，走创新创业致富之路，但仅仅依靠农民的力量显然是不够的。在此背景下，大学生村官的"加入"为破解此类难题带来了契机。一方面，农村地区需要转变发展观念、方式，找到与本地相符的创业项目，而大学生村官年轻有活力，知识结构充足，能为农村注入新鲜血液。另一方面，大学生村官思维活跃，创新意识强，农村广阔的天地可为其提供场所，同时大学生村官可以通过带动当地村民创业致富的方式来实现自己的个人价值和社会价值。大学生村官创业作为大学生群体创业和农村创业的重要组成部分应予以重视。提高大学生村官创业水平有利于解决社会历史发展进程中遗留下来的农村发展的突出问题、难点问题。因地制宜创业为农村的经济、文化发展注入了新动力，创造了更多的就业岗位，激励外出务工的农民返乡就业，使农村地区贫困的经济面貌得以改善，农村基层尖锐的社会矛盾得以缓解，从而实现城乡协调发展，有利于社会稳定；创业有助于大学生村官自我成长提高社会竞争力，促进任职期满的大学生村官有序流动；创业有助于引导广大毕业生基层就业，高层次人才回流到农村服务于新农村建设，既减轻了城市的就业压力又增添了农村活力。对大学生村官创业意愿现状进行研究可以为建立和完善大学生创新创业教育机制、探索创新创业教育扶持模式以及出台大学生村官创业富民优惠政策等提供重要的理论和实践依据。

第一节　大学生村官创业活动发生的动因

一、大学生村官创业活动发生的外部动因

（一）政府扶持政策

大学生村官工作计划作为国家面向农村的一项人才战略，自实施以来

得到了中央政府和地方政府的大力支持。2005 年 6 月中共中央办公厅和国务院办公厅发布《关于引导和鼓励高校毕业生面向基层就业的意见》，鼓励高等院校的毕业生进入农村工作。2008 年 10 月党的十七届三中全会《中共中央关于推进农村改革发展若干重大问题的决定》指出，"引导和鼓励高校毕业生到村任职，实施一村一名大学生计划"。国务院办公厅《关于加强普通高等学校毕业生就业工作的通知》中有关高校毕业生到农村基层就业创业的鼓励扶持政策，均适用于大学生村官。该文件明确要求中国人民银行各分支机构要及时组织有关金融机构加强对大学生村官创业富民的金融服务需求调研，督促和鼓励各金融机构改进信贷方式、创新信贷产品，确保符合条件的大学生村官创业富民得到合理有效的金融支持。党的十八届三中全会《中共中央关于全面深化改革若干重大问题的决定》要求："健全鼓励高校毕业生到基层工作的服务机制""实行激励高校毕业生自主创业政策"。李克强总理在 2015 年政府工作报告中强调"大众创业，万众创新"，各级财政应设立"大学生村官创业扶持基金"。此外，为鼓励大学生村官创业，政府还出台了税收优惠、资金补贴、贷款低利率等扶持政策。地方政府按照中央文件精神，结合当地的实际情况，相应出台了大学生村官创业的优惠政策。

（二）社会舆论环境

高校毕业生数量的增加，加之工作岗位提供的有限性，使得高校毕业生所选择的岗位供不应求，进而加剧了就业难的问题。大学生村官创业无疑为高校毕业生择业开辟了一条新路。自 2008 年以来，大学生村官作为新型发展的事物在国家政策的扶持下，正在逐渐得到广大群体的认可和支持，尤其是自李克强总理在政府工作报告中提出"大众创新，万众创业"以来，创新创业之风已吹向祖国各地。现阶段，大学生村官创业有着良好的创业氛围，大众可通过杂志、广播、电视、互联网等媒介了解大学生村官的先进典型事例，如大学生村官网、中国青年网等，为有意愿成为大学生村官的大学生提供了良好的信息平台，使得他们能够随时掌握最新动态，了解大学生村官的先进事迹，更新自身的知识储备。不论是举办评选首届"中国十佳大学生村官"的组织活动，还是"网红村官"——江西某乡村官的自费拍写真个人活动，当地特色资源的"代言"等实践都为大学生村官创业营造了良好的舆论环境。

（三）高校教育教学

大学生村官有着良好的教育基础，他们在校期间学习理论知识，掌握着最新的科学技术，并且具有较强的接受新事物的能力，这都为他们以后的工作奠定了理论基础。为响应国家政策的号召，各高校陆续开设大学生就业指导课，挑战杯创新创业课，建立大学生创业孵化中心，鼓励在校大学生积极创业以及大学生暑假社会实践"三下乡"活动等都为大学生毕业村官创业积累了一定的经验。在选课结构上也作了调整，增加了农学、医学、法律等辅助性课程，丰富了大学生的学习内容，拓宽其视野。尤其是农业高等院校，结合所在学校的专业优势，指导学生将学科专业知识与实践相结合，为大学生服务农村奠定了专业基础。

二、大学生村官创业行为发生的内部动因

（一）大学生村官的内在需求

美国心理学家亚伯拉罕·马斯洛将人类内在需求像阶梯一样从低到高按层次分为五种，而尊重的需求和自我实现的需求是高级需求，他们是通过内部因素才能满足的，而且一个人对尊重和自我实现的需求是无止境的。同一时期，一个人可能有几种需求，但每一时期总有一种需求占支配地位，对行为起决定作用。一般来说，某一层次的需求相对满足了，就会向高一层次发展，追求更高一层次的需求就成为驱使行为的动力。大学生村官岗位性质为"村级组织特设岗位"，系非公务员身份，与公务员相比，大学生村官在政策制度上并不享受诸多保障，不属于"铁饭碗"范畴。许多大学生村官被戏称为"泥腿子干部"，这当然有大学生村官立足基层和百姓关系密切之意，但也或多或少反映出大学生村官由于在制度上缺乏保障，社会认可程度较低，尊重需求未被完全满足。大学生村官初入职场，有着强烈的尊重需求，渴望得到认可。在校期间理论知识的积累使得其渴望到农村将所学知识运用到实践中，带动村民致富以实现自身价值和促进经济发展。自我内在需求一旦与发展客观需要结合起来，将会为个体动能激发带来蓬勃动力。

（二）大学生村官的历史使命

随着国家经济的发展，城乡二元体制已不再适合当前的经济体制，为了缩小城乡差距，促进城乡公平发展，党中央作出建设社会主义新农村，加快推进城乡一体化进程的决策。农村是我国经济发展的薄弱环节，其发展的好坏直接影响着整个国家经济的发展，因此，大学生村官肩负着建设社会主义新农村的历史使命。近年来，农村的大批青壮年人才单向流向城市，使得农村缺少主干力量，进而制约了农村经济的发展。大学生村官的到来，为农村的发展注入了活力。他们观念新、思路宽、信息广，能够结合自身的特点和当地的资源优势，扎根农村、服务农村，带领广大农村人民脱贫致富。大学生村官作为社会主义新农村建设的骨干力量，承载着建设社会主义新农村的光荣使命。

（三）大学生村官的发展压力

我国每年毕业的大学生人数在逐年增长，据统计2014年高校毕业生突破700万人，2015年达749万人，2016年为765万人（到2020年全国高校毕业生人数已达874万人，比上年增加40万人，再创历史新高）。由于劳动力市场供应充足，适合毕业生的工作岗位相对有限，这就加剧了大学毕业生的就业困难。为解决就业问题，很多大学生会选择村官或者是把当村官作为一个过渡时期和跳板。当前，国家就大学生村官创业出台了很多优惠政策，如公务员考试对有基层经验的优先、考研的加分等，而且大学生村官任期一般在2~3年，持续时间较短，大学毕业生可以在这段时期得到缓冲，不但可以解决当下的就业困难问题，还可以在基层积累一定的工作经验，为考取公务员、事业单位或进一步的深造作准备。据《2015中国大学生村官发展报告》的数据显示：截至2014年底，全国大学生村官累计流动24.8万人，其中进入公务员队伍9.2万人，占36.9%；自主创业1.8万人，占7.4%；另行择业13.6万人（包括进入事业单位7万人），占54.7%；考取研究生2300人，占1%，这就充分证明了以上观点。

（四）大学生村官的个性特点

大学生村官年纪轻、视野宽，勇于挑战，富有激情和创造力。大多数由"80后""90后"组成，作为伴随着时代巨变成长起来的新一代，尽管被贴上了诸如"自我""标新立异"等标签，但是这一代人具有许多上一代人所不具备的特点。刚刚走出高校的大学生村官正值青春韶华，他们有自己的想法并善于积极主动地表达自己，勇于向困难发起挑战，有活力、有激情，视野开阔、思维敏捷，富有创造力。大学生村官多数为本科及以上学历，在高校经历了四年或更长时间的学习实践，积累了丰富的专业知识以及生活、科学常识，涉猎了较多的知识领域。同时，他们具备较强的学习能力，处在网络时代的他们往往可以借助网络掌握原本陌生的知识、技能，并加以运用。而且他们思想活跃，不墨守成规。"80后""90后"是"不走寻常路"的一代，按部就班不是他们的风格，他们在思想上高度活跃，对于传统、权威敢于提出疑问。富有创造力的他们时常有奇思妙想，并敢于尝试，付诸实践，我国乡村地区有足够广阔的天地任由他们驰骋。

（五）大学生村官的价值追求

大学生村官主要通过留村任职工作、考录公务员、自主创业发展、另行择业、继续学习深造"五条出路"有序流动。受出路问题困扰的大学生村官具有强烈的早日实现自我价值和社会价值的愿望，尤其在和其他目前工作较好的同学的比较之下，会带来更多的危机感和紧张感。在经过一段时间了解当地经济、资源、人文情况后，大学生村官可分析当地优势和不足，确定可行的发展项目，并与当地的村干部商讨策划，评估方案的可行性，尽可能地调动当地村民积极参与其中，这不仅是加强大学生村官与村民交流，进行思想观念转换的过程，也是其锻炼工作能力，培养艰苦奋斗精神的过程。在整个创业中，大学生村官在提升自我的同时也带领农民创业致富，进而实现了自我价值和社会价值的统一。

第二节　大学生村官创业现状的分析

保持经济长期发展繁荣是宏观经济的重要目标。世事无常，变化是永恒的主题，人类历史上没有任何一个国家能长期保持自己的地位不变。美国作为世界大国，20世纪七八十年代的美国经济没有遭遇预期的"康德拉季耶夫经济停滞"现象，得益于当时出现的一种崭新的经济形态，称为

创业环境、自我效能与大学生村官创业

"创业型经济"，使美国经济以迅猛的势头赶超了西欧和日本，呈现经济繁荣景象。创业型经济以其广泛的高水平社会创新创业实践为主要标志，在实际扩大就业、创造公平环境、促进社会变迁等方面发挥强大威力。我国农村发展长期滞后，以粮食种植兼营副业的传统经营模式占据主体地位，尤其是在偏远地区，传统土地经营收益仍是农民的主要收入来源，这种经营模式收益低下，经济效益有限。农村创业为农民改变命运，满足自身发展需要提供了广阔平台。以创业带动就业能够有效化解农村富余劳动力就业问题，是切实促进农村基层社会和谐稳定和农村经济健康发展的有效措施。政策导向、市场信息、流通渠道和公共服务设施的日渐完善为农村创业创造了客观可能性，农村经济转型和产业结构优化为农村创业创造了前所未有的机遇和环境。这是有待开发的广阔市场，与成熟的市场相比，创业者面临更小的竞争压力和更多的创业机会，以及可供复制和借鉴的经验。另外，农村创业门槛比较低，成本不高，农村富余的劳动力也为农村创业创造了人力资源优势。

一、大学生村官政策层面的角色定位与实际角色的偏离

促进农村经济快速发展，推进基层治理现代化进程是实现我国全面建成小康社会、全面深化改革战略目标面临的最为紧迫的任务。农村社会资源匮乏，经济基础薄弱，社会结构复杂多元，农村基层组织建设人才稀缺，造成基层管理出现诸多棘手问题。于是，党中央决定实施"大学生村官工作计划"为农村发展注入新鲜血液，确保至少一村一名大学生服务于新农村建设，希望他们成为支援基层建设的中坚力量。大学生村官具有较深厚的学科知识积淀，有理想有追求不安于现状，综合素质强，较容易建立丰富的社会关系网络，理应承担起探索新型农村经济社会事业发展模式的重任，促进新知识体系在农村发展中的推广应用，促进农民陈旧观念和固化思维方式的改变，在带动并促进"物的新农村"成为"人的新农村"建设和促进基层农村民主管理、改善农村基层治理等方面体现举足轻重的作用。在"大众创业，万众创新"和积极推进新农村建设的社会大背景下，大学生村官作为农村社会经济发展的重要人才支撑还承担着创业富民

的重任，在农村传授新知识新技术新信息、弘扬创新精神、识别创业机会，在整合社会资源中具有重要作用，大学生村官以其创业激情和动力，是促进农村创业型经济发展的重要力量。

但在现实中，大学生村官政策初始设计与实际效果相去甚远，农村治理没有因为大学生村官的到来得到显著改善，大学生村官在工作中的他人认同和自我认同程度比较低，在履行其角色功能时遭遇实然困境。甚至，如何促进大学生村官任期届满后分流成为组织部门需要考虑的另一重大难题。由于缺乏相关的政策、法律文件对大学生村官管理作出明确规定，造成大学生村官在社会角色转变的过程中对自己的职责认识不清，时常陷入迷茫。大学生村官大学刚毕业缺少工作阅历，工作能力有限，农村服务期限短，村干部很少有将大学生村官作为农村经济的重要人才支撑来培养，更多时候只是把他们当作助理使用，没有固定的工作内容。大学生村官也会被长期借调到乡镇部门工作，跟农民很少接触，甚至出现农民不清楚村里有大学生村官存在的情况，或是村民对大学生村官态度冷淡，不会对其寄予厚望。大学生村官自身也只是把当村官作为"跳板"，即使有过创业富民的理想也在现实中慢慢磨灭，工作中抱着"不求有功但求无过"的心态，一心想要通过考试转变身份，工作几年之后又因专业知识技能退化而丧失竞争优势。

二、大学生村官创业意愿及其特点

（一）大学生村官创业意愿现状

农村地区要形成大众创业、万众创新的良好局面依赖于营造浓厚的创业氛围，关键取决于农村基层带头人队伍的建设成效，尤其是要发挥大学生村官典型示范效应。大学生村官积极创业不但能够带动区域经济发展，创造社会财富，而且作为榜样激励着村民勇敢实践，引领农村大众尝试多样化的创业活动。调查数据显示（见表1－1），大学生村官男性比例为63.4%，女性比例为36.6%，男性人数明显多于女性；出生在城镇和农村的比例分别为29.0%、71.0%，大部分的大学生村官具有农村生活背景，对农村发展状况比较熟悉；理农医等专业人数是经管法教等专业人数的两倍多，说明他们当中很多人都掌握了某一方面的技术，具备较强的科学素养和文化素养；绝大多数人是本科学历，专科生和研究生学历的较少；其中中共党员占69.5%，大学生村官思想政治素质较高。

表1-1　　　　　　　调查样本的基本特征

项目	分类	样本数	百分比（%）
性别	男	166	63.4
	女	96	36.6
出生地	城镇	76	29.0
	农村	186	71.0
专业	经济、管理、法律、教育	68	26.0
	理工、农业、医学	154	58.8
	其他	40	15.2
学历	专科	17	6.5
	本科	227	86.6
	研究生	18	6.9
政治面貌	中共党员	182	69.5
	共青团员	75	28.6
	民主党派	0	0
	群众	5	1.9

注：经管法教包括财经类、管理类、法律类和财经类专业；理农医包括理工类、农业类和医学类。

在调查中，我们设计了七个题项内容，采用7分量表测量大学生村官的创业意愿强度，分别是"我的职业发展目标是成为企业家""我经常会考虑是否要创业""我会尽一切努力创办自己的企业""我会认真考虑有关创业的事情""我决定将来要自己创业""我已经做好了成为创业者的准备"和"我坚信自己将来一定会创办企业"。从1到7表示对评价项目的认同程度依次增强："1"表示完全不认同；"3"表示认同感较低；"4"表示认同度一般；"5"表示比较认同；"7"表示认同度非常高。通过对数据整理得到大学生村官创业意愿强度均值为3.49，对于"是否愿意创业"问题54.6%的人回答是肯定的，45.4%的人回答是否定的，表明整体而言大学生村官农村创业意愿强度一般。不同性别的大学生村官创业意愿强度存在显著差异，其中男性的创业意愿强度显著高于女性。对此可能的解释是男性承担供养家庭的责任，背负着更大的经济压力，而村官的基本工资太低不足以支撑经济需要，创业可能带来的可观收入非常具有吸引力。另外，男性事业心强，更渴望得到外界的认可，更善于构建社会关系网络积累社会资源。出生地不同对创业意愿也有影响，农村出生的大学生村官比城镇出生的创业意愿要更强，而出生地经济发达与否对大学生村官创业意愿强度没有显著影响。另外，婚姻状况和毕业学校层次对其创业意愿没有显著影响。

（二）大学生村官创业意愿特点

统计数据也表明，大学生村官创业意愿有其明显特点：

（1）创业意愿较高。通过对问卷调查数据的分析可得出，在262人中有143人愿意创业，此比例占总数的54.6%。由此可见，大学生村官的创业意愿较高，如表1-2所示。

表1-2　　　　　　　　大学生村官是否愿意创业

项目		频率	百分比（%）	有效百分比（%）	累积百分比（%）
有效	不愿意	119	45.4	45.4	45.4
	愿意	143	54.6	54.6	100.0
	合计	262	100.0	100.0	

（2）创业行业以农业为主。从担任过大学生村官的人员中进行统计，其涉及的创业行业有：特色种植养殖业、加工业、餐饮服务业、销售服务业、农村旅游业等主要领域，在总的行业中占有效百分比分别为36.6%、16.0%、13.7%、14.5%、10.7%，合计占到91.5%，如表1-3所示。

（3）创业政策的关注情况良好。从表1-3中可以看出，在对大学生村官创业的关注情况统计中显示：有105人比较关注创业政策，其占总的有效百分比为40.1%，108人对创业政策的关注态度为一般，其占总比为41.2%。可见，大学生村官对创业对策的关注程度良好，如表1-4所示。

创业环境、自我效能与大学生村官创业

表 1-3 大学生村官创业行业

项目		频率	百分比（%）	有效百分比（%）	累积百分比（%）
有效	特色种植养殖业	96	36.6	36.6	36.6
	加工业	42	16.0	16.0	52.7
	小型工矿企业	7	2.7	2.7	55.3
	餐饮服务业	36	13.7	13.7	69.1
	运输业	5	1.9	1.9	71.0
	销售服务业	38	14.5	14.5	85.5
	农村旅游业	28	10.7	10.7	96.2
	农村合作组织或协会	10	3.8	3.8	100.0
	合计	262	100.0	100.0	

表 1-4 大学生村官创业政策的关注情况

项目		频率	百分比（%）	有效百分比（%）	累积百分比（%）
有效	不关注	6	2.3	2.3	2.3
	不太关注	17	6.5	6.5	8.8
	一般	108	41.2	41.2	50.0
	比较关注	105	40.1	40.1	90.1
	非常关注	26	9.9	9.9	100.0
	合计	262	100.0	100.0	

（4）合办合作社是大学生创业的重要平台。《2015 年大学生村官发展报告》指出：截至 2014 年底，全国有近两万名大学生村官共创办创业项目近 17000 个，领办合办合作社 4293 个，为农民群众提供就业岗位 22 万多个。大学生合办合作社占共创业项目比的 25.25%，由此可见，合办合作社是其创业的重要平台。此外，为农民提供的就业岗位充分调动了农民的积极性，并增加了其收入。

三、大学生村官不愿创业的主要原因

我们的调查显示，不少人有创业意愿是为了实现自身价值，改善家庭

生活质量，也希望借此为村民做实事。大学生村官选择创业的主要原因如图1-1所示，想在基层建功立业和受优惠政策吸引的比例较高，部分人是迫于就业压力或将"村官"作为跳板，少数人是受他人影响选择创业。但成功的企业家不仅要有强烈的创业内在动机，具备较强的综合能力，也需要适宜的外部环境支持。

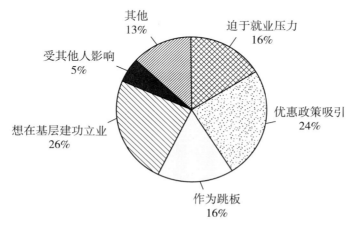

图1-1　选择创业的原因

大学生村官由于创业过程面临的各种困难而对创业望而却步，根据理论梳理和大学生村官访谈信息，主要原因体现在这些方面。

（一）创业资金缺乏

如果说企业家是驱动一个公司的引擎，那么资金就是推动它的燃料。既有的村官创业政策和融资体制难以满足大学生村官创业的资金需求，资金不足是大学生村官创业普遍的瓶颈问题。大学生村官创业资金主要来源渠道有自有资金、民间借贷、银行贷款、政策扶持资金等。从现实情况看，大学生村官的年收入主要来自1.5万~3万元的村官工资，自有资金少；大都出生于农村，父母经济收入不高，给予的资金支持比较有限；年纪轻积累的人脉少，虽然可从亲戚朋友那里筹集到部分资金，但相对于较为高额的创业投入，仍然是杯水车薪。市场机制下产业形态的城乡二元结构导致资本的逆乡村流动，资本要素高度集中于城市，农村资金短缺问题非常严重。金融机构对农村贷款额度和信用条件设置了较高门槛，大学生村官因缺乏有效抵押担保品和土地、房屋等可抵押的有价资产很难从正规金融机构获得贷款，国家运营银行向农村提供贷款业务时也存在无效率、补贴大量浪费的现象。政府虽设立创业基金，提供优惠的税收政策扶持创业，但由于审批程序复杂或缺少相关配套服务措施加大了大学生村官获得创业资金的难度，使政策停留在表面未达到预期效果。

（二）创业风险较大

国内外相关研究表明创业环境对创业者创业意愿与行为具有显著影响，优惠的税收政策、畅通的融资渠道、公平的竞争环境、成熟的教育培训系统以及宽容失败的社会氛围等有利于激发大学生村官的创业意愿。目前来看，我国还没有形成鼓励创新、支持创业的良好的创业环境。与创业可能带来的高收益相对应的是创业的高风险性，相对保守的就业观念造成创业的社会支持不足。大学生村官的风险偏好类型更多的是中间型和保守型，他们对创业面临的风险存有很多后顾之忧。公众对小企业经营认可度不高，对创业失败者存有偏见。大学生村官面临艰难的融资困境，政府提供的创业基金或补贴不容易申请，当地可供选择的融资渠道狭窄，银行低息贷款额度小、期限短，金融机构对农村创业没有表现出很强的投资意愿。社会创业人数比例比较低，高校创业教育和农村创业培训、职业技术培训发展很不完善，很难真正帮助大学生村官提高创新创业能力，改变公众对创业的传统观念。受传统观念的影响，很多家长希望自己的子女上完大学能够找一份体面的工作，尤其是农村的家长期望借上大学让子女们跳出"农门"，所以大多数父母不愿意让子女去农村工作，使得大学生村官工作得不到父母的支持。加之，大学生毕业刚步入社会，经济不能够马上独立，大多数还得靠父母的支持，创业需要的资金，要么是银行贷款，要么是来自家人、亲戚、朋友的帮助。这就使得他们不能够放手去创业，考虑牵绊因素过多。加之，大学生村官刚到农村工作，工作任期较短，对农村的村情民意不能够全面了解，工作能力有限，使得创业的想法得不到村领导和村民的认可。

（三）创业过程艰难

大学生村官中农学专业的比例仅为12.5%，即使拥有学历优势，有较好的理论基础，怀抱美好的创业愿景，然而专业不对口，工作经历简单，缺乏必要的创业知识和创业技能也很难找准一个符合农村实际又切实可行的创业项目。农村创业最受欢迎的行业首先是特色种植养殖业，其次是加工业，再次是销售服务业和餐饮服务业，最后是农村旅游业。由于农村地区信息来源渠道狭窄，闲置流转土地减少，可供创业的土地资源比较缺乏，金融危机后短期内企业普遍面临着经营发展的困难，生产规模收缩，外来加工项目减少，农村的交通、通信网络、水电气等基础设施建设滞后给大学生村官创业项目的选择确定增添了难度。大学生村官实际能力与工作需要存在一定的落差，创业过程中容易出现目标设置不合理、好高骛远、过于理想化等问题。在项目选择时往往缺乏对市场科学预测，基层的实际情况反馈不到位，对团队的执行能力、当地政府和农民的承受力等缺乏充分估计。同时，很多大学生村官并不打算在农村长待，一定程度上体现了他们缺乏为农村服务的意识，没有认识到农村基层是一个可以实现自我价值的大舞台。由此带来的影响是，他们不愿真正深入农村了解实情，从而影响对市场的基本判断力，导致大学生村官创业项目难以有效推进。另外，虽然国家出台相关优惠政策鼓励支持大学生村官创业，现阶段很多大学毕业生也选择投身村官事业，但是仅凭大学生的一腔热情是远远不够的。他们尽管有着扎实的专业知识功底，但是很多并不涉及农村农业。加之，大学生缺乏实践经验，对所要创业的项目不能够进行准确的风险评估，使得很多创业者在创业过程中有始无终，所谓的热情也在创业的过程中被琐屑的事情渐渐磨灭。尽管媒体大力报道创业成功的先进事迹，但是那只是少数的成功者，并不能够代表多数的现实情况。

第三节　促进大学生村官创业的对策建议

一、加强宏观引领，提升大学生村官职业认同

很多人当大学生村官在思想上是"无奈"选择，在工作中存在"过渡"心态。对大学生村官到村工作的原因调查表明，仅有 14.6% 的大学生村

官选择是"想在基层建功立业",选择"迫于就业的压力"(17.7%)、"各种优惠政策吸引"(29.0%)、"把基层当未来职业发展的平台"(35.1%)等因素的占绝大多数。基于这种现状,在当前扶贫攻坚的进程中国家应该将大学生村官摆在更加重要的位置,提高大学生村官在我国政治领域的存在感,促进其发挥更大作用的同时吸引更多优秀人才,本着为百姓谋福利、到基层锻炼的动机态度投身到大学生村官队伍,将大学生村官制度进行优化发展。在大学生村官工作选聘环节,可考虑以专业背景为导向分配工作地区。不同地区的情况对当地未来发展模式具有决定性的影响,将大学生村官分配到与其专业背景契合度较高的地区更有利于其到任后发挥自身专长干出业绩,比如说山地、森林资源丰富的地区最好有农学或林学专业背景的大学生村官,而旅游资源丰富的地区最好有旅游、经济管理等相关知识背景的大学生村官。提高分配的精确度,有利于降低大学生村官知识技能和当地具体情况整合的难度,便于其更好地发挥自身优势,提高职业认同感。

二、提高大学生村官的制度地位,解除大学生村官创业后顾之忧

合理有效的激励措施能够触发大学生村官创业的内在动力,激励他们努力创业。服务期满即自谋出路的制度设计使大多数大学生村官在任期内即着手为下一站做准备,必然影响其服务农村、扎根基层为百姓做实事的精力投入。国家及地方应拓宽大学生村官服务期满后顺利进入公务员队伍或其他事业单位的渠道,同时制定切实可行的激励措施,对于在创新创业方面有突出成绩的大学生村官给予适当奖励。可尝试建立大学生村官创业激励机制并使其规范化、制度化具有重要意义。首先,制定相应的法律法规使大学生村官工作管理有所依据,保障他们的合法权利。给予大学生村官一定的决策自主权,让他们在基层决策中获得一定的影响力,化解他们在农村的尴尬身份。其次,明确大学生村官任期届满后的分流路径,让在岗大学生村官安心扎根农村,坚定其在农村打持久战的决心。再次,把创业绩效作为大学生村官评优评先、提拔任用的重要参考,实行大学生村官创业目标管理责任制,引导大学生村官正确处理本职工作和自主创业之间

的关系，做到完成本职工作与创业发展有机结合，积极探索创业致富渠道，努力创造农村就业岗位，带动村民就业致富成为农村创业的示范者。最后，实行绩效工资，将创业业绩纳入大学生村官工作考核范围，使大学生村官工资有所区分，对于创业业绩有突出表现的给予一定标准的现金奖励，从而提高他们的工作积极性。

三、优化大学生村官农村创业环境

在创业过程中良好的社会氛围非常重要，特别是创业过程中家人要积极配合大学生的创业。大学生的创业离不开家庭的支持，不论是经济上的支持还是思想上的帮扶都需要家长的无私奉献。首先，家长要依据自己的经历经验对子女的创业给予支持，并与之讨论想法，交换观念，使孩子少走弯路。在子女创业的过程中，及时进行交流沟通，了解最新动态，父母是孩子的主心骨，当在创业过程中遇到不顺的时候，是最需要得到父母支持安慰的时刻。父母的观点、态度在很大程度上影响着子女的行为。其次，家长有着较广的人脉，可凭借自己的人脉为孩子的创业铺平道路，如：推荐有经验的农业人员，向创业者亲自传授经验；积极引导村民们接纳创业者的新观点，从思想上和行动上真正支持创业者，减少创业过程中的阻力。同时，还要改善大学生创业的融资环境。为破解大学生村官创业融资难题，首先要着力构建普惠金融体系，大力发展村镇银行、小微金融机构、农业贷款公司等，不断探索和创新金融服务，构建多层次、全方位、可持续的农村金融服务体系，有效弥补传统金融为农服务短板。再次，加大政府财政资金投入，同时引导银行、金融机构、天使资金、民间资金等进入农村金融市场，形成支农资金规模化、多元化，分担风险。利用财政投资指向性向社会广泛推荐各项新农村建设优势项目，帮助金融业进一步确定农村经济的信贷政策导向，为金融业拓展代理政府投资农村经济项目创造条件。最后，充分利用大数据时代的优势建立农村创业企业数据库，建立关于创业企业的征信系统，加强信息的整合和利用，提高贷款业务、客户信用分析工作效率，保障银行业务的及时性和可靠性。推广农村资金互助、互联网金融等新兴农村融资模式，打破原有的农村金融格局，降低信贷门槛为当地农业农村发展提供无抵押、无担保贷款服务。

四、加强创业教育培训

在创业的过程中，要使理论与实践相结合，敢于创新尝试，勇于挑战自我。立足村情找突破口，锻炼自身洞悉商机的能力，不断更新自身知识结构，在实践中使自己慢慢成长、独立。要特别重视大学生村官的教育培训，不断提升大学生村官创业能力。对大学生村官创新精神和创业能力的培养主要分为两个阶段：一是大学期间开展的系统性的创业教育；二是入职后组织的更具针对性的创业培训，两个阶段相辅相成，对大学生村官创业意愿产生深远影响。高校应逐步把创业教育融入人才培养体系，科学设置人才培养目标，打造精品创业教育课程体系，重视对大学生综合素质和综合能力的培养。联合高校、企业、社会各部门举办形式多样、内容丰富的创业大赛，营造良好的创业氛围。通过大学科技园搭建大学生创业综合服务平台，释放其在资源和信息方面的集聚优势，为有志向的大学生提供咨询服务、实习机会、项目、场地、资金等多方面的支持。地方政府和党委要积极整合部门资源，帮助大学生村官创业，结合技术专业特长、地方实际情况和市场需求，加强农业技术专项培训，建立种养殖业、果树栽培、旅游开发等培训机构，对大学生村官创业进行专业技术指导。加强与科研机构的合作，及时在大学生村官中推广最新农业科技成果。定期组织大学生村官深入学习金融、税务、环保等方面相关的最新法律政策。聘请行业专家开展大学生村官创业帮扶，对具有较好发展前景和有影响力的大学生村官创业项目进行重点培养，帮助他们解决创业中遇到的实际困难。

第二章

创业环境与大学生村官创业

随着大学生村官工作计划的持续推进，大学生村官的创业问题受到越来越多的关注。鼓励大学生村官就近自主创业不仅是其自身发展的内在要求，更是农村发展的迫切需要。创业环境是一切影响创业的政治经济社会因素，创业活动与其所处的环境相互影响相互作用。在影响大学生村官创业的各种因素中，创业环境是一个非常重要的外在动因。

第一节 创业环境研究现状

作为一个系统集合，许多学者对创业环境有着不同的表达，但都把它归结为创业过程中各种因素的组合。格纳瓦里和福格尔（Gnyawali & Fogel，1994）提出了政府政策与工作程序、社会经济条件、创业与管理技能、创业的资金及非资金支持的五维度模型；而斯科特·沙恩（Scott Shane，2003）把创业环境划分为经济环境、政治环境、社会文化环境三类。奥斯丁（Austin，2006）认为创业环境包括宏观经济环境、税收、规则结构和社会政治环境。全球创业观察（GEM）的创业模型则包括金融支持、政府政策、政府项目、教育和培训、研究开发转移、商业环境和专业基础设施、国内市场开发程度、实体基础设施可得性、文化及社会规范九个方面。我国学者池仁勇（2002）认为，创业环境应包括创业者培育、企业孵化、企业培育、风险管理、成功报酬和创业网络六个子系统。叶依广和刘志忠（2004）通过对创业环境特征及功能界定，具体拟建了包括宏观经济的景气指标、影响创业的环境指标等六个一级指标在内的创业环境评价指标体系。借鉴已有相关学者的研究成果和中国国情，我们根据概念梳理和内容归类把创业环境维度界定为三个方面：一是具体化为政策对创业的相关支持方面，即政策支持环境维度；二是具体化为经济发展的具体现状和期望方面，即经济发展环境维度；三是具体化为对创业的相关态度及行为等方面，即社会文化环境维度。建设创新型国家是当前世界各国促进经济增长的基本方略，推动创业是建设创新型国家的重要路径。创业环境是激发创业行为的基本前提，创业环境对个体创业影响的研究是研究者关注的重点。作为国家层面的战略计划，诸多研究认为，要真正发挥大学生村官的优势，必须真正使大学生村官在村工作。而使更多的大学生村官能结合当地优势、实现创业富民是大学生村官发挥优势和作用的重要前提。结合中国基本国情和农村基层特点，本书拟从创业环境三维度视角分析大学生村官创业的影响因素，从而为深入研究创业环境对创业的影响、促进大学生村官积极成功创业提供一个分析框架。

一、政策支持环境的影响

政策支持环境是政府和相关部门激励创业的政策及其导向。苏益南（2009）认为政策支持环境是政府在新创企业设立、信贷、税收、知识产权保护、规范市场行为等方面的政策和政府行政服务质量等因素。银行机构的信贷支持创业就业是金融业落实国家保稳定、保民生、稳增长政策最直接、最有效的体现，商业银行信贷在扶持创业企业和创业人员中发挥了重要作用。陆永平等（2009）提出税收政策影响着创业投资家对于创业企业权益份额的获取，因而影响着其对创业企业的管理支持力度，进而影响其投资组合规模。郭彦虎（2005）认为创业投资的发展需要一个健康的知识产权保护环境的支持。侯为福（1999）指出，公平竞争的市场环境和良好的经济秩序是实现新一轮创业宏伟目标的重要条件。我国政府近几年来为自主创业陆续推出了各类相关政策与措施，使创业比例显著提高，但与经济发达国家的政策支持环境相比，我国的政策支持环境还不够完善，主要表现为：创业融资难，融资缺口大；有效规避创业风险的机制不健全；创业扶持对象局限于少数群体，资金可获得性较低；创业服务体系不完善，创业成本较高；创业教育落后，创业人才短缺；对网络创业扶持力度不够。

与国家战略计划紧密衔接，大学生村官创业动因与相关政策支持环境紧密相关。按照建设社会主义新农村和城乡一体化发展的要求，各级政府把促进大学生村官创业放在更加重要的位置，进一步增强大学生村官创业政策支持对促进农民增收和扩大就业的支撑能力。事实上，大学生村官绝大多数是没有实际工作经验的高校毕业生，社会资源有限，切实增强大学生村官自主创业政策支持的有效性和针对性是确保大学生村官"下得去、待得住、干得好、流得动"的重要因素。不同的学者根据国家政府出台的政策对大学生村官创业的影响提出了不同的看法。夏朝丰（2010）认为，政府在创业项目选择、项目资金扶持、创新成果申报等方面出台创业扶持优惠政策，实现政策与大学生村官创业全过程"捆绑式"对接和倾斜，能够提高创业项目的成功率。刘慧（2011）的实地调研根据基层政府对大学生村官创业富民政策引导的现状，提出包括建立创业示范园、设立创业基金、优化培训帮扶制度三个方面的政策支持措施。胡烁锐和刘新春（2014）认为政府提供创业项目选择、技术政策咨询、资金贷款等方面的服务，能为大学生村官创业提供一个良好的政策环境。王勇和陈家刚（2009）则要求，政府要在工商注册、税务登记、场地安排、用电用水和费税减免等方面给予大学生村官优惠扶持，降低村官创业门槛。除资金支持外，政府还应提供现代农业、科技创新、信息服务等支持。李美丹和王征兵（2014）指出，国家要完善相关法律法规，给予大学生村官明确的角色认同和定位，提高社会对大学生村官的认同度，为大学生村官自主创业奠定基础。

二、经济发展环境的影响

作为影响创业的重要因素，经济发展环境因素包括国民经济发展水平、创业企业所处的地理位置、基础设施、目标客户群体的收入情况等因素。国民经济发展水平高的地区和国家，创业比例较大且成功率也较高。像欧洲及美国、日本这些发达地区和国家，创业环境无论是内容上还是体制上都是比较完善的，池仁勇（2002）认为美国、日本的创业环境虽然各自有特色，但是它们中小企业的开业率都比较高，创业比例较大。创业企业所处的地理位置也会在一定程度上影响创业，张玉利和杨俊（2003）通过研究发现，在经济发达地区如上海、南京、深圳等地创业以机会推动型为主，而在经济较落后地区如成都、重庆等地创业以贫穷推动型为主。基础设施的好坏与前面两个影响因素是息息相关的，在某种程度上来说国民经济发展水平高及创业企业处在经济较发达的地区，它的基础设施条件就相对好一点。基础设施条件好将有利于创业企业的发展。创业企业目标客户群体的收入高，购买力强，销售方案合理，目标客户群体也愿意去购买，那么这个新创的企业可获得利润要高一些。

经济发展状况是政策制定和实施的基本物质条件，它影响着政策的实施效果。地区经济条件的好坏在一定程度上会影响到创业项目的选择。王琪（2014）的研究发现，创业项目地域布局不均衡，半数以上集中在条件较好的乡镇，经济发展基础差的乡镇则缺乏创业项目。钟桂荔（2013）认为我国地区差异大，不同地区的农村自然条件、资源优势和产业结构有着巨大差异，大学生村官创业项目选择会受到农村产业发展战略的影响。在金融环境更好的地区，大学生村官创业也更易获得贷款，贷款形式更多样化。郑毓（2014）对蓬莱市金融支持大学生村官创业富民情况进行了深入的调查，认为要引导金融行业做好大学生村官农村基层创业贷款营销工作，扩大贷款扶持范围，对大学生村官创业贷款实行优惠利率，利率下浮一档，从而为大学生村官创业营造良好的金融环境。胡烯锐和刘新春（2014）以苏北连云港市为例，在实地调查中发现大学生村官考虑创业项目一般有三种信贷模式，即"村官贷""五方联动"、小额贷款。这三种模式致使大学生村官在农村广阔的天地中难以发挥才能。基层经济条件的优劣也会影响到大学生村官的创业。李骅等（2011）通过研究指出，基层创业基础薄弱会严重制约大学生村官的创业，包括劳动力资源的匮乏及土地资源的缺乏。

三、社会文化环境的影响

社会文化环境包括一个国家或地区的民族特征、人口状况、社会阶层、价值观念、生活方式、风俗习惯、宗教信仰、伦理道德、文化传统等的总和。社会文化环境是影响创业者的深层环境，企业的产品或服务直接受到民族、社会阶层等社会文化的影响。吴凌菲和吴洒宗（2007）研究得出，文化从深层次影响了创业过程。文化中的各个维度对制度环境、创业者和创业过程的动态平衡过程的作用有差异。苏益南（2009）的研究证实，创业意识的形成、创业行为的产生、创业活动的实施与社会文化环境紧密相关。姜彦福（2005）提出文化和社会规范对创业活动的活跃程度具有影响，且呈正相关；杨晔和俞艳（2007）认为文化及社会规范对个人创业态度及创业行为有重要的影响。不同地区、不同国家的社会文化对创业的影响也不一样。美国鼓励个人创新、支持个人创业、鼓励冒险、崇拜个人奋斗成功者的文化氛围，很大程度上促进了企业家创业精神的发扬，也激励和吸引了更多的人参与创业活动。马飞等（2004）通过研究得出，社会文化环境对创业投资发展具有重要影响，美国的创业投资业发展远超过其他一些国家，首要的因素便是其宽容的创业文化氛围。

社会文化环境会对人的价值观念和行为方式等产生潜移默化的影响。大学生村官创业需要良好的社会文化环境支持。王思林（2012）提出农村存在一些不良的社会文化环境严重制约了大学生村官创业。所以高校、政府、社会都要为大学生村官创业营造良好的文化环境。肖盟和伍晨曦（2012）认为高校和地方群团组织要做好对本校和本地区大学生村官创业的后续帮扶工作，营造良好的创业文化环境，帮助村官们稳定思想，充分利用现有资源，结合本村的实际情况选择适合的创业项目。王思林（2012）提出政府要通过发现、总结、宣传大学生村官中的先进典型，广泛宣传大学生村官创业的成功事例、先进事迹，营造良好的舆论氛围和社会氛围，使大学生村官创业有更大的积极性。钟华（2013）指出，社会大众要认同大学生村官自主创业行为，形成尊重并支持大学生村官创业的良好社会氛围。

创业环境、自我效能与大学生村官创业

创业环境在一定程度上决定了大学生村官创业的意识、行为和活动。现有的研究比较好地分析了创业环境对大学生创业的影响（赵东，2013；段利民和杜跃平，2012；陈英杰，2013；吴佳，2007），相关研究分析了大学生村官在创业中的一些具体问题（姚东瑞，2010；魏翠妮和刘云农，2014；马威理，2010），但缺乏对中国农村基层创业环境评价标准以及创业环境在大学生村官创业中的作用机制、作用路径的深入分析。

从研究内容看，作为一个具体实践项目，大学生村官工作研究将进一步从制度建设转向实践层面、从政策安排转向农村实际，从宽泛的成长锻炼转向现实的创业富民，以工作实践促进大学生村官成才，以实践成效检验大学生村官工作成效。通过政策安排及引导，真正使大学生村官能"下得去、用得上、留得住"。根据以往的研究，大学生村官具有较高的创业意愿和较充分的创业知识储备，但由于他们刚到农村，对农村基本情况还不了解，对创业相关资源难以有效把握，创业意愿难以有效地转化为创业行为。结合我国情境，优化和完善具有中国特色的创业环境指标体系，帮助大学生村官客观评价和认识我国农村基层创业环境，激发大学生村官创业意愿，是激励大学生村官基层创业行为的重要研究内容。

从研究路径看，国内外很多学者现有的研究成果为我们加强创业环境研究提供了理论基础和实践借鉴，总结相关学者的研究成果，对大学生村官创业影响因素可归纳为内部环境和外部环境两个方面。内部环境影响主要是大学生村官自身的意愿所造成的（具体表现为大学生村官的创业自我效能感），创业意愿高的大学生村官往往会更容易产生创业行为，有明确的创业目标，也更容易成功。外部环境的影响主要是从政府出台的政策法规、各地区经济发展状况及社会文化氛围来阐述的理论研究，作用则在于进一步分析创业意愿和创业行为的形成机理，激励大学生村官基层创业行为将更加注重发掘创业环境与大学生村官创业行为作用路径，以有针对性地优化大学生村官创业环境。

从研究趋势看，目前关于大学生村官创业研究，较少学者具体从外部环境维度分析对大学生村官创业的影响，只是很宽泛地分析大学生村官创业；而且多数学者以规范研究为主，缺乏具体实践层面的支持。我国农村基层的现实显示，农村不缺资源、不缺市场、不缺劳动力，但为什么农村

创业行为不旺、创业绩效不佳？我们今后更应关注的是如何结合农村实际，深入梳理政策支持环境、经济发展环境、社会文化环境等因素对大学生村官创业的影响，切实解决好大学生村官在农村基层"留得住、用得上"的问题。在对创业环境个体创业总体影响进行评估的同时，更需我们切实关注创业环境对大学生村官创业意愿、行为及绩效的影响方向及强度。通过深入分析创业环境对大学生村官创业产生的重要影响，为有针对性地激发大学生村官创业意愿、激励大学生村官创业行为、提高大学生村官创业绩效提出有益建议，并为政府出台相应的创业政策提供理论基础，实现以创业带动富民、以创业促进大学生村官成长的目标。

第二节　环境约束下大学生村官创业影响因素分析

大学生村官自主创业作为促进农村经济发展的新途径，得到了政府及社会各界的大力支持。鼓励大学生村官就近自主创业不仅是其自身发展的内在要求，更是农村发展的迫切需要。创业倾向是激发创业行为的关键因素。在影响大学生村官创业倾向高低的因素中，环境扮演着非常重要的角色。创业环境指创业过程中必须面对的和能够利用的各种外部要素的总和，既包括资金、技术和人力等市场资源环境，也包括政策、文化等制度规范环境。理想的创业环境是激发创业行为的平台。创业环境是相关要素组合，一方面是指影响人们开展创业活动的政治、经济、社会文化诸要素；另一方面是指获取创业帮助和支持的可能性。诸多研究侧重探讨创业环境对创业者的影响，并认为当外界环境不支持创业者时，创业者发现要想获得成长的需要将会非常困难，可能会让创业者失去兴趣。而本书的意图则在于通过调研数据分析，探究在现有环境的约束下哪些因素影响大学生村官的创业倾向，以期为提高大学生村官的创业意愿、引导大学生村官创业倾向提供借鉴，激励更多的大学生村官投身于农村基层创业活动。

一、文献简述与研究假设

在既定环境条件下，影响个体创业倾向的因素较多，相关研究者也进行了比较深入的研究。作为服务农村基层的特设岗位人员，大学生村官创业在有着知识优势、信息优势和区域优势的同时，也面临着缺动力、缺政策、缺项目、缺技能、缺氛围等创业风险。通过对相关文献进行归纳、梳理，影响因素的选择与研究主要从个人收入、家庭支持、社会资本、人力资本、社会背景五个方面展开。

（一）个人收入

个人收入水平作为影响创业倾向高低的内部因素，在促使创业行为发生的过程中发挥着重要的作用。邱滋松（2015）通过实证分析得出，个人储蓄的多寡是影响青年农民创业倾向的重要影响因素之一。在创业的整个过程中，青年农民都会遇到资金不足问题，个人难以从政府或者银行获得资源，导致创业的积极性受挫，所以政府要加大对青年农民创业资金的投入，在开发性资金的使用上向创业的青年农民倾斜。钟王黎和郭红东（2010）指出个人收入对农民创业意愿产生重要影响，并运用实地调研数据，通过回归分析方法得出个人收入与农民创业意愿成负相关关系，在其他条件不变的情况下，个人收入越低，越有更强烈提高生活水平的需求，因而会更倾向于创业。大学生村官基层创业意味着需要挑战更多的困难，承担更多的风险，在面临创业选择时，个人的收入多少在一定程度上会影响大学生村官的创业选择。陈森青、仇湘云和孙月（2014）对江苏省大学生村官创业进行调研分析，发现绝大多数大学生村官认为个人资金在创业过程中发挥着重要的作用，国家应加大对大学生村官创业的资金扶持力度。本书假设个人收入对大学生村官创业倾向有正向影响。

（二）家庭支持

家庭支持是影响大学生村官创业倾向高低的重要因素之一。家庭是社会最基本的结构，这种结构是以婚姻为纽带的，是个体出生以后最早接触到的环境，它对人的影响是潜移默化的，会在无形中影响个体的生理、心理和社会适应等方面的发展。杨道建（2014）等研究表明，家庭创业支持因子和社会创业氛围因子通过创业中介效应对大学生创业能力产生积极影响。曲可佳和邹泓（2013）认为家庭内部的自主空间不仅有助于培养个体自主发展的意识，也为个体提供了安稳的后方基地，如家人的支持和信息分享会减少个体在探索过程中的负面情绪。冯婵璟和谈丹（2016）在论述大学生村官创业意愿形成时认为，大学生村官家庭成员的价值观会影响其创业意愿，所以家庭要对大学生村官创业给予更多的关注与支持，以提高他们自主创业的成功率。钟桂荔（2015）在实证分析的基础上，得出家庭环境对大学生村官成长的各个要素呈显著的正相关关系，其中父母的支持与大学生村官成长呈显著正向影响。从不同的学者的研究中可以看出家庭因素在个体的成长发展过程中扮演着重要的角色。大学生村官由于其岗位特殊性，家庭因素对其工作开展的影响很大。大学生村官创业倾向的高低与家庭是否支持息息相关，特别是家人的支持不仅能在经济上减轻负担，而且能在精神上给予慰藉。本书假设家人的支持对大学生村官创业倾向有正向影响。

（三）社会资本

社会资本是相对于物力资本和人力资本的，法国社会学家皮埃尔·布迪厄是第一个将社会资本引入社会学领域的学者，他认为社会资本是现实或潜在的资源的集合体，这些资源与拥有或多或少制度化的共同熟识和认可的关系网络有关，通过它们可以得到使用（其他形式）资本的机会，甚至成为竞争成功最后的决定者。詹姆斯·科尔曼（1990）把社会资本界定为个人拥有的社会结构资源，存在于人际关系中，它的表现形式概述为义务与期望、信息网络、规范和有效惩罚、权威关系[1]。林南（2005）把社会资本界定为在具有期望回报的社会关系中进行投资。并认为不管是哪一种界定，都是把社会资本放在社会关系的结构中去阐述的[2]。胡书伟（2010）把社会资本划分为人力资本、社会阶层、性格外倾性、人口统计学变量以及家庭经济水平五个变量，以此作为研究对象来探讨对大学生就业及创业的影响，得出社会资本与大学生就业与否的可能性呈显著正相

---

① ［美］科尔曼. 社会理论的基础［M］. 邓方译，北京：社会科学文献出版社，1990.
② 林南. 社会资本：关于社会结构与行动的理论［M］. 张磊译，上海：上海人民出版社，2005.

关；社会资本与大学生创业的倾向显著正相关，大学生社会资本越多，创业的倾向越大，社会资本能够显著预测大学生的创业倾向[①]。杨亮承和鲁可荣（2013）通过研究发现，大学生村官在基层创业中所建立的人际关系网，从中获得的支持与信任是创业成功的必要条件之一[②]。人际关系作为社会资本的重要表现形式之一，会对创业产生重要的影响。大学生村官刚踏入工作领域，良好的人际关系能为大学生村官在创业中获取资源提供便利条件，本书假设良好的人际关系对大学生村官创业倾向有正向影响。

（四）人力资本

人力资本是一个地区发展的重要因素之一。"人力资本之父"西奥多·舒尔茨将资本分为人力资本和物力资本，人力资本的核心是提高人口质量，教育是提高人口质量最基本的主要手段，通过提高个体受教育程度从而提高人口质量，积累人力资本。所以通过个体的教育、培训和实践经历来体现人力资本的高低，个体受教育程度、培训经历及实践经历都会直接或间接地影响个体成就某一项事业动机的高低。创业教育在创业的过程中发挥着重要的作用，是决定大学生村官创业意愿高低和创业能力大小的重要基石。段彩丽（2016）等以河北省442名大学生为样本，分析了学校创业教育在提高大学生返乡创业倾向方面的积极作用。创业能力的培训是非常重要的，陈森青（2014）等的调查数据显示在大学生任职村官之前（含大学期间和任职前）没有接受过创业教育的占60%，认为培训对他们有帮助的占70%，这直接影响了他们在任职村官后创业倾向的高低。郭雷振（2016）认为，在全球越来越多的大学中，推动学生的创新创业已经成为整个教育计划的一个重要组成部分。为学生提供优质的创业服务，是大学的职责，也是学生的重要诉求。本书假设创业培训对大学生村官创业倾向有正向影响，创业教育对大学生村官创业倾向有正向影响。

（五）社会背景

社会背景是个体前进发展的风向标，主要体现在政治、经济、文化上。作为农村基层创业者，当地的政治、经济、文化因素无疑会对大学生

---

① 胡书伟. 社会资本与大学生就业关系的实证研究 [D]. 湖南：中南大学，2010.
② 杨亮承，鲁可荣. 社会资本视角下大学生"村官"创业的可行性及基本路径分析 [J]. 山东青年政治学院学报，2013，29（3）：49-54.

村官创业倾向高低有重要影响。刘小元和林嵩（2015）运用实证研究方法分析了社会情境、职业地位对社会个体创业倾向的影响，认为家庭情境、社会网络质量有利于提高社会个体的创业倾向。夏朝丰（2010）指出，政府要给予大学生村官优惠扶持，降低村官创业门槛。在创业项目的选择上、项目资金的扶持上、创新成果的申报上等方面出台优惠政策，实现政策与大学生村官创业全过程的"捆绑式"对接和倾斜，从而提高创业项目的成功率，激发大学生村官的创业意愿，提高大学生村官的创业倾向。钟桂荔（2015）通过研究发现我国的地区差异大，不同地区的农村自然条件、资源优势和产业结构有着巨大差异，大学生村官在创业项目的选择上会受到农村产业发展战略的影响。在金融环境更好的地区，大学生村官创业也更易获得贷款，贷款形式更多样化。作为大学生村官工作的先行省份，刘国中（2010）等在梳理江苏省大学生村官工作经验后提出，政府要发现、总结大学生村官中的先进典型，广泛宣传大学生村官创业的成功事例、先进事迹，营造良好的舆论氛围和社会氛围，使大学生村官在农村能发挥更大的作用[①]。因此，本书假设政府保障良好的交通、通信、网络设施对大学生村官创业倾向有正向影响；政府提供创业项目对大学生村官创业倾向有正向影响；当地经济发展势头良好对大学生村官创业倾向有正向影响；当地创业资源丰富对大学生村官创业倾向有正向影响；成功创业者榜样的激励对大学生村官创业倾向有正向影响。

二、数据描述及模型选择

调查数据（见表 2 - 1）显示，在被调查大学生村官所学专业中，农业类、理工类、医学类所占比例较高，占到了总数的59%；绝大多数大学生村官出生在中等地区和不发达地区，占到了总数的97.7%。71%的大学生村官的父亲的文化程度集中在初中及高中（中专）水平，79%的大学生村官的母亲的文化程度集中在小学及以下、初中水平上；父母的收入来源

---

① 江苏省委组织部、江苏省委研究室课题组，刘国中等. 大学生"村官"工作长效机制探究——以江苏省为例 [J]. 南京大学学报（哲学·人文科学·社会科学版），2010，47（3）：5–15，157.

主要是工资收入和经营收入，分别占了总数的 43.5% 和 42.0%。

表 2－1　　　　　　　　　调研样本基本信息描述表

项目	信息（个）	占比（%）
样本总数	262	
性别		
其中：男性	166	63.4
女性	96	36.6
婚姻状况		
其中：已婚	98	37.4
未婚	164	62.6
文化程度（本科及以上）	226	86.6
父母收入来源		
其中：工资收入	114	43.5
经营收入	110	42.0

根据现有研究理论及相关研究成果，研究选择"有无创业倾向"作为反映大学生村官创业倾向的指标，选择二元 Logistic 模型为分析模型。二元 Logistic 模型的形式可表达为：

$$P_j = F(\alpha + \sum_{i=1}^{m} \beta_i X_{ij} + \mu) = 1/\{1 + \exp[-(\alpha + \sum_{i=1}^{m} \beta_i X_{ij} + \mu)]\}$$

$$(2-1)$$

$$\ln \frac{p_j}{1 - p_j} = \alpha + \sum_{i=1}^{m} \beta_i x_j \qquad (2-2)$$

在式（2－1）和式（2－2）中，i 为大学生村官的编号，j 为大学生村官创业倾向影响因素的编号；P_j 表示大学生村官创业倾向的概率，β_i 为影响因素的回归系数，X_{ij} 表示第 i 个样本的第 j 个；影响因素 m 表示影响因素的个数项，α 表示截距项，μ 表示误差项。

本书使用 SPSS 22.0 统计软件作为分析工具。研究选取大学生村官有无创业倾向作为因变量，梳理相关的文献并结合大学生村官及其工作特点，协变量主要选择了个人收入、家庭支持、社会资本、人力资本和社会背景五大类，五大类变量中分别又选取了若干类变量，总共有 14 个协变量。在这五个因素中，个人收入分为村官工资收入、务工收入、务农收入、经营收入及其他；家庭支持用有无家人的支持来体现；社会资本从有无良好的人际关系和有无良好的政府关系两个大方面来说明；人力资本从是否接受过创业培训和创业教育来衡量；社会背景主要从政治因素、经济因素和文化因素来体现，政治因素包括政府是否保障良好的交通、通信、网络设施和政府是否提供创业项目，经济因素包括当地经济发展势头是否良好和本地创业资源是否丰富，文化因素则用有无成功创业者榜样的激励来体现。

第三节 结果分析与讨论

一、大学生村官创业倾向描述性分析

近年来，政府不断激活创新创业活力，着力优化经济社会发展环境，农村基础设施、农业发展水平得到进一步改善。为推动大学生村官就近创业，发挥大学生村官的积极作用，政府及相关部门也出台一系列政策措施，把创业富民作为大学生村官的重要工作。从简政放权到金融支持、从创业培训到创业项目培育等促进大学生村官农村基层创业的创新举措，为大学生村官创业提供了有力支持。但表 2 - 2 的数据反映，有创业倾向的大学生村官为 119 人，无创业倾向的大学生村官为 143 人，这说明大学生村官的创业倾向总体上并不高。

表 2 - 2　　　　　　大学生村官创业倾向的描述性统计

项目	总体	有创业倾向	无创业倾向
样本数量（个）	262	119	143
个人收入*（万元）	1.58	1.37	1.76
家人的支持（%）	33.6	48.5	22.9
良好的人际关系（%）	30.5	36.1	25.9

项目		总体	有创业倾向	无创业倾向
良好的政府关系（%）		65.3	69.9	59.7
创业培训（%）		36.3	50.3	19.3
创业教育（%）		33.6	49.7	14.3
政治因素	政府保证良好的交通、通信、网络设施（%）	39.7	53.8	22.7
	政府提供创业项目（%）	37.8	46.9	26.9
经济因素	当地经济发展势头良好（%）	36.6	39.2	33.6
	当地创业资源丰富（%）	34.4	49.7	16.0
文化因素	成功创业者榜样的激励（%）	37.0	46.9	25.2

注：＊为有序变量，表中的数值是在对该变量赋值后计算得出的。

表 2-2 的调研数据也显示，有创业倾向的大学生村官的个人收入更多的来自他们的岗位工资收入。相较于无创业倾向的大学生村官，有创业倾向的大学生村官得到家人支持的比例较高，且往往具有良好的人际关系和良好的政府关系，接受过更多相关的创业培训和创业教育。另外，政治、经济、文化因素对大学生村官创业倾向的影响程度可能更高。

二、环境约束下大学生村官创业倾向影响因素分析

回归结果显示，模型 Wald 的 -2 对数似然值 =233.914，Cox&Snell R^2 =0.384，Nagelkerke R^2 =0.514，表示所投入的协变量与因变量间有中强度的关联。Hosmer 和 Lemeshow 检验的显著性值为 0.764 >0.05，说明整体回归模型的适配度良好，模型拟合优度较好。这也说明回归结果（见表 2-3）可以作为分析的重要依据。

根据表 2-3 的模型参数可以得出如下结果：

（一）个人收入对大学生村官的创业倾向的影响

个人的收入与大学生村官的创业倾向呈显著正相关。该项显著水平为 0.002（<0.01），说明该因素对大学生村官创业倾向的影响较大。大学生村官的收入主要集中在村官的工资收入，相比较务工、务农以及经营收入，村官工资收入更稳定，虽然收入并不高，但在消费水平较低的农村，

大学生村官也更易积攒一些收入，能为创业奠定一些基础。所以大学生村官个人的收入相对稳定，自主创业的倾向会更高。

表 2 - 3   调研数据模型分析结果

变量类型	变量名		B	S. E.	Wald	df	Sig.	Exp（B）
个人收入	村官个人收入		0.503**	0.164	9.452	1	0.002	1.653
家庭支持	家人的支持		1.615**	0.396	16.620	1	0	5.028
社会资本	良好的人际关系		0.782*	0.369	4.479	1	0.034	2.186
	良好的政府关系		-0.566	0.363	2.435	1	0.119	0.568
人力资本	创业培训		1.183*	0.556	4.528	1	0.033	3.263
	创业教育		1.984**	0.502	15.598	1	0	7.269
社会背景	政治因素	政府提供良好的交通、通信、网络设施	1.424**	0.486	8.570	1	0.003	0.241
		政府提供创业项目	0.642	0.404	2.524	1	0.112	1.900
	经济因素	当地经济发展势头良好	1.100*	0.483	5.182	1	0.023	3.003
		本地创业资源丰富	1.483**	0.51	8.466	1	0.004	0.227
	文化因素	成功创业榜样的激励	1.188*	0.529	5.035	1	0.025	0.305
常量	常量		0.184	0.124	2.192	1	0.139	1.202
	预测准确率（%）				80.500			
	-2 对数似然值				233.914			
	Cox&SnellR^2				0.384			
	NagelkerkeR^2				0.514			
	Hosmer 和 Lemeshow 检验						0.764	

注：* 和 ** 分别表示在 5% 和 1% 水平下显著。

（二）家庭支持对大学生村官的创业倾向的影响

家庭的支持与大学生村官的创业倾向呈显著正相关，该项指标达到了极显著水平。从现实看，大学生村官绝大多数都是刚刚毕业的大学生，各方面的能力都不足，家庭的支持利于其开展工作。创业是个复杂且艰辛的过程，在基层创业更是难上加难，家庭的支持既可以在经济上减轻大学生村官的负担，也可以在精神上给予安慰，使其可以心无旁骛地扎根在基层创业。所以家庭的支持越多，大学生村官的创业倾向也会越高。

（三）社会资本对大学生村官的创业倾向的影响

良好的人际关系与大学生村官的创业倾向呈显著正相关。该项的 Wald 的显著水平是 0.034 （＜0.05）的，说明其对大学生村官创业倾向的影响是比较大的。通过调研访谈得知，有创业倾向的大学生村官比无创业倾向的大学生村官具有更良好的人际关系。人际关系意味着人脉，个体拥有良好的人际关系意味着具有较广的人脉。创业的过程是需要与不同的人打交道，较广的人脉更易获得更多的创业支持，对市场变化的反应更加及时。较之于普通人创业，大学生村官在基层创业要面对更复杂的矛盾，良好的人际关系可以减缓创业的复杂性，给创业带来更多的机会。所以大学生村官拥有良好的人际关系，创业倾向就越高。

良好的政府关系与大学生村官的创业倾向不相关。结果显示，该项 Wald 的显著水平为 0.119 （＞0.1），说明该项因素影响不显著。这表明虽然大学生村官创业的相关政策是与政府息息相关的，但是大学生村官获取相关的优惠补贴是按照既定政策规定确定，并不是与政府相关的工作人员关系较好就能获得更多的优惠政策。

（四）人力资本对大学生村官的创业倾向的影响

创业培训与大学生村官的创业倾向呈显著正相关。该项 Wald 的显著水平为 0.033 （＜0.05），说明对大学生村官创业倾向的影响是比较大的。从问卷数据中也可以发现，有创业倾向的大学生村官接受过创业培训（含大学期间、任职前和任职后）所占的比例远远高于无创业倾向的大学生村官，不管是大学期间和任职前，还是任职后接受过创业培训，都能够使大学生村官对创业有个基本的认识，进而影响创业倾向的高低。所以越是接受过创业培训的大学生村官，创业倾向就越高。

创业教育与大学生村官的创业倾向呈显著正相关。该项的 Wald 值是 15.598，在协变量里面是较高的，Wald 的显著水平为 0，达到了极显著水平，说明创业教育对大学生村官创业倾向的影响是较大的。从问卷的数据中可以发现有创业倾向的大学生村官接受过创业教育的比例要明显高于无创业倾向的大学生村官。绝大多数大学生村官都是刚步入社会，缺乏相关的创业实践经验，创业教育可以深化大学生村官对创业的认识，完善创业知识储备，提高相关的创业技能。

（五）社会背景对大学生村官的创业倾向的影响

从政治因素上来说，政府提供良好的交通、通信、网络设施与大学生村官的创业倾向呈显著正相关。该项 Wald 的显著水平为 0.003（ < 0.01），说明对大学生村官创业倾向的影响较大。在"大众创业，万众创新"的大环境下，大学生村官自主创业活动也受到了政府的大力支持。政府通过提供良好的交通、通信、网络设施，可以让大学生村官及时掌握市场变化的最新动态，减少因信息的不对称而造成创业过程的风险，所以政府能够提供良好的交通、通信、网络设施，大学生村官的创业倾向就越高。

然而政府提供创业项目与大学生村官的创业倾向不相关。从表 2 - 3 模型结果中可以看到，该项指标并不显著，与大学生村官的创业倾向是不相关的。政府提供创业项目与大学生村官个人的主观判断相关，即个体对政府提供的创业项目是否感兴趣，所以即使政府提供的创业项目有良好的发展前景，大学生村官如不感兴趣，其创业倾向也不会高。

从经济因素上来说，当地经济发展势头良好与大学生村官的创业倾向呈显著正相关。模型结果显示，该项 Wald 的显著水平为 0.023（ < 0.05），说明对大学生村官创业倾向的影响是比较大的。较之于经济发展水平低的地区，区域经济发展势头良好意味着创业机会更多，创业资源更丰富，创业相关的配套措施也更齐全。大学生村官工作在基层，当地经济发展势头良好使其更易找到合适的创业项目，创业的视野也更开阔。本地创业资源丰富与大学生村官的创业倾向呈显著正相关。从表 2 - 3 可以发现，该项 Wald 的显著水平为 0.004（ < 0.01），说明对大学生村官创业倾向的影响是比较大的。丰富的创业资源是创业行为产生的重要条件之一，本地拥有较丰富的创业资源能够增加创业机会，激发创业倾向，促进创业行为。

从文化因素上来说，成功创业榜样的激励与大学生村官的创业倾向呈显著正相关。模型结果表明该项 Wald 的显著水平为 0.025 < 0.05，说明对大学生村官创业倾向的影响是比较大的。榜样的力量是无穷的，在一定程度上会改变个体对事物的认识，影响个体的行为。成功创业榜样的激励可以潜移默化地影响大学生村官对创业的认识，激发大学生村官去创业的意愿。

第四节　主要结论与对策建议

一、主要结论

根据已有模型结果和分析，我们可做出如下判断：（1）大学生村官的个人收入与其创业倾向呈显著正相关，个人收入的稳定性会影响到大学生村官创业倾向的高低。（2）家人的支持与大学生村官的创业倾向呈显著正相关，家人的支持比例越高，大学生村官的创业倾向也会越高。（3）社会资本中良好的人际关系与大学生村官的创业倾向呈显著正相关，而良好的政府关系与大学生村官的创业倾向不相关。（4）人力资本中创业培训、创业教育均与大学生村官的创业倾向呈显著正相关，接受过创业教育、创业培训的大学生村官，创业倾向就越高。（5）社会背景的政治因素中政府提供良好的交通、通信、网络设施与大学生村官的创业倾向呈显著正相关，而政府提供创业项目与大学生村官的创业倾向不相关。社会背景的经济因素中当地经济发展势头良好与大学生村官的创业倾向呈显著正相关，本地创业资源丰富与大学生村官的创业倾向呈显著正相关。社会背景的文化因素中成功创业榜样的激励与大学生村官的创业倾向呈显著正相关。

二、对策建议

依据调研数据及分析结果，我们可以具体从个体、家庭、高校和政府四个不同层面入手，着力营造良好创业环境，突破环境约束，提高大学生村官的创业倾向。

（一）个体创业能力提升

创业是一个综合性和实践性很强的动态过程，它要求创业者必须具备各方面的知识能力素质。大学生村官所处的环境使得创业者必须承担着更多的风险和责任，所以要进一步提升个人的创业特质。第一，大学生村官自身要全面学习，掌握扎实的创业知识，了解相关的创业流程和有关法律知识，为创业夯实知识储备。同时大学生村官要加强社会实践，培养个人各方面的能力，为创业获得更多宝贵的经验。第二，大学生村官要善于把握现有的社会资本。从数据分析中也发现，社会资本中的人际关系与大学生村官的创业倾向呈显著正相关。通过加强自身的人际交往，扩大自身的人脉，形成更广的人际关系网，从而提升个人的社会资本。

（二）家庭创业支持优化

家庭创业氛围和创业支持在一定程度上可以提高大学生村官的创业倾向，促进创业行为。但传统家庭过于注重子女的学习成就，而忽视了创新创业能力的塑造。因此，家人对大学生村官的工作应给予理解和支持，减少其心理负担；对于创业活动，家人要为其提供安稳的后方基地，在条件允许的情况下给予经济支持，减少大学生村官创业上经济的压力。另外，父母要注重培养子女创新创业的特质，使其拥有企业家的精神、养成独立思考问题解决问题的能力、具有良好的人际关系、具备良好的心理素质，敢于冒险，果敢又理性，在生活和工作中都能够独当一面，激发个体创新创业的意识和创业行为。

（三）高校创业教育完善

高校作为大学生村官任职前接受创业教育和培训的主要实施主体，需要不断地完善创业教育体系，激发大学生村官的创业倾向。一是高校要重视创新创业的工作，改变传统培养人才的观念，采用新的创新创业的观念，真正落实国家出台相关创新创业的工作，确保教务处牵头、各个部门协同开展创新创业教育工作。二是要加强创业教育师资队伍建设，建立创新创业的导师库，加强对校内教师创新创业理论与实践的培训，聘请企事业单位成功创业者作为创业的顾问。三是要搭建创业教育实践平台，成立创业孵化基地，加强校企合作、院企合作以及专家与企业的合作，形成全校都参与企业合作的意识，使大学生能够深刻了解创业的整个过程，提高创业倾向，在任职大学生村官后能够扎根基层创业。

（四）政府配套措施保障

大学生村官计划是政府推进农业现代化、促进城乡一体化的战略之一，大学生村官工作计划目标与政府工作目标紧密衔接。因此，政府要出台相应的政策，提高大学生村官的创业倾向，促使大学生村官扎根在基层

创业环境、自我效能与大学生村官创业

创业。第一，政府要优化交通、通信、网络设施，实现基层的信息化网络化。通过网络化的平台，大学生村官能够及时了解到外界的动态，加强与外界的交流，使创业的平台更加宽广。第二，政府要提供优惠的税收政策、创业基金或补贴，引导金融机构为大学生村官提供贷款减息政策，加大对创业的投资意愿，为大学生村官创业的项目提供资金指导，降低大学生村官的创业成本。同时，政府要也适当提高大学生村官的生活待遇，保障其基本生活水平。第三，政府要大力倡导创新创业文化，对创业成功者给予奖励支持，并广泛宣传大学生村官创业的成功事例，营造良好的创业舆论氛围，使大学生村官创业有更大的积极性。第四，基层政府要积极开展创业教育活动，定期组织大学生村官进行创业相关知识的培训，激发更多的创业意愿，提高创业能力。

《第三章》

创业自我效能与大学生村官创业

创业自我效能和创业意愿一直是创业研究的焦点。自我效能的概念来自社会认知理论，指个体对自己能否很好完成某项具体任务的信心，总是和特定的领域相联系。创业自我效能（entrepreneurial self efficacy）是个体在创业领域中的自我效能。创业意愿是创业行为很好的预测指标。虽然有关创业自我效能和创业意愿的研究文献非常多，但目前研究仍存在一些不足：第一，研究对象的局限。现有的研究更多的以在校大学生作为研究对象，较少从微观层面考察大学生村官的创业自我效能和创业意愿。大学生村官有其群体特殊性，为了提高大学生村官创业率和创业成功率，要对其深入调查，作针对性的调查研究。第二，创业教育与创业意愿关系研究不足。有关创业意愿的影响因素，学者们从人口学特征、人格特质、认知特征和社会环境等角度作了细致全面的分析，但对创业教育与创业意愿的关系涉及较少。为进一步激发大学生村官创业行为，研究拟从创业自我效能理论视角深入研究大学生村官创业意愿和行为发生的内在动力，希望为促进大学生村官就近就地创业提供理论和实践的指导。

发展创业型经济对于缓解严峻的就业压力、应对知识经济带来的挑战、实现民族复兴和可持续发展至关重要。创业型经济的本质在于培育人们的创新精神和创业能力，关键在于落实好行之有效的创新创业教育。受我国社会经济体制、经济发展状况、文化等因素的影响，创业教育在很长一段时间内没有得到重视，导致创业教育发展滞后，难以实现真正提高大

创业环境、自我效能与大学生村官创业

学生创新创业的意识、发展能力、提高素质。近年来，越来越多的创业研究中用创业自我效能、创业意愿的概念来解释创业现象，丰富了创业研究内容，为树立科学的创新创业人才培养目标提供了理论指导。大学生村官创业是大学生创业实践的一个重要组成部分，对大学生村官创业自我效能与创业意愿进行研究可以为建立和完善大学生创新创业教育机制、探索创新创业教育扶持模式以及出台大学生村官创业富民优惠政策等提供重要的理论和实践依据。研究以创业理论为基点，从自我效能出发，识别大学生村官创业的一般规律，明晰新创企业起源和发展历程中创业者的认知脉络，以自我效能理论倒逼创业理论和创业教育理论的发展，从微观层面探索主体创业行为的差异性和规律性，揭示创业过程复杂性和动态性背后的本质因素。

创新创业富有鲜明的时代特色，是知识经济社会发展的源泉和动力。创业型经济以广泛的、高水平的社会创新创业实践为主要标志，在实际扩大就业、创造公平环境等方面发挥强大威力。我国现处在改革开放后的攻坚期，社会结构处于深刻变革的特殊时期，亟须创新驱动实现经济发展的转型升级。特别是我国农村发展长期滞后，以粮食种植兼营副业的传统经营模式仍占据主体地位，偏远地区传统土地经营收益是农民的主要收入来源，而这种经营模式的经济效益非常有限。以创业带动就业能够有效化解农村富余劳动力就业问题，是切实促进农村基层社会和谐稳定和农村经济健康发展的有效措施。政策导向、市场信息、流通渠道和公共服务设施的日渐完善为农村创业创造了客观可能性，农村经济转型和产业结构优化为农村创业创造了前所未有的机遇和环境。与成熟的市场相比，广袤的农村是有待开发的市场，蕴藏巨大的发展潜力。农村创业将面临更小的竞争压力和更多的创业机会以及可供复制和借鉴的经验。另外，农村创业门槛低、成本低，农村富余的劳动力也为农村创业创造了人力优势。鼓励创业，提高农村地区创业率有助于解决社会历史发展进程中遗留下来的农村发展突出问题、难点问题。应该发挥大学生村官农村创业的带头示范作用，大学生村官因地制宜创业可以为农村的经济、文化发展注入新动力，创造更多的就业岗位以激励外出务工的农民返乡就业，使农村地区贫困的经济面貌得以改善，有利于农村基层尖锐的社会矛盾化解，促进社会稳

定；有利于引导广大毕业生基层就业，高层次人才回流到农村服务于新农村建设，既减轻了城市的就业压力又增添了农村活力；也有利于大学生村官自我成长，提高社会竞争力，促进任职期满的大学生村官实现有序流动。

第一节　创业自我效能研究回顾

美国著名心理学家班杜拉首次提出自我效能概念，之后掀起了学者们对自我效能研究的热潮，吸引了创业领域研究者们的注意，于是将自我效能运用于创业研究提出了创业自我效能的概念。创业自我效能在创业认知发展和创业行为表现中起着主导性的作用，创业自我效能高的人倾向于认为自己已经具备了创办企业的能力，具有更顽强的意志力，愿意付出更多的努力克服困难，偏向于富有挑战性的任务。国内外学者对创业自我效能结构、创业自我效能对创业意愿的影响、创业自我效能对创业活动的影响作了较多的研究。

一、创业自我效能的结构

对于创业自我效能的维度划分，学者们没有统一的观点，而是各自基于不同的理论建构了不同的创业自我效能结构模型。

陈等（Chen et al.，1998）基于创业者充当的角色和需要完成的任务，将创业自我效能划分为营销效能、创新效能、风险管理效能以及财务控制四个关键的创业技能效能。达诺布尔等（DeNoble et al.，1999）认为创业者和管理者存在本质区别，创业自我效能需要突出创业者创业行为和创业过程中的核心创业技能，研发了包含风险管理、人际网络、机会识别、资源获取、创新环境等六个维度的测量量表。由于具体的任务对创业技能的要求不同，吉尔等（Jill et al.，2005）依据的是创业过程的不同阶段创业者角色任务的转换，将自我效能划分为：机会识别效能、管理效能、关系效能、风险容忍效能。

关于创业自我效能结构国内已有不少学者做过相关研究。韩力争（2006）利用量化研究与质性研究相结合的方法研究创业自我效能感结构，量化研究是通过对上千名大学生发放收集问卷获得数据，对数据进行探索性因素分析、验证性分析、信效度检测；质性研究是通过对选取的几个个性特征差异明显的大学生创业者深入访谈，进行个案研究，最后得出创业自我效能感包含对创业的"能力感""努力感"，对创业环境感知和把握的"环境感"，对创业行为的"控制感"等因素。汤明（2009）认为，中国文化背景下创业自我效能感结构可分为创新效能感、机会识别效能感、风险承担效能感、关系协调效能感、组织承诺效能感。丁明磊和丁素文（2011）提出创业自我效能因创业者所扮演的创业任务角色不同而具有多维度的结构特征的假设，并经过验证得出创业自我效能结构包括创业管理效能、创业领导效能和创业坚持效能。

二、创业自我效能对创业意愿的影响

尽管人们的职业选择受很多其他的情境和个人因素影响，但创业者的自我效能感无疑是一个重要前提。赵（Zhao，2005）等研究发现，创业自我效能对创业意愿有正向影响，参加创业课程、风险偏好类型以及成功的创业经历通过创业自我效能的中介作用影响个体的创业意愿。洛佩·皮希和扎伊达托尔·阿克玛利亚（Lope Pihie & Zaidatol Akmaliah，2009）利用了描述性研究方法，通过对 1554 名大学生的调研发现，大学生有较高的创业意愿，在管理、金融和市场营销方面具有较高的自我效能，那些认为有必要在大学期间学习创业自我效能的大学生会有更高更好的创业生涯态度和感知行为控制。基于研究的结果，洛佩·皮希和扎伊达托尔·阿克玛利亚（2009）建议利用一定的教学策略帮助大学生提高创业自我效能，大学政策制定者应该通过在大学教育中融入管理、金融、市场营销等基础创业能力的培养来提升大学毕业生的价值，提高其创业意愿。纳提约克、卡拉比和古勒斯（Naktiyok A.，Karabey C. N. & Gulluce A. C.，2010）研究指出，与创业意愿有强关系的创业自我效能维度表明创业自我效能可能是影响创业意向的决定性因素，与创业意向有弱关系的创业自我效能维度表明还有其他重要因素对创业意向有影响，诸如国家政策等。此外诸多学者也都从不同的角度证明了创业自我效能对创业意向显著的正向影响。

丁明磊（2009）在创业自我效能及其与创业意愿的关系研究中将创业自我效能划分为创业管理、创业领导和创业坚持三个并列结构要素，并通过实证研究发现创业管理与创业意愿呈显著正向关联性，创业坚持与创业意愿呈正向关联性，创业领导对创业意愿则成呈负向影响。胡玲玉、吴剑琳和古继宝（2014）在研究中表明当创业自我效能高的人察觉到政府对创业支持力度较大时会相信自己有非常大的可能性创业成功，从而产生更强烈的创业意愿[1]。也有人认为创业自我效能对创业意向起调节作用，其影响效果会受其他条件的影响。

三、创业自我效能对创业活动的影响

创业自我效能高的人对行为结果的可控感强烈，从而增强其对创业决策结果的正面判断。人的潜力可以通过某种选择激发出来，从某种程度上来说，只要一个人坚信自己已经具备了开拓产品市场、建立新企业、增加企业利润的能力，即便他面对不利的环境也会在创业活动中表现出更强的坚持力和专注度。钟卫东和黄兆信（2012）对创业者访谈中了解到创业自我效能提升有助于创业者在人际交往中表现更加沉稳，从而获得合作伙伴的认可，最终获得企业成长的机会[2]。创业自我效能对创业绩效的影响研究比较少，叶建国（2006）在他的硕士论文中分别研究了管理效能、创新效能、财务效能、营销效能、风险效能对创业绩效的影响，得出的结论是创业自我效能的各个维度对创业绩效都有直接的影响[3]。

鲍姆和洛克（Baum & Locke，2004）对创业者的个性、技能和动机与

---

① 胡玲玉，吴剑琳，古继宝. 创业环境和创业自我效能对个体创业意向的影响［J］. 管理学报，2014，11（10）：1484－1490.

② 钟卫东，黄兆信. 创业者的关系强度、自我效能感与创业绩效关系的实证研究［J］. 中国科技论坛，2012（1）：131－137.

③ 叶建国. 创业效能感及其对创业绩效的影响研究［D］. 浙江：浙江大学，2006.

新企业成长的关系进行研究发现，自我效能越高的创业者设定企业发展的目标越高，工作热情也越高。丹尼尔·福布斯（Daniel P. Forbes, 2005）的研究结果表明企业家的创业自我效能水平越高，那么当他们做企业战略决策时会让更多员工参与进来，会利用更全面的信息。基思·赫米列斯基和安德鲁·科贝特（Keith M. Hmieleski & Andrew C. Corbett, 2008）研究发现企业绩效与创业者自我效能有正向关联性。因加瓦蒂和可戴茵（Inggarwati K. & Kaudin A., 2012）认为创业自我效能能够显著影响企业的经济增长，这意味着企业家在企业初创时由于一些积极的原因和信仰有更大的意愿成长，冒险倾向对创业绩效的影响、创业自我效能对创业绩效的影响比较大。赫迦利亚、伦科和马修斯（Hechavarria D. M., Renko M. & Matthews C. H., 2012）指出创业自我效能对创业者保持持续创业的努力有积极影响。

第二节　大学生村官创业自我效能的应用分析

一、大学生村官创业自我效能现状

大学生村官是在基层担任村党委支部书记助理、村委会主任助理的大学毕业生，在校担任过学生干部，在农村一般有 2 ~ 3 年的最低服务年限。大学生村官是一个特殊的群体，他们具有很多成功创业者所具有的特质：比如较高的文化知识素养，非常高的工作积极性，拥有相对稳定、充实的社会关系网络。实际上，大学生村官中有创业意愿的人较多，但实际创业行为发生较少，创业成功的人更是凤毛麟角。为进一步了解和掌握大学生村官创业意愿与创业行为之间的差异，我们试图引入大学生村官创业自我效能的概念，力图从大学生村官主观方面的因素来解释这个问题。我们通过对已创业大学生村官的深入访谈，对大学生村官创业动机是什么、如何产生的、怎么将创业动机转变为创业行为的、创业过程遭遇挫折时的心理状态是怎样的、如何设定和实现创业目标、自述认为大学生创业最重要的条件和最大的困难是什么等方面的情况进行了解，感受他们的创业历程。并依据社会认知理论，参考现有的创业自我效能研究成果并结合前期对大学生村官创业动机、创业行为、创业过程的调研，从开创和发展企业所需的关键技能角度将大学生村官创业效能分为创新效能、机会识别效能、管理控制效能、组织承诺效能，并从这四个方面入手对大学生村官创业自我效能现状具体分析。

（1）创新效能。一方面，大学生村官大都是刚刚毕业的年轻人，经过大学阶段的熏陶培养，他们具有较强的学习能力，具备较高的文化素养，能够独立思考，处理事情果敢、有主见，具备一定的创新能力。但另一方面，大学生村官身处农村却对农业知识知之甚少，没有农业方面的技术技能，专业不对口让很多大学生村官无所适从，无法把所学知识应用于实际产生经济效益，大大降低了他们的创新效能感。而且，目前我国创新教育的滞后是一个不争的事实，大学开展的创业教育还不是很成熟，刚毕业的大学生几乎都没有接受过系统的创业培训，这可能是影响创新效能感的重要因素之一。

（2）机会识别效能。创业具有高风险特点，在基层创业风险更大，要想成功创业必须独具慧眼，善于识别机会开发新产品市场。受家庭教育和大学有计划的社会实践活动积累等环境和经验的影响，大学生村官一般具有很强的创业意识，接受新事物速度快，具备一定的市场眼光。他们也具有强烈的民主意识、市场经济观念、服务意识和开放意识，大学生村官拥有开发新产品、识别市场机会的潜质。但同时，大学生村官很多只是把"村官"岗位作为跳板，并不打算在农村长待，在一定程度上体现了大学生村官依然缺乏为农村服务的意识，没有认识到农村基层是一个可以实现自我价值的大舞台。由此也带来了一个影响是，他们对农村实情了解不多，对农民需求不甚了解，这些将会影响到大学生村官对市场的基本判断力。

（3）管理控制效能。根据各地对大学生村官选聘的条件约定，一般经过选拔出来的大学生村官都是在大学期间从事过学生管理工作的优秀学生干部，有丰富组织活动、管理控制的工作经验。目标管理意识较强，能够有步骤、有计划地实现预定的目标；组织协调能力强，善于调动大家的工作热情，合理分工、思路清晰，有控制全局的能力。但是由于学生组织的管理毕竟不同于企业团队的管理，其中复杂的经济利益关系极易牵扯出矛盾冲突，给他们的管理工作带来难题。大学生村官工作经验有限，导致实际能力与工作需要存在一定的落差，造成创业过程中出现目标设置不合理的问题，好高骛远、过于理想化。在项目选择时往往缺乏对市场的科学预测，基层的实际情况反馈不到位，对团队的执行能力、当地政府和农民的承受力等缺乏充分估计。

（4）组织承诺效能。组织承诺是指个体对组织文化、目标等肯定的心理倾向，一定程度上表达了个体对某一特定组织在感情上的依附程度，表现的是个体参与组织的相对程度。大学生村官组织承诺效能包括大学生村官实现对企业内部员工、项目投资人以及顾客承诺的信心。提高大学生村官组织承诺效能就要培养他们对农村创业价值的高度认同感和自豪感，激发他们对"三农"问题的社会责任感。具有高组织承诺效能的管理者和领导者会为了价值目标的实现付出更多的努力和个人贡献。从总体上看，新一代大学生自我和独立意识很强，对个人行为有担当精神，但受社会价值等多种因素的影响，大学生社会责任感问题一直受到了社会各界的强烈关注，大学生村官的组织承诺效能是需要我们密切关注的问题。

二、影响大学生村官创业自我效能的因素分析

班杜拉（1986）认为，人们通过各种信息源获得自己在才智和能力上的信息，形成自己在不同情境中达成不同目标而完成的行为过程的自我效能。掌握性经验、替代性经验、言语说服、生理和情绪状态是四种主要的信息源，所有的影响都会通过这四种渠道对个体的效能信念发挥重要的作用。根据班杜拉的信息来源理论，我们可以初步提出影响大学生村官创业自我效能的主要因素：

一是创业教育。创业教育有多样化的形式，目前我国的创业教育是通过高校开设创业课程，系统地灌输从事创业实践活动所需具备的知识。高校通常通过举办各种活动利用第二课堂开发大学生的创新创业潜能，培养动手操作的能力，提高创业心理素质，增强创业自我效能。创业教育不仅应包含创业知识的传授和创业能力培养，同时也要注重企业家精神和文化的培养。我国高校的创业教育兴起历史不长，高校对成熟的创业教育模式

还在积极探索中。

二是创业榜样。有调查研究表明，父母或亲戚有成功创业的，这样的家庭里孩子创业的可能性大大增加。大学生村官从他人的创业行为中受到感染和激励，当看到与自己或想象与自己能力差不多的示范者获得创业成功时，能够增强其对自我效能的判断，相信自己能够在相似的情境下成功取得类似的成就。当前，很多大学生村官因为很多因素影响没有选择创业，大学生村官群体中缺乏典型的创业榜样，基层缺少创业文化和氛围是其中影响创业自我效能的一个重要因素。

三是过去的经历。亲历性经验对个体自我效能的影响最大，在某项任务、技能或行为上获得过成功会加强个体在对类似事情上的自我效能感，也会提高个体整体的自我效能感；反之，对自我效能可能会产生强烈的消极影响。刚刚毕业的大学生村官过去已有的工作经验不足以应对创业过程出现的复杂情况，通过在大学生村官之间开展创业专项培训，加强他们对创业项目成功管理的情景体验感提升创业自我效能。

四是激励作用。激励是他人通过言语说服，试图使人相信自己已经具备了获得成功的能力，关键时刻信任的人一句中肯的赞美和鼓励可以使一个人在努力克服困难并出现自我怀疑的时候加强认为自己已经拥有能力的信念，自我效能感就会增强。因此，对大学生村官创业的支持不仅包含资金上的支持，来自家庭、政府、社会对大学生村官创业在精神上的支持也都是非常重要的，受激励的人可能会在困难出现时付出更多的努力并维持努力，增大成功的可能性。

第三节　研究假设与实证检验

我国农村发展长期滞后，提倡农村地区发展创业型经济激活农村经济发展内在活力是以创业带动就业，有效化解农村富余劳动力就业问题的重要举措，是切实促进社会基层和谐稳定和经济持续长效发展的有效手段。大学生村官是农村创业的主力军，是基层治理的重要人才支撑，应发挥带头示范作用。然而实际上，大学生村官的实际创业率低，整体创业意愿强度不高，创业活动低迷，引起学者们对大学生创业意愿及其影响因素的关注。近些年来，更多学者在对创业的相关研究中提出以研究个体认知过程为出发点，从创业认知角度阐释不同创业者的创业行为差异。创业自我效能是调节知识与创业行为关系，进而影响创业动机和创业过程的关键认知因素。所以，创业自我效能应该成为大学生村官创业问题研究的重点，作为探索如何提高大学生村官自主创业比例的一般途径和方法。

一、研究文献综述

（一）创业自我效能维度建构

学者们对创业自我效能测量维度的具体内容还没有形成统一观点，而是各自基于不同的角度建构了不尽相同的创业自我效能测量量表。依据创业者角色任务，国外学者陈等（Chen et al.，1998）把创业自我效能划分为创新效能、管理效能、营销效能、财务控制效能、风险承担效能五个维度。基于创业者和管理者的本质区别分析，达诺布尔等（DeNoble et al.，1999）研发了包含创新与产品开发、人际网络、机会识别、风险管理、资源获取和创新环境六个测量维度的量表。依据创业不同阶段创业者角色任务的转换，吉尔等（Jill et al.，2005）则把创业自我效能划分为管理效能、关系效能、机会识别效能和风险容忍效能。结合我国特定情境，国内学者韩力争（2005）在广泛调研基础上确定创业自我效能结构，包括创业的"努力感"和"能力感"、创业行为的"控制感"、创业环境判断的"环境感"等。汤明（2009）则把创业自我效能结构分为创新效能感、组织承诺效能感、机会识别效能感、风险承担效能感、关系协调效能感。丁明磊、丁素文（2011）基于创业者的任务角色把创业自我效能划分为创业领导效能、创业坚持效能以及创业管理效能三个维度。

（二）创业意愿的影响因素

国内外众多学者都相继对创业意愿的影响因素进行了研究，随着研究不断深入，从原来对单一因素的分析变成构建内容更加丰富的多因素创业意愿模型。创业意愿影响因素的研究主要从个人背景因素、人格特质因素、社会网络因素和环境因素等方面展开论证。

（1）个体背景因素。个体背景因素指人口学变量方面的因素，诸如年龄、性别、学历层次、专业类型、个人经历等。人口学变量的因素被证实与创业意向存在一定的相关关系。但是，不同学者的研究结果表明，具体研究对象的不同，上述个体背景因素对创业意愿的影响结果不完全一致。

（2）人格特质因素。学者们最初关注的焦点是找到能够有效区分创业者与非创业者的人格特质差异。创业者或是潜在创业者通常具备较高的成就动机和冒险倾向等。范巍和王重鸣（2004）的创业倾向影响因素模型中的人格特质有外向性、责任认真性、经验开放性、自我功效感。叶映华（2009）提出的大学生创业意愿影响因素模型中的个人特质是指坚持与成就动机、问题解决能力、内在控制源、风险承担倾向、创新性。张玉利和杨俊（2003）研究表明，个体的冒险性越强他们的创业意愿和创业行为就会越明确。李永强等（2008）认为对个体创业意愿存在显著影响的人格特质因素包括冒险精神、内源控制、风险承担三个方面。钱永红（2007）认为内源控制、成就动机、风险承担是影响创业意愿的重要因素。

（3）社会网络因素。马克思说"人的本质是社会关系的总和"①。社会网络是由个体主要社会关系构成的社会关系网络。由于个体与社会网络中的社会成员密切接触，个体的兴趣、行为、意志等会受到深刻影响。也就是说，从事创业活动的社会网络成员能够通过示范效应、给予创业资源支持、提供实践指导等方式直接或间接地对个体的创业意愿产生作用。具体来讲，成功的创业者会对社会网络中的其他人发挥很强的榜样示范作用，从而激发他们的创业意愿。约翰逊（Johnsson，1997）认为，资源稀缺性是创业活动的本质属性，拥有资源的个体其创业可行性感知更高，社会网络可以为个体提供创业需要的各种社会资源，因而创业意愿更强烈。舍勒（Scherer，1989）肯定了社会网络成员对个体具有的创业示范效应，并作了进一步说明：科学的创业指导对提高个体创业意愿有显著作用，帮助个体更大可能的获得成功。强关系能够为个体提供强大的精神支撑，有利于增强个体创业意愿，这种强关系就来自社会网络。

---

① ［德］弗里德里希·恩格斯，［德］卡尔·马克思. 马克思恩格斯选集［M］. 北京：人民出版社，2012.

(4) 环境因素。典型的创业环境模型有 GEM 模型，GEM 模型把创业环境划分成政府政策、政府项目支持、金融支持、进入壁垒、教育与培训、研发转化效率、有形基础设施、商业和专业基础设施、文化和社会规范几个类别。创业环境作为外驱力对个体创业意愿的影响十分明显，优良的外部环境对提升个体创业意愿有显而易见的成效。一个国家若在税收、基础设施方面的创业优惠政策支持较多，社会能够提供充足的创业教育和服务，那么可以极大地促进这个国家整体的创业活动，提高创业环境诱导水平能够正向影响社会大众的创业态度，进而促进创业行为的发生。

二、研究假设

自我效能的测量需要针对特定的活动领域，大学生村官创业自我效能测量必须体现大学生村官创业的任务要求、所需要的能力类型和能力可应用的情境范围。结合大学生村官和政策目标，根据已有研究，我们确定创业自我效能的四个维度：创新效能、机会识别效能、管理控制效能和组织承诺效能，并假设该维度结构能够比较准确地反映我国大学生村官的创业自我效能，能够较好地揭示大学生村官创业自我效能及其对创业意愿的影响。典型的创业意愿模型有计划行为模型和创业事件模型，这两个模型都得到创业自我效能对创业意愿有直接或间接的影响。根据三元交互决定理论，环境、认知和行为是交互作用的，我们认为个体特征、家庭特征差异造成大学生村官创业自我效能的个体差异，并通过创业自我效能的直接和间接关系影响大学生村官创业意愿，最终作用于创业行为。

（一）个体特征与大学生村官创业自我效能和创业意愿的关系假设

回顾班杜拉的自我效能理论和创业意愿的影响因素研究文献，我们假设性别、学历、专业类型、职业选择动机、在校期间的创业教育等个体特征差异会造成大学生村官思想、意志、偏好和决策等的差别，最终影响他们的创业自我效能及其创业意愿。

1. 性别

社会上成功的男企业家明显多于女企业家，在一定程度上反映了性别差异对个体创业行为是有影响的。赵（Zhao，2005）研究指出女性的创业自我效能显著低于男性，通过创业自我效能的中介作用最终对创业意愿产生正向影响，得到女性创业意愿明显低于男性。钱永红（2007）获得与之一致的研究结论，并认为女性创业意愿不同于男性创业意愿的主要原因在于性别角色认同和家庭承诺。在我国文化里崇尚男主外女主内，女性被认为从事风险小、稳定的工作会比较好。叶映华（2009）认为男性在创业者人格特质上的表现优于女性，有更强的创业倾向性。农村工作环境艰辛，我们倾向于认为男性更可能选择创业，于是提出研究假设如下：

H1a：性别对大学生村官的创业自我效能有影响，男性高于女性。

H1b：性别对大学生村官的创业意愿有影响，男性高于女性。

2. 学历

学历对创业意愿的影响有不同的观点，一种观点认为学历越高，个体的创业意愿越强；另一种观点认为，学历越高，个体创业可能性越小。持前一种观点的人认为，受教育程度越高，获取新知识的能力、领导能力和管理等能力就会越强，而这几项能力对于创业者来说是至关重要的。与此同时，教育还可以培养创业人格特质，如创新精神、成就动机、自信心等。后一种观点认为，学历水平与创业者的创业自我效能并不是直接相关，甚至有可能当学历水平到达一定程度时，很少的人会考虑自主创业，而倾向于管理已经成功的大型企业。有关研究也表明，相比于本科生，硕士生和博士生的创业意愿反而偏低，而专科生的创业目标意愿和创业执行意愿表现都显著高于本科大学生。有学者对此作出如此解释：随着学历的提高，年龄渐长，个体知识结构得到优化，社会阅历明显增加，对新信息的收集和处理能力增强，预知和评估风险能力都增强，决策趋于理性，影响了创业意愿。而年纪较小的本科生则更富有冒险精神，挑战新奇的任务和承担风险。还有一种解释是学历越高，在就业市场上就会更具优势，除了创业之外有更多的职业选择。因此，本书提出以下假设：

H2a：学历与大学生村官创业自我效能呈负相关。

H2b：学历与大学生村官创业意愿呈负相关。

3. 专业类型

长久的专业知识学习无疑会对大学生的认知模式产生深远影响，不同专业背景的大学生在个性特征、择业观、价值观上会表现出较强的个体差异性，专业背景是影响创业自我效能的重要因素。通常认为，学习经济管理类专业的大学生相对来说更倾向于创业，因为这类专业的学生在专业选择时就表现出对经济活动更强的兴趣，加之这类专业的学习过程中有更多的机会接触经济类的信息，对社会的经济动态关注比较多，很多人有创业经历或者从业经历，从而他们的创业自我效能会得到明显的提高。有关专业学习对个体创业意愿的影响情况，国外学者通过对大学生的创业意愿的调查发现，工科学生较少选择自主创业。而国内学者的情况与之相悖，贺丹（2006）认为理工类学生的创业态度明显比经管类学生好，但两者的创业意愿又无显著性差异。叶贤（2009）研究发现，相比于文科类大学生，理工科类大学生的创业行为倾向要更高。此外，应用性学科的毕业生由于具备某方面的专业技能优势，其创业意愿和创业成功率都更高（杨俊和张玉利，2003）。因此，我们做以下假设：

H3a：专业学习背景不同，大学生村官创业自我效能有明显差异。

4. 职业选择动机

职业选择动机这里是指大学生村官从事这项工作的初衷，经过调查，主要有以下几种从事大学生村官工作的动机：迫于就业压力，优惠政策吸引，作为未来考公务员的跳板，想在基层建功立业和受其他人影响。职业选择动机是影响大学生村官职业发展规划的关键因素，是激励个体实现自我目标的内在驱动力。希望在基层建功立业的大学生村官会更加努力地适应工作环境，更有可能识别机会进行创业，抵御创业过程中各种障碍的意愿更强。受内在积极主动的职业选择动机激励越强烈，越可能激发个体创业行为。有关研究指出，创业动机是创业自我效能的前瞻性心理变量，就大学生村官创业而言，创业动机是大学生村官通过对其自身所具备的创业能力的评价（即创业自我效能），认为已经具备相应能力了才会产生实现创业目标的想法，创业动机会通过创业自我效能中介作用而最终影响潜在创业者对创业可行性的认知及评估。由此提出假设：

H4a：职业选择动机对创业自我效能有影响。

H4b：职业选择动机对创业意愿有影响。

5. 创业教育

创业教育包括大学生村官在学校期间或工作之后接受的创业教育相关

培训，可以是选修创业课程，参加创业大赛，参与创业项目等。这些活动可以很好地帮助大学生村官熟悉创业的法定流程，掌握创业必备技能，培养成功企业家的心理素养，增强大学生开展创业事业的自信心，提高创业自我效能，增强创业意愿。根据班杜拉自我效能理论，自我效能形成受到个体过去行为的影响。因此，大学生村官的创业自我效能的现状必然也会受到过去成功或者失败的创业经历的影响。成功的创业经验有利于增强大学生村官的创业自我效能，而失败的创业经历有可能会降低其创业自我效能，但也存在另外一种可能，个体从先前失败的经历中总结原因，为之后的创业吸取经验教训，某种程度上也认为这种情况有助于提高其创业自我效能。创业教育就是通过让大学生直接或间接接触创业基本流程，帮助大学生获得创业体验和替代性经验，是磨炼他们意志、坚定他们创业决心和使他们掌握创业基本技能的主要途径，让大学生对创业有感性和理性的认识，旨在培养他们的创业意识和创业精神，实质上也属于一种素质教育。据此，我们提出以下假设：

H5a：接受过创业教育的大学生村官其创业意愿更强。

H5b：接受过创业教育的大学生村官其创业自我效能更强。

（二）家庭特征与大学生村官创业自我效能和创业意愿的关系假设

1. 父母的文化程度

父母对孩子的深远影响是不言而喻的。父母文化程度越高，越重视孩子的教育问题，不仅关注孩子学习成绩，也更加注重能力的养成和全面发展，在其成长过程中创造机会锤炼孩子的意志品质。父母文化程度越高，思想更开放，懂得尊重孩子的想法，适时引导，给予自主选择的空间。父母文化程度越高，能够为孩子的选择提供更多的物质帮助和思想指导。孩子也会在成长过程中受到父母潜移默化的影响，养成良好的行为习惯，关注社会热点问题。因此，我们假设：

H6a：父母文化程度越高，大学生村官的创业意愿越强。

H6b：父母文化程度越高，大学生村官的创业自我效能越强。

2. 父母收入来源

父母收入来源对大学生村官创业效能和创业意愿的影响主要是考虑父母的职业和家庭经济情况造成的差异。韩力争（2005）认为，家庭条件较差的学生创业自我效能和创业意愿都较高，因为他们更希望通过创业彻底改变家庭生活质量，他们的意志品质非常顽强，家庭责任心也更强，这些性格优点会影响个体的思维方式和行为模式，他们会更珍惜发展机会谋划未来，表现出更高的创业自我效能。而家庭条件较优越的大学生则更倾向于从事相对稳定的工作。家庭背景优越程度与大学生的创业态度呈负相关，即家庭背景条件越优越，大学生的创业意愿则越低。但也有不少学者认为家庭实力对大学生创业意愿是正向影响的，支持这项结论的理由是父母积累的原始资金对个体创业倾向起着重要的助推作用，因为创业资金是创业活动的关键性因素。父母收入来源的不同意味着他们从事的职业不尽相同，父母从事职业的差异会造成大学生创业意愿的显著差异。父母是企业家、私营主体或个体户的大学生，他们的创业意愿要高于父母是行政事业单位上班家庭的大学生，具体表现在自我认知、企业知识、风险承担倾向、市场顾客知识、获得助力、资源与资讯获得等项目上的得分要高于其他人。父母从事创业事业对子女产生强烈的示范效应，对子女的创业意愿产生助推作用。父母收入来源与大学生村官创业自我效能和创业意愿的关系有待实证检验，现提出如下假设：

H7a：父母收入来源会对大学生村官创业自我效能产生影响。

H7b：父母收入来源会对大学生村官创业意愿产生影响。

3. 家人对其创业的态度

在创业与社会网络的关系研究指出，强关系的社会网络对创业者或潜在创业者识别创业机会，获取信息、资金等重要资源有着不可替代的作用，为个体提供强大的精神支持，这种关系最有可能为创业者或潜在创业者提供最直接最有意义的帮助。而家庭关系可以说是社会网络强关系中最重要的组成部分，家人对其创业行为是鼓励、劝导甚至反对对于个体的创业自我效能会有显著的影响，家人在他们创业这件事的态度上是支持的还是反对的会直接提高或者降低他们的创业自我效能。因为，除了精神支持外，家人还可能在资金、经验各方面提供强有力的帮助，从而坚定他们的创业信念，增强创业意愿。也就是说，家庭对创业行为的态度和为创业行为提供的帮助能够最大限度地影响个体的创业倾向。因此，我们提出以下假设：

H8a：家人对创业的态度越支持大学生村官的创业自我效能越强。

H8b：家人对创业的态度越支持大学生村官的创业意愿越强。

（三）大学生村官创业自我效能与其创业意愿关系假设

有研究指出，与创业意愿有强关系的创业自我效能维度表明，创业自我效能可能是影响创业意愿的决定性因素；与创业意愿有弱关系的创业自我效能维度表明，还有其他重要因素对创业意愿有影响，诸如国家政策等。国内外众多学者从不同的研究角度得出类似的结论，即个体的创业自我效能与创业意愿具有显著正相关性，前者对后者有显著的预测作用。如克鲁格和迪克逊（Krueger & Dickson，1993）研究认为，自我效能对个体机会认知、风险承担以及职业选择有重大的影响。加特纳（Gartner，1991）认为，选择成为创业者的个人往往是因为其拥有更高的创业自我效能。陈（Chen，1998）的研究发现，如果一个人拥有越高的创业自我效能，那么他在面对不确定的风险和挑战时往往会表现得越有能力和信心，就越有可能成为创业者，即个体的创业自我效能和其创业意愿越强。丁明磊（2009）在创业自我效能及其与创业意愿的关系研究中将创业自我效能划分为创业管理、创业领导和创业坚持三个并列结构要素，并通过实证研究发现创业管理、创业坚持与创业意愿呈显著正向关联性。胡玲玉等（2010）发现创业自我效能高的人当察觉到政府对创业支持力度较大时会相信自己有非常大的可能性创业成功，从而产生更强烈的创业意愿。荣格（Jung，2001）认为，创业自我效能是创业意愿和创业行为的重要解释变量。国内学者范巍和王重鸣（2005）在研究中指出，潜在的创业者越是对自己的能力充满信心就越相信自己可以成功创业，选择创业的可能性也就越大。这也就是说，创业自我效能越强的个体越倾向于创业，创业意愿相对来说更高。韩力争（2009）认为，用创业自我效能指标预测学生个体是否选择创业和创业能否成功比用创业能力进行预测有更好的效果。

有研究结果更具体地指出，创业意愿影响因素是通过创业自我效能的中介作用对创业意愿产生影响的。博伊德和维京（Boyd & Vozikis，1994）的研究认为，创业自我效能在个体短期内创业行为的产生过程中发挥重要的中介作用。王雨和王建中（2013）基于社会网络关系视角研究大学生创业意愿影响因素发现，社会网络强关系对创业的态度、创业自我效能、创业意愿分别具有显著影响，社会网络弱关系通过创业态度、创业自我效能感两个中介变量作用于创业意愿。段锦云等（2012）研究新生代农民工创业自我效能在其创业意愿形成过程中的作用机制时发现创业自我效能完全中介了一般自我效能对创业意愿的正相关关系。徐小洲和叶映华（2010）研究表明大学生创业认知受大学生的创业自我效能、他人评价和外在感知影响，创业自我效能和外在评价感知对创业意愿的影响存在交互作用。综合现有的关于创业自我效能与创业意愿的研究结果，作出如下假设：

H9：大学生村官创业自我效能与创业意愿呈正相关。

（四）问卷设计与调查样本说明

1. 问卷设计说明

设计具有较好的信度和效度的调查问卷是获得科学的研究结果的基础。根据研究总体调查要求，研究问卷设计可以分为三个阶段：首先，构建初始问卷。基于本书的研究视角，通过查阅大量现有的国内外权威研究文献，借鉴已有且被反复引用的成熟量表，综合考虑我国的国情、文化环境和研究对象的特征，适当修改形成本书的初始问卷。其次，结合大学生村官的建议和专家的意见对调查问卷的题项进行适当调整，使问卷中的题项表述更科学，更易于被调查对象理解和接受。最后，进行预测试形成最终问卷。随机选取一定比例的大学生村官进行预调查，将预调查的数据录入统计软件进行检验分析，根据反馈的结果对问卷适当修改，形成最终问卷。

研究问卷共设计四个部分，第一部分是大学生村官的个体特征，包括调查对象的性别、学历、专业类型、职业选择动机、在校期间的创业教育情况等。第二部分是家庭特征，包括父母的文化程度、父母收入来源、家人对其创业的态度等。第三部分是创业自我效能测量量表。第四部分是创业意愿测量量表。每一部分的测量指标都设置了若干题项来对其进行描述，二级指标下各具体题项的最终评价结果采用李克特7级量表。由大学生村官依据自己的判断进行回答。创业自我效能由创新效能、机会识别效能、管理控制效能、组织承诺效能四个维度构成，每个维度下设有5个题项，采用7分量表测量求其平均值代表创业自我效能总体强度。研究设计了七个题项内容同样采用 7 分量表测量大学生村官的创业意愿强度，分别是"我的职业发展目标是成为企业家""我经常会考虑是否要创业""我会尽一切努力创办自己的企业""我会认真考虑有关创业的事情""我决定将来要自己创业""我已经做好了成为创业者的所有准备""我坚信自己将来一定会创办企业"，以其平均值代替创业意愿强度大小。

2. 样本情况

在问卷数据中，除在赣南等地区的抽样调查获取数据外，另加上课题组在江西省 Y 市 Y 县进行的整群专项问卷调查数据，共计 330 名大学生村官。根据调查样本基本信息（见表 3 - 1）显示，大学生村官男性比例为 60%，女性比例为 40%，男性人数明显多于女性；出生在城镇和农村的比例分别为 31% 和 69%，大部分的大学生村官具有农村生活背景，对农村发展状况比较熟悉；理农医等专业人数是经管法教等专业人数的两倍多，说明他们当中很多人都掌握了某一方面的技术，具备较强的科学素养和文化素养；绝大多数人是本科学历，专科生和研究生学历的较少。

表 3 - 1　　　　　　　　调查样本的描述性统计

项目	分类	样本数（位）	百分比（％）
性别	男	198	60.0
	女	132	40.0
出生地	城镇	103	31.0
	农村	227	69.0
专业	经济、管理、法律、教育	80	24.0
	理工、农业、医学	200	61.0
	其他	50	15.0
学历	专科	20	6.0
	本科	287	87.0
	研究生	23	7.0

（五）实证分析与假设检验

本书研究中主要运用统计软件 SPSS 17.0 进行数据处理，验证假设，对调查问卷作信度和效度分析，对变量之间的相关关系进行分析。

创业环境、自我效能与大学生村官创业

1. 效度检验

效度就是指该问卷量表能够测到该测验想要测量的行为特质或心理特质到何种程度。建构效度反映了构念和测量工具的一致性程度，建构效度是测量效度的一个重要指标。因子分析中的主成分因子分析是研究者们最常用的建构效度的测量方法。一般来讲，在进行因子分析之前，首先要检测一下测量变量是否适合做因子分析，主要是运用 KMO 值和 Bartlett 的检验值两个指标数值来反映。通常认为，当 KMO 值大于 0.7 且各变量的载荷系数大于 0.5 时，可以采用因子分析将不同变量聚合成一个因子来进行分析。Bartlett 球体检验用来判定测试题项之间是否是独立的，若 Bartlett 球体检验的统计量较大，同时统计值概率 P 值小于 0.05，我们就认为测试题项之间存在着显著的相关关系，适合进行因子分析。

（1）大学生村官创业自我效能量表效度检验。对大学生村官创业自我效能的 20 个测量题项进行 KMO 和 Bartlett 检验，具体结果如表 3 - 2 所示，其中 KMO 值为 0.962，指标统计量大于 0.8，呈现的性质为"良好的"标准。Bartlett 检验的卡方值为 6123.669 且显著性水平为 0 < 0.05，通过了显著性检验，表示变量间具有共同因素存在，变量适合进行因素分析，问卷效度较高。

表 3 - 2 创业自我效能量表的 KMO 和 Bartlett 检验

取样足够度的 Kaiser - Meyer - Olkin 度量	0.962	
Bartlett 的球形度检验	近似卡方	6123.669
	Df	190
	Sig.	0

在此基础上，通过主成分分析，数据结果如表 3 - 3 和表 3 - 4 所示。SPSS 内设值以特征值大于 1 作为主成分保留标准，在表 3 - 3 中可以看到特征值大于 1 的共有 2 个，这是因素分析时抽取的共同因素个数，共可以解释 69.025% 的变异量。大学生村官创业自我效能变量取特征值大于 1 且各个测量题项的载荷值只在单个因子中大于 0.5，适合提取出两个因子，说明各测量题项可以很好地对其所对应的变量进行解释。在这里，创新效

能维度和机会识别效能维度，管理控制效能和组织承诺效能分别聚合成了一个新维度。

表 3 - 3
解释的总方差

成分	初始特征值			提取平方和载入			旋转平方和载入		
	合计	方差的百分比（%）	累积百分比（%）	合计	方差的百分比（%）	累积百分比（%）	合计	方差的百分比（%）	累积百分比（%）
1	12.421	62.105	62.105	12.421	62.105	62.105	6.993	34.964	34.964
2	1.384	6.920	69.025	1.384	6.920	69.025	6.812	34.061	69.025
3	0.845	4.226	73.251						
4	0.653	3.266	76.517						
5	0.600	3.001	79.518						
6	0.501	2.506	82.023						
7	0.456	2.282	84.305						
8	0.400	1.999	86.305						
9	0.366	1.829	88.134						
10	0.335	1.677	89.811						
11	0.312	1.558	91.369						
12	0.263	1.316	92.685						
13	0.240	1.201	93.886						
14	0.221	1.103	94.989						
15	0.209	1.044	96.033						
16	0.201	1.003	97.036						
17	0.175	0.877	97.914						
18	0.163	0.815	98.728						
19	0.138	0.689	99.417						
20	0.117	0.583	100.000						

注：提取方法：主成分分析；"解释的总方差"是把调查数据进行主成分分析后，由 SPSS 软件自动生成。

表 3 - 4　　　　　　　　　　旋转成分矩阵^a

分类	成分	
	1	2
识别_d	0.845	0.178
管理_c	0.827	0.148
识别_e	0.800	0.161
管理_a	0.736	0.389
管理_d	0.680	0.511
创新_c	0.653	0.534
创新_a	0.647	0.482
识别_b	0.611	0.558
创新_d	0.600	0.572
识别_c	0.597	0.568
承诺_a	0.328	0.826
承诺_b	0.378	0.820
承诺_d	0.431	0.749
承诺_e	0.366	0.734
管理_e	0.542	0.675
创新_b	0.508	0.665
创新_e	0.460	0.623
管理_b	0.614	0.616
承诺_c	- 0.100	0.612
识别_a	0.544	0.590

注：提取方法：主成分分析法；旋转法：具有 Kaiser 标准化的正交旋转法；a 表示旋转在 3 次迭代后收敛。

（2）大学生村官创业意愿效度分析。对大学生村官创业意愿的 7 个测量题项进行 KMO 值和 Bartlett 的球形度检验，检验结果如表 3 - 5 所示，其中 KMO 值为 0.934 大于 0.7，Bartlett 的球形度检验的卡方值为 2402.002 且显著性水平为 0 < 0.05，说明量表的数据适合作因子分析。

表 3 – 5   创业意愿量表的 KMO 和 Bartlett 检验

取样足够度的 Kaiser – Meyer – Olkin 度量		0.934
Bartlett 的球形度检验	近似卡方	2402.002
	Df	21
	Sig.	0

如表 3 – 6 和表 3 – 7 所示，经过主成分因子分析之后共提取出 1 个因子，这一个因子的累计方差解释量达到了 79.678%，且对应因子载荷均大于 0.5，说明各测量题项可以很好地对其所对应的变量进行解释。

表 3 – 6   解释的总方差

成分	初始特征值			提取平方和载入		
	合计	方差的百分比（%）	累积百分比（%）	合计	方差的百分比（%）	累积百分比（%）
1	5.577	79.678	79.678	5.577	79.678	79.678
2	0.418	5.965	85.643			
3	0.292	4.167	89.811			
4	0.232	3.311	93.121			
5	0.188	2.679	95.800			
6	0.165	2.353	98.153			
7	0.129	1.847	100.000			

注：提取方法：主成分分析法。

表 3 – 7   成分矩阵[a]

强度	成分 1
强度_e	0.927
强度_c	0.919
强度_d	0.894
强度_g	0.891
强度_b	0.872
强度_a	0.872
强度_f	0.871

注：提取方法：主成分分析法；a 表示旋转在 3 次迭代后收敛。

2. 信度检验

为了进一步了解问卷的可靠性与有效性要做信度检测。所谓信度，就是量表的可靠性或稳定性，因素分析之后要进行量表各层面与总量表的信度检验。通常用 Cronbach's Alpha 系数指标来表示所选问卷量表的信度水平，Cronbach's Alpha 系数在 0 ~ 1 之间，大于等于 0.7 视为信度高。本书的检测结果如表 3 - 8 所示，大学生村官创业自我效能量表和创业意愿量表的信度系数都在 0.900 以上，表示其量表的内部一致性信度非常好，问卷具有非常高的信度。

表 3 - 8 变量的 Cronbach's Alpha 系数

变量	测量题项	Cronbach's Alpha
创业自我效能	20	0.956
创业意愿	7	0.957

3. 个体特征的差异性分析与假设检验

个体特征中，性别、在校期间接受创业教育属于二分类别变量，大学生村官创业自我效能、创业意愿属于连续变量，适合采用独立样本 t 检验方法研究"不同性别、是否接受过创业教育的大学生村官在创业自我效能和创业意愿强度上是否存在显著性差异问题"，具体结果如表 3 - 9 和表 3 - 10 所示。

表 3 - 9 组统计量

项目	性别	N	均值	标准差	均值的标准误
创业自我效能	男	198	4.2455	1.04828	0.07450
	女	132	4.1409	1.09763	0.09554
创业意愿	男	198	4.2172	1.40913	0.10014
	女	132	3.8550	1.41068	0.12278

表 3 – 10 独立样本检验

项目		方差方程的 Levene 检验		均值方程的 t 检验		
		F	Sig.	t	df	Sig. （双侧）
创业自我效能	假设方差相等	0.011	0.917	0.871	328	0.384
	假设方差不相等			0.863	271.897	0.389
创业意愿	假设方差相等	0.001	0.974	2.286	328	0.023
	假设方差不相等			2.286	280.664	0.023

就大学生村官创业自我效能性格差异而言，"假设方差相等的 Levene 检验"的 F = 0.011，p = 0.917 > 0.05，表示两组样本方差同质，t = 0.871，p = 0.384 > 0.05，未达显著水平，拒绝原假设，认为大学生村官创业自我效能在不同性别群体中不存在显著差异。再看性别与大学生村官创业意愿 Levene 方差检验，F = 0.001，p = 0.974 > 0.05，接受原假设，认为两组样本方差同质，无显著性差异，t = 2.286，p = 0.023 < 0.05，说明不同性别群体大学生村官创业意愿存在显著性差异，假设成立。同理，从表 3 – 11 和表 3 – 12 可以看出是否接受创业教育对大学生村官创业自我效

表 3 – 11 组统计量

项目	创业教育	N	均值	标准差	均值的标准误
创业自我效能	否	135	3.9507	1.15016	0.09899
	是	195	4.8077	0.95231	0.06820
创业意愿	否	135	3.6254	1.54946	0.13336
	是	195	4.3817	1.23296	0.08829

表 3 – 12 独立样本检验

项目		方差方程的 Levene 检验		均值方程的 t 检验		
		F	Sig.	df	Sig. （双侧）	标准误差值
创业自我效能	假设方差相等	7.375	0.007	328	0	0.11618
	假设方差不相等			252.149	0	0.12021
创业意愿	假设方差相等	12.783	0	328	0	0.15351
	假设方差不相等			244.747	0	0.15994

能和创业意愿存在显著差异,接受过创业教育的大学生村官无论创业自我效能还是创业意愿都明显高于没有接受过创业教育的大学生村官。

学历、专业、职业选择动机属于多类别变量,分组变量的水平数值在三个及以上,因而适合采用单因子方差分析方法,具体结果如表 3-13、表 3-14 和表 3-15 所示。

表 3-13　　　　　　　　　　学历方差分析

项目		平方和	df	均方	F	显著性
创业自我效能	组间	1.313	2	0.656	0.523	0.593
	组内	410.473	327	1.255		
	总数	411.786	329			
创业意愿	组间	0.579	2	0.290	0.143	0.867
	组内	661.676	327	2.023		
	总数	662.255	329			

表 3-14　　　　　　　　　　专业方差分析

项目		平方和	df	均方	F	显著性
创业自我效能	组间	1.440	2	0.720	0.569	0.567
	组内	410.239	324	1.266		
	总数	411.679	326			
创业意愿	组间	1.167	2	0.584	0.287	0.751
	组内	659.356	324	2.035		
	总数	660.524	326			

表 3-15　　　　　　　　　职业选择动机方差分析

项目		平方和	df	均方	F	显著性
创业自我效能	组间	22.995	5	4.599	3.833	0.002
	组内	388.791	324	1.200		
	总数	411.786	329			
创业意愿	组间	41.718	5	8.344	4.356	0.001
	组内	620.537	324	1.915		
	总数	662.255	329			

从上述单因素方差分析摘要表中知悉，就学历与大学生村官创业自我效能和创业意愿两个依变量而言，整体检验的 F 值分别为 0.523（p = 0.593 > 0.05）和 0.143（p = 0.687 > 0.05），均未达显著水平，接受虚无假设，表示不同学历的大学生村官在创业自我效能和创业意愿上不存在显著差异。就专业与大学生村官创业自我效能和创业意愿两个依变量的方差摘要表中，F 值分别是 0.569（p = 0.567 > 0.05）、0.287（p = 0.751 > 0.05），均未达显著水平，表示不同专业的大学生村官在创业自我效能和创业意愿上也不存在显著差异。职业选择动机与大学生村官创业自我效能和创业意愿两个依变量的方差摘要表中，F 值分别是 3.833（p = 0.002 < 0.05）、4.356（p = 0.001 < 0.05），达到显著水平，原假设成立，说明职业选择动机对大学生村官在创业自我效能和创业意愿有显著影响，通过查看表 3 - 15 得知，想在基层建功立业的大学生村官其创业自我效能和创业意愿显著高于迫于就业压力的大学生村官。

4. 家庭特征的差异性分析与假设检验

家人对创业的态度、是否对其创业自我效能和创业意愿造成显著影响，均采用单因素方差分析验证假设，结果如表 3 - 16、表 3 - 17、表 3 - 18 和表 3 - 19 所示。

从表 3 - 16 至表 3 - 19 中可以明显地看到，父母的文化水平以及收入来源对大学生村官的创业自我效能及其创业意愿没有显著影响，而家人对创业的态度对其创业自我效能和创业意愿均存在显著差异，并从表 3 - 19 中可以得知，家人对创业行为越能理解和支持，大学生村官的创业自我效能和创业意愿越强。

表 3 - 16　　　　　　　　　父亲文化水平方差分析

项目		平方和	df	均方	F	显著性
创业自我效能	组间	5.482	3	1.827	1.466	0.224
	组内	406.304	326	1.246		
	总数	411.786	329			
创业意愿	组间	11.255	3	3.752	1.879	0.133
	组内	651.000	326	1.997		
	总数	662.255	329			

表 3 – 17   母亲文化水平方差分析

项目		平方和	df	均方	F	显著性
创业自我效能	组间	3.706	3	1.235	0.987	0.399
	组内	408.079	326	1.252		
	总数	411.786	329			
创业意愿	组间	4.326	3	1.442	0.715	0.544
	组内	657.929	326	2.018		
	总数	662.255	329			

表 3 – 18   父母收入来源方差分析

项目		平方和	df	均方	F	显著性
创业自我效能	组间	1.393	5	0.279	0.220	0.954
	组内	410.393	324	1.267		
	总数	411.786	329			
创业意愿	组间	3.860	5	0.772	0.380	0.862
	组内	658.395	324	2.032		
	总数	662.255	329			

表 3 – 19   家人对创业的态度方差分析

项目		平方和	df	均方	F	显著性
创业自我效能	组间	126.074	2	63.037	72.146	0
	组内	285.712	327	0.874		
	总数	411.786	329			
创业意愿	组间	138.355	2	69.177	43.178	0
	组内	523.900	327	1.602		
	总数	662.255	329			

5. 大学生村官创业自我效能与创业意愿的相关分析

创业自我效能感和创业意愿的相关关系我们采用解释型回归分析——强迫进入变量法进行研究，结果如表 3 – 20、表 3 – 21 和表 3 – 22 所示。

表 3 – 20 相关性

项目		创业意愿	创业自我效能
Pearson 相关性	创业意愿	1.000	0.692
	创业自我效能	0.692	1.000
Sig.（单侧）	创业意愿	0	0
	创业自我效能	0	0
N	创业意愿	330	330
	创业自我效能	330	330

表 3 – 21 模型汇总[b]

模型	R	R^2	调整 R^2	标准估计的误差	更改统计量					Durbin – Watson
					R^2 更改	F 更改	df1	df2	Sig. F 更改	
1	0.692[a]	0.478	0.477	1.02625	0.478	300.804	1	328	0	1.813

注：a 表示预测变量：（常量），创业自我效能；b 表示因变量：创业意愿。

表 3 – 22 Anova[b]

模型		平方和	df	均方	F	Sig.
1	回归	316.806	1	316.806	300.804	0[a]
	残差	345.449	328	1.053		
	总计	662.255	329			

注：a 表示预测变量：（常量），创业自我效能；b 表示因变量：创业意愿。

预测变量"创业自我效能"与效标变量"创业意愿"呈显著正相关（p < 0.001），相关系数为 0.692，变量间呈中度的相关。预测变量可以解释效标变量 47.8% 的变异量。变异量显著性检验的 F 值为 300.804，p = 0 < 0.05 的显著水平，表明回归模型的整体性统计检验的 F 值达到显著。

第四节 研究结论与讨论

依据本章第三节的数据分析结果可以得到假设的检验结果，明晰个体特征、家庭特征中与大学生村官创业自我效能、创业意愿有显著相关性的影响因素，明确创业自我效能和创业意愿之间的具体关系。在本节中，我们将对研究结果进行详细分析，对研究假设与研究结果相符的部分做出解释，具体分析其存在的合理性，对研究假设与研究结果不相符的部分，主要探讨出现这种不相符的结果的原因，揭示数据背后反映的本质问题。

一、个体特征与大学生村官创业自我效能、创业意愿差异化讨论

（一）性别因素

不同性别的大学生村官群体的创业自我效能没有显著差异，而创业意愿呈现显著差异性，并且男性明显高于女性。这可以反映出性别因素影响创业意愿并不是完全通过创业自我效能的中介作用起作用的。已有的研究普遍认为，女性的创业自我效能是低于男性的，而对这里出现的不一致的研究结果可能将其解释为，社会的发展为女性在工作、学习、生活上提供了越来越公平的环境，她们能够更自由、平等地接受教育，参与创业活动，大大提高了她们的创业能力和自信。值得注意的是，虽然女性创业自我效能有了明显提高，但她们的创业意愿仍然是低于男性的，这说明较高的创业自我效能和较强的创业能力个体不一定有较强的创业意愿，不一定会激发创业行为。表现出创业意愿性别差异的原因可能是多方面的：一方面，男主外女主内的角色认同是主流的文化价值观，女性被认为更多的时间和精力应该放在家庭中，这在一定程度上制约了女性从事创业活动的行为；另一方面，男性相对女性来说更容易建立强关系的社会网络，从中获得精神支持和资源帮助。

（二）学历因素

数据分析结果显示，学历高低不会对大学生村官创业自我效能和创业

意愿有显著影响。学历对创业自我效能的影响是受多因素共同作用的。随着学历的提高，人的各项能力有所增长，积累的社会资源也越来越多，人格特质也发展得越来越完善，这些对于创业者来说都是非常重要的。但与此同时，随着年龄增长，人的决策趋于理性，冒险倾向减弱，影响了创业意愿。舒尔茨指出：人的能力有先天能力和后天能力之分，为了未来获得更高的收入，应注重对自身的教育投资以增加后天能力，接受学校教育就是最重要的投资形式。筛选理论认为，教育具有信号性质和就业信息提示作用，学历的贡献在于作为挑选求职者的标志，较高的收入是对较高文凭的报偿。劳动力市场划分理论将劳动力市场划分为两大类，一类是稳定的、条件优越的，另一类是不稳定的、条件低劣的。教育对个人的经济价值是决定一个人在哪种劳动力市场能谋求职位。优等市场中，收入与受教育程度成正比。这几种人力资本理论都说明了一点，学历越高，选择的创业机会成本越大，除了创业之外有更宽泛的职业选择范围，可以获得比较高的劳动报偿，从而影响了创业意愿。

（三）专业背景因素

专业不会造成大学生村官创业自我效能和创业意愿上的显著差异。对此可能的解释是，在大力提倡"双创"的时代背景下，政府对创业积极的舆论宣传发挥了作用，各类专业大学生的创业意识都有了显著提高，不再局限于所学专业领域知识，关注时事、热点，注重提高自己的综合能力。高校创业教育的兴起和发展使在校大学生的创业能力切切实实得到提高。政府出台了各项创业优惠政策吸引了大学生的眼球，为具有技术专长的理工类、农业类等专业大学生提供了参与创业活动的广阔平台，大大提高了具有这类专业技术的大学生的创业信心。这说明目前激励大学生创业的各种措施是行之有效的，也说明了个体是否会从事创业活动还有一个关键因素就是环境，如果社会能够提供比较好的政策支持环境，那么个体选择创业的可能性就大很多。

就大学生村官来说，现有的创业配套服务体系不健全，缺乏创业保障。比如大学生村官日常工作多且杂，没有时间从事创业活动；对工作的考核与管理缺少具体可操作性的法律法规作为依据等；大学生村官创业政策呈现"碎片化"的特点，没有形成一系列完整的指导性文件；相关职能部门对政策没有深入学习，宣传工作不到位，以至于众多创业利好政策与有志于创业的大学生村官没有完全接轨，导致的结果是大学生村官创业内在激励不足，为农村服务意识淡薄；创业资金不足，资金匮乏是大学生村官创业的瓶颈问题，在创业贷款优惠政策的激励下，大学生村官创业率有所提高，但要形成进一步发展的局面仍旧面临着资金的问题。徐和昆（2010）在其研究成果中指出，政策中对大学生村官创业资金扶持的主要方式是小额担保贷款和技术创业创新扶持基金。前者额度少、期限短，后者门槛过高，扶持力度不大，都难以真正落实对大学生村官自主创业的政策支持。

（四） 职业选择动机因素

职业选择动机对大学生村官在创业自我效能和创业意愿有显著影响，受内在动机激励担任大学生村官的，其创业自我效能和创业意愿远比那些受外在条件激励的大学生村官高。调查中，对于为什么选择担任大学生村官的原因有：迫于就业压力，优惠政策吸引，作为跳板，想在基层建功立业，受其他人影响等。根据我们的调查显示选择"想在基层建功立业"的比例是 24.2%（见表 0 - 4），这部分人就是受内在动机激励的，他们的创业自我效能和创业意愿是明显高于其他人的。创业是一项耗时耗力的经济管理活动，创业过程具有复杂性和动态性特征，只有具有很强烈的内在驱动力才能够长期坚持克服困难，才能发现和利用创业机会，不断思考创新。因此，在教育的过程不仅要传播知识，更要注重启迪思想，注重人文精神的培养和价值观的培育。

（五） 创业教育因素

接受创业教育状况对大学生村官创业自我效能和创业意愿有显著影响。受社会经济体制和经济发展状况的制约，我国对创业教育长期没有重视，造成创业教育发展滞后，难以真正提高大学生的创新意识。相对于发达国家，我国大学生创业率及创业成功率都非常低。接受创业教育的形式包括选修与创业相关的课程，参加创业设计大赛，参与创业项目等，通过这些经历可以掌握创业相关的法律知识、管理知识等，锻炼实践能力和意志品质，从而能够增强从事创业活动的信心。

理论知识转化为实际能力需要一定的时间和过程，大学生村官接受过高等教育，拥有较强的学习能力和较高的文化素养，但由于工作经验匮乏，创业心理品质和各项创业技能发展得还不够成熟，导致在实际工作中表现出能力不足，在设定目标时往往好高骛远，遇到困难时容易放弃，组织管理能力差。另外，他们虽身处农村却对农业知识知之甚少，受创业知识、能力和专业限制比较明显，难以将所学应用于实际产生经济效益，大大降低了他们的创业自我效能和创业意愿，制约了大学生村官创业计划有效推进。高校开展创业教育之后对我国大学生的创业自我效能是有改善的，我们要将创业教育继续推行下去，并且在探索中前进，努力将创业教育办得更好。另外，为促进大学生村官创业，可以针对大学生村官开展入职后的创业培训，制订因地制宜的培养方案。

二、家庭特征与大学生村官创业自我效能、创业意愿差异化讨论

家庭特征中对大学生村官的创业自我效能及创业意愿有显著影响的主要是家人对其创业的态度，家人对创业行为越能理解和支持，大学生村官的创业自我效能和创业意愿也就越强。关于这一点很容易理解，家人对大学生村官创业支持的态度能够起积极引导的作用，在精神上和物质上给予他们帮助的力量，非常有利于提高他们的创业信心。而实证研究结果表明父母的文化水平和收入来源对创业自我效能和创业意愿都没有显著影响，这与研究假设是相悖的。父母的文化水平、收入来源不同意味着父母的职业和家庭经济状况的差异。家庭环境对个体的影响是潜移默化的，父母的文化程度对大学生村官创业自我效能和创业意愿的影响不显著很可能是因为那个年代的人普遍受教育程度不高。我们的调查数据显示，大学生村官的年龄分布主要在 23 ~ 35 岁之间，父亲高中（中专）及以下学历的占86.4%，母亲高中（中专）及以下学历占93.6%（见表0-4），教育与经济发展水平是相适应的，在经济发展落后的年代，创造优质的教育环境缺少物质条件支撑。如今，我国经济实现了跨越式发展，物质生活越来越丰富，要重视家庭教育在促进人力资本发展中起的重要作用，引导社会树立科学的人才培养理念。

三、大学生村官创业自我效能与其创业意愿关系讨论

大学生村官创业自我效能与创业意愿呈正相关，变量间呈中度相关。说明拥有较高创业自我效能的大学生村官往往也伴随着较高的创业意愿。另外，由于性别对大学生村官创业自我效能没有显著影响，但性别对创业意愿有影响，接受创业教育情况、职业选择动机和家人对其创业的态度对大学生村官创业自我效能和创业意愿都有正向影响，所以可以认为个体特征和家庭特征的各影响因素是通过创业自我效能中介作用对大学生村官创业意愿产生影响的，而创业意愿对创业行为有较强的预测作用，这启示我们可以通过思考如何提高个体创业自我效能角度来激发大学生村官的创业行为，提高创业率。班杜拉自我效能理论指出，自我效能是人们通过四种信息源获得自身能力和才智的信息而产生的，这四种信息源分别是：作为能力指标的亲历掌握性经验、由观察模仿和象征模仿获得的替代性经验、言语说服和生理、情绪状态。创业自我效能是自我效能的具体内容，因此，可以考虑从自我效能形成的四个不同信息源入手，采取有效手段提高大学生村官的创业自我效能。

第五节　提升大学生村官创业自我效能促进创业的策略建议

根据第三章的研究结论与讨论部分，研究认为，社会文化、创业环境、创业教育、家庭教育等会通过创业自我效能的影响最终作用于大学生村官创业行为。本节将结合现阶段上述几个方面的现状和不足之处，针对性地提出大学生村官创业支持策略优化的具体建议，希望能为改善大学生村官创业现状提供有价值的理论与实践指导。

一、营造宽容、平等、鼓励创新的良好社会文化

古有"孟母三迁"的典故，环境对人的主观认知和行为的深远影响不

言而喻。良好的外部环境无疑对增强个体的创业自我效能、创业意愿大有裨益。根据班杜拉三元交互决定论，外部环境、主体内部因素和个体行为三因素之间是相互作用、交互决定的关系。认知对行为有着强有力的支配和引导作用，行为受环境条件的限制。良好的创业文化环境是形成"大众创业，万众创新"良好局面的必要条件，我们要致力于营造宽容、平等、鼓励创新的良好文化氛围。

当前，社会大众对创业抱有一定偏见，绝大多数家庭中，父母还是希望子女毕业后能进一个单位，有个稳定的工作，甚至有的人认为创业就是不务正业，非常不鼓励不支持年轻人选择自主创业。中小企业创业风险大，金融市场对中小企业贷款设置高门槛，中小企业面临融资困境。中小企业的发展对整个经济社会的繁荣起着巨大促进作用，只有当社会对创业有了客观理性的认识，才能够真正做到支持和鼓励大学生创业。为了创造积极的创业文化，消除传统社会观念对人们的消极影响，形成大胆创新、敢于尝试、不畏失败的良好创业氛围，高校、企业、政府部门应联合行动，积极开展形式多样、内容丰富、影响深远的创业实践活动，引导创业舆论，增强主观规范，让社会大众认识到创业是当前社会经济发展的大势所趋，通过创业可以实现自己的人生价值，可以缓解日益严重的就业难题，可以刺激经济可持续发展，促进经济转型升级。

二、健全创业配套服务体系，完善创业保障制度

有学者指出，大学生村官创业政策在具体落实的过程中缺少健全的配套服务体系是大学生村官创业计划无法取得预期效果的重要原因。大学生村官日常工作与创业的冲突，创业融资难题，创业缺少完整的指导性文件等，这都说明了目前大学生村官创业配套服务体系还没有建立起来，大学生村官创业缺乏制度保障。要激励大学生村官创业，首先要健全相应的创业配套服务体系，完善大学生村官创业保障制度，让政策更具可操作性和延续性，使大学生村官创业政策规范化、制度化。

一是制定相应的法律法规使大学生村官管理有法可依，对他们的权利、职责作出明确的规定，保障他们的合法权益，有利于大学生村官对职

业发展作出明确的规划。二是明确大学生村官任期届满后的分流路径，让在岗大学生村官安心扎根农村，坚定其在农村打持久战的决心。三是把创业绩效纳入大学生村官评优评先、提拔任用的考核指标体系。四是实施大学生村官创业目标管理责任制。引导大学生村官处理好本职工作和创业之间的冲突，把完成本职工作和发展创业有机结合起来，积极探索创业致富道路，为农村富余劳动力创造就近就业的岗位，让大学生村官成为农村创业致富的示范者。五是拓宽大学生村官创业融资渠道，对于前景看好的优势创业项目加大资金投入，利用财政投资指向性向社会广泛推荐新农村建设优势项目，帮助金融业进一步确定农村经济的信贷政策导向。同时，引导金融机构、天使资金、民间资金等进入农村金融市场，形成支农资金规模化、多元化。

三、将创业教育融入人才培养体系，树立科学的人才培养理念

创业教育的目的在于培养大学生的创新精神，学习经济、法律、管理等学科基础知识，锻炼经营管理的实践能力，磨炼坚毅果敢的意志品质。大力推行创业教育的目标不仅是为未来培养成功企业家，创业教育更是一种素质教育，这种素质是知识经济社会对人才提出的基本要求。1998年清华大学举办首届大学生"挑战杯"大赛开启了国内高校创业赛事先河，标志着我国创业教育的兴起。不可否认我国创业教育取得了很大进展，但由于起步比较晚，创业教育发展还不够成熟，要在现有水平上继续探索，不断创新。要建立和完善创业教育服务体系，国家和地方根据经济和教育发展的现实情况，确保财政性教育经费支出用于创业教育的投入明显增加，将构建完善创业教育体系作为新增教育财政支出的重点投入领域，提高创业教育效率。

第一，加强创业教育人才队伍建设。高校是创业教育的主阵地，创业教育的师资力量强弱关系到创业教育的成败。就目前来讲，我国创业教育领域的专业人才还是非常稀缺的，可以招揽各个领域的专家加入到创业教育师资队伍中，定期组织创业教育师资培训，对在创业教育方面有突出表现的组织或个人采取激励措施，鼓励他们在教学内容、教学模式、教学方

法上不断作出新的探索。第二，创新创业教育模式，重视对大学生的创业指导。搭建创业综合服务平台，释放其在资源和信息方面的集聚优势，为有志向的大学生提供多方面的支持，初步增强大学生的创业知识准备和创业体验。设立不同层次级别的大学生创业指导专门机构，也可以在大学科技园、创业孵化基地设置大学生创业指导部门，以便为大学生提供便捷的政策咨询、法律援助、项目分析等创业公共服务，答疑解惑，为身处创业各个时期的大学生提供专业的创业指导和建议。第三，高校应逐步将创业教育融入人才培养体系之中，树立科学的人才培养理念，合理设置人才培养目标。为更好地实现创业教育目标，高校要努力打造各具特色的精品创业教育课程体系，加强高校之间的合作，整合资源，采取联合行动，达到创新型复合型人才培养的目的。另外，通过一定的宣传手段向社会传播科学的人才培养理念，使家庭教育和学校教育具有连贯性，整合资源，在实现人才培养目标上产生协同效应。第四，建立高效的创业政策宣传体系。加强学校和政府及社会相关部门的工作衔接，弱化因政策宣传滞后给大学生创业带来的消极影响，扩大创业政策宣传的覆盖面。发挥现代信息网络服务优势，通过建立健全全国性公共创业服务网站、微信公众号、手机客户端等新形势下的传播路径及时向大学生发布最新的创业政策和信息。

四、加强对在职的大学生村官的创业培训

对大学生村官创新精神和创业能力的培养主要分为两个阶段，一是大学期间开展的系统性的创业教育，二是入职后组织的更具针对性的创业培训。两个阶段相辅相成，对大学生村官创业自我效能产生深远影响。为促进大学生村官积极创业，可以有针对性地开展大学生村官入职后的创业培训，制订因地制宜的培养方案。

地方政府和党委要结合大学生村官的技术专业特长，从地方发展的实际情况出发，把握市场需求情况，积极整合各部门资源有效助推大学生村官创业。第一，组织农业技术专项培训。开设种植业、养殖业、旅游开发、果树栽培等培训机构，对有志于创业的大学生村官创业提供专业的技

术指导。第二，加强与科研机构的合作交流，使科研机构最新的农业科技成果及时地在大学生村官中推广，应用于农业生产实践。定期组织大学生村官深入学习金融、税务、环保等相关方面的法律法规，提高他们的创业知识素养。第三，聘请行业专家对大学生村官创业"传、帮、带"，对具有较好发展前景，有一定影响力的创业项目有所侧重，帮助大学生村官解决创业中遇到的实际困难。第四，向大学生村官中宣传成功创业的典范。自我效能理论指出，通过观察示范行为，经由观察模仿和象征模仿获得的替代性经验可以增强个体的创业自我效能。就是说，当个体看到身边与自己处境类似的人获得成功对自己获得同样的成功会更有信心，将其作为榜样不断激励自己。对大学生村官中表现卓越的创业者进行宣传，扩大影响力，树立农村创业的典范。创业榜样向大学生村官展示出了活动中获得成功的过程，为大学生村官提供了有效的替代性经验。因而在高校的创业教育和大学生村官的创业培训中应注重加强榜样教育的方式，为大学生、大学生村官创造更多与创业榜样接触的机会。通过成功人士的榜样示范作用，引导大学生产生共鸣进行自我强化。

第四章

创业环境、自我效能
与大学生村官创业

大学生村官在创业方面既取得了一定的成果，也面临一系列问题。可以看到，创业活动是由诸多环节组成的，每一环节都对创业这一过程产生重要影响。其中，创业意愿是创业活动考虑的首要因素，也就是"想不想创业、要不要创业"的问题。

第一节 创业事件模型视域下大学生村官的创业意愿

如何更好地发挥大学生村官在加强党的基层组织建设、推进社会主义新农村建设中的重要作用，实现"下得去、待得住、干得好、流得动"的一条非常重要的途径就是推动大学生村官创业工作。胡跃高（2013）报告显示，五年来，共有近 3 万名大学生"村官"，创办致富项目 2 万多个，总投资 60.8 亿元，领办、创办各类专业合作社 6451 个。调查发现，期满后的去向是大学生"村官"突出关心的问题之一，除了留任农村外，在农村自主创业应该成为大学生村官期满分流的大趋势，也是最能体现大学生村官价值的方向。大学生村官在创业时都应该根据自身资源及所在农村社区的基本情况选择合适的创业模式，如"村官"个人创业、"村官"集体创业、"村官"引领农户创业、"村官"与企业联合创业等。但由于目前相关的政策体系还不健全，大学生村官创业面临着诸多的困境，如缺创业资金、缺创业项目与信息、缺少政策扶持、缺乏社会支持等。因此，部分研究者认为应该健全大学生村官创业政策体系，建立大学生村官创业长效机制，以保证大学生村官创业顺利开展。本书以创业事件模型为理论依据，研究大学生村官的创业意愿及其影响因素。

一、理论基础与假设

伯德（Bird，1988）最早对创业意向开展了研究，他将创业意向定义为"指引创业者追求某一目标而投入大量注意力、精力和行动的一种心理状态"，并认为个人或社会因素都必须通过意向影响创业行为。沙佩罗和索科尔（Shapero & Sokol，1982）的创业事件（Entrepreneurial event）模型是公认的创业倾向研究理论源头之一。在探讨社会、文化、制度、伦理等因素对创业活动发展的影响时，他们认为应重点考察创业事件而不是创业者的出现，因为这可避免陷入某些关于执行创业活动的人是不是创业者的争论。从这一点出发沙佩罗和索科尔（Shapero & Sokol）进而构建了创业事件模型，用以描述多种要素对创业活动发生的影响机制。后来，此模型被克鲁格和赖利等（Krueger & Reilly et al.，2000）、彼得门和肯尼迪（Peterman & Kennedy，2003）和奥德（Audet，2002，2004）等学者进行了实证性的验证。创业事件模型提出，创业意愿源于"创业希求性""创业可行性"和"行动倾向"（见图4-1）。创业希求性指个体对创造一份事业的前景的吸引程度。创业可行性指创业行为的可操作和可实现的程度。行动倾向是指从事某一决策或行动的个体倾向，它反映了个体的意志力程度和承诺度（commitment）。创业事件模型还假设，人类行为一直被某种惯性（inertia）支配，直至被打断或"置换"。这种"置换"在美国包括负面因素（移民、解雇、侮辱等）、离开某处（离开军队、学校、监狱等）、正面鼓励（来自合作者、老师、客户等）3种。在后续的研究中，有学者指出，自我效能感、人口统计因素（如性别、年龄、创业经历等）、创业教育等都会对创业意愿产生影响，如马里贝尔·格雷罗、约瑟夫·里亚普和大卫·厄本（Maribel Guerrero，Josep Rialp & David Urbano，2008）运用不同的关于创业意愿的结构方程模型，以加泰罗尼亚地区的大学生为研究对象，提出：尽管创业的可行性预期不是非常乐观，但是大部分被认为创业希求性是影响创业的重要因素。奥萝拉·特谢拉和罗莎·波特拉·佛泰（Aurora A. C. Teixeira1 & Rosa Portela Forte，2015）则搜集了 2423 个毕业生的样本数据和 32 个领域的研究结果的相关信息，得出结论：涉及创造、休闲、法律和健康等领域的活动蕴藏了巨大的创业潜力，并倡导高校教育应该对此类课程给予更多关注。

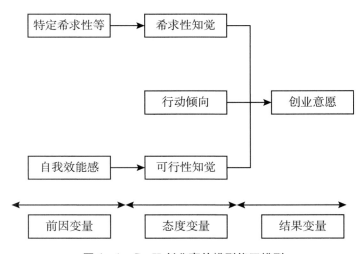

图 4 - 1　S - K 创业事件模型修正模型

大学生村官在我国社会发展中是一个特殊群体，村官在任期内也面临着各种各样的"置换"，比如，任期结束、环境政策的改变、自我效能影响等，这些变化对创业意愿产生什么样的影响？多大程度上影响？是否会触发创业活动？这些问题是本书致力于探索的几个方面。本书研究以创业事件模型为依据，以江西省 31 个县市大学生村官的问卷调查与访谈结果为数据支撑，研究其创业意愿的影响因素。

研究假设：

（1）大学生村官的个体特征，如性别、婚姻状况、年龄、受教育程度和风险偏好等对创业意愿产生影响。

（2）大学生村官的创业动机、创业环境共同作用于创业希求性，创业环境和自我效能影响创业可行性，而创业希求性、创业可行性共同影响创业意愿。

二、研究方法

调查对象年龄集中在 23~28 岁（78.7%），男 166 人（63.4%），女 96 人（36.6%）。大学生村官的文化程度：大专 17 人（6.5%）、本科 227 人（86.6%）、研究生 18 人（6.9%）。风险偏好：冒险型 41 人（15.6%）、中间型 157 人（59.9%）、保守型 64 人（24.4%）。

本章问卷皆采用 7 级量表，数字 1~7，越大表示越认同该题项陈述。如，创业动机中"我喜欢挑战、想成就一番事业"，7 级量表中，"1"表示完全不认同，"7"表示非常认同，量表点数与认同程度渐次增加。每一栏目下设不同问题，运用 SPSS 17.0 对相关问题选项的内在一致性进行检验，主要采用克龙巴赫 α 系数检测方法，以检验评估量表项目调查结果的可靠性与稳定性（见表 4-1）。

表 4-1　　　　　问卷部分构念内部一致性系数

检验项目	量表点数	内部一致性系数	有效的 N	题项数
创业动机机会型	7	0.940	261	4
创业动机生存型	7	0.968	262	4
创业环境	7	0.909	262	3
创业希求性	7	0.954	262	4
创业可行性	7	0.933	261	4
创业意愿强度	7	0.956	262	7
创业者自我效能	7	0.925	262	4

通过上述检验可知，创业动机、创业希求性、创业可行性、创业意愿强度均高于 0.90，检验结果表明数据内在信度可靠。

三、研究结果

（一）描述性统计

通过对问卷调查结果统计检验，结果见表 4 – 2 和表 4 – 3：在个人特征中，性别、年龄、婚姻和文化程度与创业意愿的关系不显著，风险偏好（1 为冒险型、2 为中间型、3 为保守型）与创业意愿呈现显著负相关（r = -0.144，p = 0.02 < 0.05）。创业动机、创业环境、创业自我效能、创业希求性和创业可行性与创业意愿有正向的显著关系。就创业动机来说，分为生存型动机和机会型动机。其中，机会型动机（机会型 = 0.846** > 生存型 = 0.800**）与创业意愿的相关程度更高。

表 4 – 2　　　　　　　　描述性统计量

类别	均值	标准差	N
性别	1.37	0.483	262
年龄	2.69	0.858	262
婚姻	1.63	0.485	262
文化程度	2.98	0.450	262
风险偏好	2.09	0.628	262
生存型创业动机	4.4981	1.47310	262
机会型创业动机	4.4540	1.42700	261
创业环境	4.0853	1.02608	262
创业自我效能	4.4286	1.11562	262
创业希求性	4.3616	1.47819	262
创业可行性	3.9262	1.42220	261
创业意愿	4.0354	1.41451	262

表4-3

相关性矩阵

类别	性别	年龄	婚姻	文化程度	风险偏好	创业动机生存型	创业动机机会型	创业环境	创业自我效能	创业希求性	创业可行性	创业意愿强度
年龄	-0.129*											
婚姻	-0.116	-0.448**										
文化程度	0.173**	-0.214**	0.072									
风险偏好	0.235**	-0.105	0.096	-0.062								
创业动机生存型	-0.078	-0.042	0.096	0.124*	-0.145*	(0.968)						
创业动机机会型	-0.110	-0.082	0.107	0.097	-0.157*	0.881**	(0.940)					
创业环境	-0.032	-0.004	0.094	0.015	-0.059	0.680**	0.679**	(0.909)				
创业自我效能	-0.019	0.016	0.035	0.061	-0.094	0.631**	0.653**	0.753**	(0.925)			
创业希求性	-0.138*	0.013	-0.003	0.015	-0.129*	0.797**	0.828**	0.696**	0.690**	(0.954)		
创业可行性	-0.128*	0.073	0	0.029	-0.152*	0.741**	0.780**	0.724**	0.650**	0.824**	(0.933)	
创业意愿强度	-0.115	-0.026	0.061	0.010	-0.144*	0.800**	0.846**	0.785**	0.679**	0.823**	0.859**	(0.956)

注：（1）*在0.05水平（双侧）上显著相关；**在0.01水平（双侧）上显著相关。（2）N=262，性别：1=男，2=女；受教育程度：1=中专，2=大专，3=本科，4=研究生。（3）上图括号内为题项内部一致性系数。

（二）结构方程模型构建与共线性诊断

根据创业事件模型，研究对核心变量构建了潜变量模型（见图4-2）。结构模型中创业动机和创业环境共同作用于创业希求性，创业环境和创业自我效能共同作用于创业可行性，创业可行性与创业希求性作为中介变量影响创业意愿。测量模型创业环境作为一阶因素构念，下面包括政策支持环境、经济发展环境、社会文化环境三个因素；创业自我效能也为一阶因素构念，包括创新效能、机会识别效能、管理效能、组织承诺效能四个因素。在对模型路径分析前，首先对模型的各个层面的复回归分析模型进行共线性诊断。SPSS回归分析中，反映自变量共线性的指标主要有五项，分别是容忍值（允差值）、VIF值、特征值、条件指标值与方差比例，本书中主要采用允差值与VIF值两项指标判定自变量间是否存在多元共线性问题。其中，允差值愈接近0时，表示变量间有线性重合问题（多元共线性愈严重）；而方差膨胀系数值（VIF值）如果大于10，则表示变量间有线性重合问题。如图4-2和表4-4所示，复回归分析中各个层面的允差值和方差膨胀系数均未出现特别接近于0和大于10的情况，表明模型中变量间没有出现多元共线性问题。

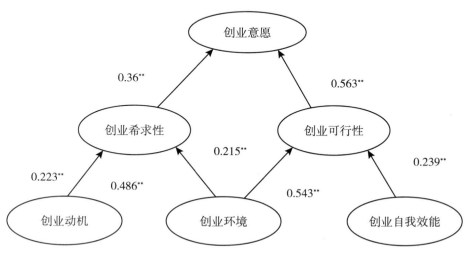

图4-2 假设模型（数据为标准回归系数）

注：** 表示在1%水平下显著。

表 4 - 4 　　　　　复回归分析模型的共线性诊断

Model - 1	Collinearity Statistics		Model - 2	Collinearity Statistics	
	Tolerance	VIF		Tolerance	VIF
政策环境	0.356	2.811	创新效能	0.228	4.381
经济发展环境	0.273	3.659	机会识别效能	0.180	5.565
社会文化环境	0.337	2.966	管理控制效能	0.157	6.368
			组织承诺效能	0.484	2.067
Dependent Variable：创业环境			Dependent Variable：创业自我效能		
Model - 3	Collinearity Statistics		Model - 4	Collinearity Statistics	
	Tolerance	VIF		Tolerance	VIF
创业环境	0.509	1.964	创业自我效能	0.428	2.337
创业动机生存型	0.211	4.729	创业环境	0.428	2.337
创业动机机会型	0.212	4.726			
Dependent Variable：创业希求性			Dependent Variable：创业可行性		
Model - 5	Collinearity Statistics		图表说明		
	Tolerance	VIF	Collinearity Statistics	共线性统计量	
创业希求性	0.321	3.119	Tolerance	允差	
创业可行性	0.321	3.119	VIF	方差膨胀系数	
Dependent Variable：创业意愿			Dependent Variable	因变量	

（三）结构方程模型路径分析

根据假设模型计算回归分析的路径系数。各层复回归分析模型对效果变量的影响值均达到显著水平。核心变量的路径系数如下：创业动机生存型及创业动机机会型对创业希求性的标准化效果值及显著性分别为 0.223** 和 0.486**；创业环境对创业希求性和创业可行性的影响系数分别为 0.215** 和 0.543**；创业自我效能对创业可行性的影响系数为 0.239**；创业希求性与创业可行性对创业意愿的标准回归系数分别为 0.360** 和 0.563**。①

间接效果值对总效果值情况（保留小数点后三位）：

创业动机对创业意愿的效果影响：生存型动机→创业希求性→创业意愿 0.223 × 0.360 = 0.080；机会型动机→创业希求性→创业意愿 0.486 ×

---

① ＊在 0.05 水平（双侧）上显著相关；＊＊在 0.01 水平（双侧）上显著相关。

$0.360 = 0.175$。

创业环境对创业意愿变量间的间接效果值（创业环境→创业希求性→创业意愿 + 创业环境→创业可行性→创业意愿）等于 $0.215 \times 0.360 + 0.543 \times 0.563 = 0.383$。

创业者自我效能对创业意愿效果值为（创业者自我效能→创业可行性→创业意愿）$0.239 \times 0.563 = 0.135$。

四、讨论

本书以创业事件模型为理论基础，通过对大学生村官的调查，探讨了影响大学生村官创业意愿的因素。结果发现，个体特征中，性别、年龄、婚姻和文化程度均对创业意愿无显著影响，出现这种情况的原因可能是调查对象是刚刚毕业的大学生，年龄比较集中（被试年龄 23～28 岁的比例为 78.7%），人群的学历、年龄、想法相仿以至于在创业意愿上没有显著差异；风险偏好与创业意愿是显著负相关，这一结果与常识经验相吻合，越是冒险型的人创业意愿越高，保守型的人则不愿创业。

关于创业动机方面。一方面，无论是生存型还是机会型创业动机与创业意愿都呈显著的正相关关系，大学生村官既希望通过创业这一活动来"成就一番事业""带动村民致富""实现人生价值"，又希望通过创业"使自己和家人生活更有保障""生活更加舒适"，两者动机兼有之，深层次原因可能是，大学生村官普遍受到良好教育（其中，拥有本科及研究生学历的村官占 93.5%），拥有一定的学识和理想抱负，掌握一定知识技能，又作为"一村之长"，希望创业能够充实自己的职业生涯并实现个人价值；且作为"村官"这一角色，工作地点处于经济相对不发达的农村，自己和家人的生活质量较之城镇有一定差距，创业也许能够改变个人家庭现状。另一方面，创业动机中，机会型创业动机高于生存型创业动机，可能原因是拥有较高知识水平的大学生村官，对于"成就事业"的渴望比"生存压力"更迫切；但是两者差距不大（0.846^{**} VS 0.800^{**}），也侧面反映大学生村官的待遇问题堪忧。

在理论层面上，本书以创业实践模型为理论框架，证实外部环境、创业动机两者作用于创业希求性。创业者自我效能和创业环境影响创业可行性。创业希求性和创业可行性作为中介变量作用于创业意愿。同时证明了个体特征中的风险偏好与创业意愿有显著关系。研究结果扩展了模型的理论内涵，并以中国特色背景下大学生村官这一样本，验证了模型的普遍意义。

在实践层面上，开展大学生"基层就业、激情创业"宣传活动，营造良好舆论氛围，依然很有必要，鼓励大学生到基层就业，选聘大学生做村官，对缓解高校毕业生就业压力和推动村官创业带动农民致富、就业方面具有重要影响。研究结果还证明，创业环境对创业意愿有较为显著的间接影响，创业环境包括政策支持环境、经济发展环境、社会文化环境，那么提供政策和资金支持，广泛加强社会舆论对农村村官的创业活动大有帮助。创业者自我效能也对创业意愿有间接影响效果，这方面的研究结果，对大学生的在校培养和村官选聘两个环节有启示意义，高校教育重视对学生自信力、克服困难能力、行动力等自我效能的培养，村官选聘以这些能力为参照指标等都有利于大学生村官任期中创业活动的开展。

研究在得出相关结论的同时，也存在一些不足之处：一是调查对象上，集中于赣南等地区所辖县（市区），样本分布不均匀，某些方面的同质化导致结果可能不能推广到更大范围；二是各个地区之间经济发展、村官薪资待遇、社会保障或者其他相关支持方面不尽相同，本书以创业事件模型为理论基础，对影响因素的选择和核心变量间的"因果关系"确定上，有一定局限性，关于大学生村官的创业意愿很可能还有更多其他影响因素，需要进一步探讨。

五、初步结论

本书的研究以大学生村官为对象，以创业事件模型为理论基础，讨论影响大学生村官创业意愿的影响因素，结果发现：（1）大学生村官的个体特征中性别、婚姻状况、年龄、受教育程度对创业意愿没有产生影响；风险偏好对创业意愿有显著负相关，冒险型大学生村官更加愿意创业，保守型则不愿意创业。（2）大学生村官的创业动机、创业环境共同作用于创业希求性，创业环境和自我效能影响创业可行性，而创业希求性、创业可行性共同影响创业意愿。

第二节　创业环境、自我效能与大学生村官创业动机

当前，农村市场疲软、农村创业活力不足、农业产业发展滞后、农民收入偏低等问题仍然是影响中国发展的重大问题。积极推动大学生村官就近就地创业，既是大学生村官自身发展的内在要求，也是推动农村发展转型的客观需要。创业动机是个体因素和环境共同作用的结果，是了解创业意愿、促进创业行为的重要指标。

有研究指出，动机性的个体差异会使得创业者在创业过程中表现出不同的意愿和能力，从而对创业产生影响。对于创业中存在的成败危险性，那些愿意从事创业的人就会积极乐观地面对这些阻碍，不会被这些不确定因素所阻止。（GEM）基于创业者的创业动机将创业划分为生存型创业和机会型创业。生存型创业是指在没有其他更好选择的情况下，为解决其所面临的困难而实施的创业；机会型创业是指个人基于实现价值的强烈愿望，抓住现有机会而实施的创业。本书结合 GEM 对创业的划分依据，并根据驱动创业行为的不同目标，将创业动机划分为生存型创业动机和机会型创业动机，并利用实地调研获取数据探讨创业环境、自我效能对大学生村官创业动机的影响，意图探寻提升大学生村官创业意愿、促进大学生村官创业行为的路径。

一、文献综述与研究假设

（一）创业环境与大学生村官创业动机

已有研究已表明，创业环境作为一个系统集合，许多学者对它的概念有着不同的界定。格纳瓦里和福格尔（Gnyawali & Fogel，1994）提出政府政策、社会经济条件、创业能力、资金支持及非资金支持的五维度模型；

创业环境、自我效能与大学生村官创业

一项由英国伦敦商学院和美国百森学院发起的全球创业观察项目（GEM，2003）的创业模型包括政府政策、政府项目、金融支持、创业教育和培训、研究开发转移、商业环境、市场开放程度、有形基础设施、文化及社会规范；奥斯丁（Austin，2006）认为创业环境包括宏观经济环境、税收、规则结构和社会政治环境；郭元源、陈瑶瑶和池仁勇（2006）认为创业环境构成要素包括环境支撑、经济基础、文化支撑、科教支撑、服务支撑；陈裕先和郭向荣（2006）认为创业环境可以分为大环境和小环境，大环境指社会、学校和家庭的支持，小环境指创业场所、创业设备和简单的创业工具；郑炳章、朱燕空和赵磊（2008）将创业环境分为自然环境、市场环境、宏观环境以及内部创业环境四个子系统；袁应文（2008）将创业环境分为政治法律环境、社会文化环境、经济环境；张秀娥和何山（2010）认为创业环境包括资源要素环境和嵌入型要素环境两部分。本书根据目前中国国情，结合大学生村官工作特点，将创业环境分为政策支持环境、社会文化环境和经济发展环境三维度。基于此，提出创业环境与大学生村官创业动机影响的研究假设。

（1）政策支持环境与大学生村官创业动机。政策支持环境是指政策生成、运行、发生作用的过程中一切条件的总和。创业者在创业过程中都会受到政策的影响，国家政策越支持创业，给予创业者越多的帮助，创业者的创业动机越强烈，越会产生创业行为。

因此，假设 H-1a：国家政策支持的力度与大学生村官生存型创业动机呈正相关；假设 H-1b：国家政策支持的力度与大学生村官机会型创业动机呈正相关。

（2）经济发展环境与大学生村官创业动机。经济发展环境是指企业生存和发展的社会经济状况。创业行为直接受到经济发展环境的影响，经济越发达，企业的发展势头越好，越会刺激创业者的创业欲望。相反，经济发展缓慢或者说经济状况处于低谷，很多企业逐渐倒闭，会严重阻碍创业者的创业行为。

因此，假设 H-1c：经济发展环境与大学生村官生存型创业动机呈正相关；假设 H-1d：经济发展环境与大学生村官机会型创业动机呈正相关。

（3）社会文化环境与大学生村官创业动机。社会文化环境是指企业所处的社会结构、社会风俗和习惯、信仰和价值观念、行为规范、生活方式、文化传统、人口规模与地理分布等因素的形成和变动。我们生活在这个社会当中，就必然会受到社会中各种文化的影响，身边存在越多成功的创业者，我们创业的欲望就越浓烈，而且创业成功的概率就越大。

因此，假设 H - 1e：社会文化环境与大学生村官生存型创业动机呈正相关；假设 H - 1f：社会文化环境与大学生村官机会型创业动机呈正相关。

由以上可得假设 H - 1：创业环境与大学生村官创业动机呈正相关。

（二）创业自我效能与大学生村官创业动机

自我效能最早由美国心理学家班杜拉（Albert Bandu - ra）于 1977 年在社会认知理论研究中提出，它是指个体对自己是否有能力完成某一活动所进行的推测与判断。自我效能基于不同的视角可以分为不同的维度。基于创业的视角很多学者都有研究，班德拉（Bandǔra，1977）将自我效能划分为 3 个维度，即自我效能感的幅度、自我效能感的强度、自我效能感的普遍性。学者福布斯（Forbes，2005）、科尔维瑞德和以撒（Kolvereid & Isaksen，2006）将自我效能划分为管理、营销、财务能力、冒险能力 4 个维度。巴博萨、格哈特和基库尔（Barbosa，Gerhardt & Kickul，2007）将自我效能划分为 5 个维度，即投资者关系效能、新企业管理效能、不确定性容忍效能、机会识别效能、来考察创业者的创业自我效能。国内学者唐靖和姜彦福（2007）通过借鉴相关自我效能感量表实证研究，将其划分为机会识别、组织、关系、承诺、战略、概念性 6 个维度。汤明（2009）将自我效能感划分为 5 个维度：创新效能感、机会识别效能感、风险承担效能感、关系协调效能感、组织承诺效能感。本书综合各学者对自我效能维度的划分将其分为创新效能、机会识别效能、管理控制效能和组织承诺效能 4 个维度。基于此，提出自我效能与大学生村官创业动机的研究假设。

（1）创新效能与大学生村官创业动机。创业与创新是不可分割、息息相关的，在创业过程中只有不断创新，有新的技术、新的思维、新的想法企业才能永远立于不败之地，才能不被社会所淘汰。

因此，假设 H - 2a：创新效能与大学生村官生存型创业动机呈正相关；假设 H - 2b：创新效能与大学生村官机会型创业动机呈正相关。

（2）机会识别效能与大学生村官创业动机。创业者认为自己比别人更能抓住商机，认为自己比别人能找到更好的发展机会。

因此，假设 H-2c：机会识别效能与大学生村官生存型创业动机呈正相关；假设 H-2d：机会识别效能与大学生村官机会型创业动机呈正相关。

（3）管理控制效能与大学生村官创业动机。管理控制效能是指个人对自身的管理能力，尤其是经济和财务管理能力的自信。管理控制行为会直接影响到企业的效益，党企业现实与目标出现较大偏差时创业者要适时调整，要创建和维护一个组织健康良好的团队气氛，这样企业的效益才会越来越好。

因此，假设 H-2e：管理控制效能与大学生村官生存型创业动机呈正相关；假设 H-2f：管理控制效能与大学生村官机会型创业动机呈正相关。

（4）组织承诺效能与大学生村官创业动机。创业者在创业的过程中会遇到很多困难，如何面对和解决这些困难是创业成败的关键。创业者要勇于克服困难，不规避责任，尽最大的努力完成工作，这样创业才有可能成功。

因此，假设 H-2g：组织承诺效能与大学生村官生存型创业动机呈正相关；假设 H-2h：组织承诺效能与大学生村官机会型创业动机呈正相关。

由以上可得假设 H-2：自我效能与大学生村官创业动机呈正相关。

二、模型构建及变量测量

（一）模型假设

由假设 H-1a、假设 H-1c、假设 H-1e 构成模型 1，验证创业环境各维度与大学生村官生存型创业动机的相关关系；假设 H-1b、假设 H-1d、假设 H-1f 构成模型 2，验证创业环境各维度与大学生村官机会型创业动机的相关关系；假设 H-1 构成模型 3，验证创业环境各维度与创业动机的相关关系；假设 H-2a、假设 H-2c、假设 H-2e、假设 H-2g 构成模型 4，验证自我效能各维度与大学生村官生存型创业动机的相关关系；假设 H-2b、假设 H-2d、假设 H-2f、假设 H-2h 构成模型 5，验证自我效能各维度与大学生村官机会型创业动机的相关关系；假设 H-2 构成模型 6，验证自我效能各维度与创业动机的相关关系。具体如图 4-3 所示。

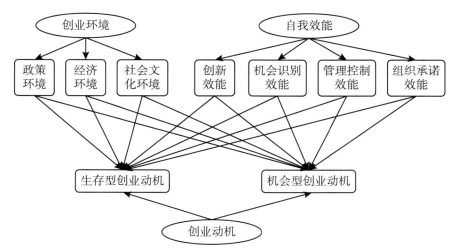

图 4 – 3 创业环境、自我效能与创业动机的模型假设

（二）变量测量

第一，因变量——创业动机：创业动机的测量指标（生存型创业动机、机会型创业动机）是结合 GEM 对创业的划分依据，并根据驱动创业行为的不同目标划分形成的。生存型创业动机设置了 4 个题目：（1）我想通过创业来发家致富；（2）我想通过创业使自己生活更有保障；（3）我想通过创业来使家人生活更有保障；（4）我想通过创业使未来生活更加舒适。机会型创业动机设置了 4 个题目：（1）我喜欢挑战、想成就一番事业；（2）我想通过创业实现自身价值；（3）我想通过创业带动村民致富；（4）我想通过创业提升大学生村官群体的影响力。

第二，自变量——创业环境：本书根据目前中国国情，采用袁应文（2008）对创业环境的界定方法，将其分为政策支持环境、社会文化环境和经济发展环境三部分。政策支持环境变量设置了 11 个题目：（1）政府会提供优惠的税收政策；（2）政府会提供创业项目；（3）本地容易获得银行提供的低息贷款；（4）创业注册、登记、审批程序简捷；（5）政府工作人员办事效率较高；（6）政府会为创业者提供咨询服务；（7）政府规范创业行为的相关制度完善；（8）本地有多种可供选择的融资渠道；（9）本地容易获得政府的创业基金或补贴；（10）当地社会管理规范有序；（11）政府会提供用地优惠政策。经济发展环境变量设置了 13 个题目：（1）当地经济发展势头很好；（2）本地金融机构对创业有充足的投资意愿；（3）当地有公平的竞争环境；（4）本地有良好的交通设施；（5）当地经济活动比较活跃；（6）本地创业有多种信贷担保方式；（7）本地金融机构之间竞争非常激烈；（8）创业能得到家人的支持；（9）本地有良好的通信网络设施；（10）本地有良好的水、电、气设施；（11）本地有良好的土地资源；（12）本地有许多可供创业的原材料；（13）本地有许多可供创业的自然资源。社会文化环境变量设置了11个题目：（1）当地文化鼓励创造和创新；（2）身边有成功的创业榜样可以效仿；（3）当地有很多村干部创业成功；（4）公众对创业失败会比较宽容；（5）本地会举办创业教育活动；（6）我在校期间曾经接受过相关创业教育培训；（7）我在校期间参加过有关创业项目；（8）本地会举办创业培训；（9）本地会举办职业技术培训；（10）本地中小学教育关注创业和创办公司；（11）本地创业培训教育得到比较好的发展。

第三，自变量——自我效能：本书将自我效能划分为创新效能、机会识别效能、管理控制效能和组织承诺效能4个维度，并分别设置了5个题目。创新效能：（1）我能实现我的创业期望；（2）我能独立思考并形成自己的观点；（3）在面对竞争时，我会采取超前行动成为行业领头人；（4）在面对挑战时，我能勇于面对并采取恰当行动；（5）我对新技术特别感兴趣。机会识别效能：（1）我愿意等待以获取未来可能的高投资回报；（2）我时刻关注市场的发展动向及顾客的需求变化；（3）我有信心找到更好的发展机会以使自己收入增长；（4）我喜欢创业的不确定性带来的刺激；（5）除生活必需我会将赚取的全部利润都投入经营。管理控制效能：（1）如果创业有利可图，我有信心承担更大风险；（2）当创业现实与目标出现较大偏差时我会适时调整；（3）我更喜欢选择高风险高回报项目；（4）计划制定好后我能确保计划顺利实施；（5）我能创建和维护一个组织健康良好的团队气氛。组织承诺效能：（1）即使分配给我的任务很难，我也会尽力完成；（2）我总是尽最大努力提高工作成绩；（3）我能够与我周围的人建立团结协作的工作关系；（4）在工作中我不会规避额外的责任；（5）我能够赢得别人对我的尊重。

各指标题项均设置7个选项，1＝很不同意，2＝比较不同意，3＝不同意，4＝一般，5＝同意，6＝比较同意，7＝非常同意。

三、模型检验和数据分析

本书运用 SPSS 19.0 对数据进行了分析处理。首先对各维度因子进行信度分析，并作效度检验。

因变量部分：生存型创业动机的信度系数（Cronbach's Alpha）为 0.962，机会型创业动机的信度系数为 0.932。

自变量创业环境部分：政策支持环境、经济发展环境和社会文化环境的信度系数分别是 0.942、0.940 和 0.931。

自变量自我效能部分：创新效能、机会识别效能、管理控制效能和组织承诺效能的信度系数分别是 0.897、0.889、0.897 和 0.927。

从以上数据可以看出，自变量和因变量各维度系数均在 0.9 左右，美国统计学家约瑟夫（Joseph）、罗尔夫（Rolph E）等的研究表明，当 Cronbach's Alpha 值大于 0.8 时，数据可靠性较高。为提高模型的解释力，对各维度指标均采取测量项目的加权平均数，进行相关性分析，如表 4-5 所示。

表 4-5　　　创业环境、自我效能与大学生村官创业动机
各维度之间的相关性检验

类别	政策支持环境	经济发展环境	社会文化环境	创新效能	机会识别效能	管理控制效能	组织承诺效能	生存型创业动机	机会型创业动机	创业动机
政策支持环境	1									
经济发展环境	0.779**	1								
社会文化环境	0.727**	0.774**	1							
创新效能	0.552**	0.534**	0.585**	1						
机会识别效能	0.587**	0.538**	0.599**	0.805**	1					
管理控制效能	0.569**	0.550**	0.600**	0.826**	0.880**	1				
组织承诺效能	0.511**	0.471**	0.532**	0.791**	0.711**	0.786**	1			
生存型动机	0.384**	0.390**	0.390**	0.574**	0.601**	0.617**	0.548**	1		
机会型动机	0.369**	0.401**	0.417**	0.602**	0.649**	0.644**	0.602**	0.881**	1	
创业动机	0.388**	0.408**	0.416**	0.606**	0.644**	0.650**	0.593**	0.971**	0.969**	1

注：** 在 0.01 水平（双侧）上显著相关。

相关性分析主要是衡量变量之间的相关密切程度。从表 4 - 5 中数据可以看出，各自变量之间也存在一定的相关性，如社会文化环境与经济发展环境之间的相关系数为 0.774，说明经济发展环境越发达，社会文化环境越丰富；政策支持环境与机会型创业动机的相关系数为 0.369，表明政策支持环境与机会型创业动机呈弱相关性，说明政策支持的力度对创业者为了实现自身价值而进行的创业行为影响不大。表中各维度之间的 p 值均小于 0.05，说明创业环境、自我效能与大学生村官创业动机各维度之件具有显著正相关关系，可以做回归检验。

在进行回归分析之前，我们首先要判断各自变量之间是否存在多重共线性问题，如表 4 - 6 所示。

表 4 - 6   变量多重共线性检验表

类别	共线性统计量	
	容差	VIF
政策支持环境	0.333	30.001
经济发展环境	0.297	30.362
社会文化环境	0.330	30.028
创新效能	0.239	40.192
机会识别效能	0.198	50.063
管理控制效能	0.163	60.148
组织承诺效能	0.315	30.179

从表 4 - 6 可看出，各变量的容差均大于 0.01，膨胀因子（VIF）值均小于 10，说明各变量间不存在显著的共线性，可做回归分析。

下面采用逐步回归分析法分析创业环境、自我效能各维度的影响程度，回归分析结果如下：

在模型 1 中（见表 4 - 7），大学生村官生存型创业动机为因变量，创业环境各维度为自变量，由表 4 - 8 可以得出，首先进入回归模型的是经济发展环境，回归系数 $\beta = 0.292$，$p < 0.05$，其次是社会文化环境（$\beta = 0.288$，$p < 0.05$），政策支持环境显著性大于 0.05，没有进入回归模型。说明政策支持环境对大学生村官生存型创业动机影响不显著。模型 1b（含

经济发展环境、社会文化环境）的调整 R^2 值（0.169）最大，因此模型 1b 的解释力最好，说明在大学生村官生存型创业动机中经济发展环境的影响最显著。其次是社会文化环境，说明经济越发达，社会文化氛围越好，大学生村官为了提高生活质量选择去创业的动机越强烈。因此，假设 H-1c、假设 H-1e 成立，假设 H-1a 不成立。

表 4-7 模型 1 参数表

模型	R	R^2	调整 R^2	标准估计的误差
a	0.395[a]	0.156	0.153	0.92360
b	0.419[b]	0.175	0.169	0.91467

注：a. 预测变量：（常量），经济发展环境；b. 预测变量：（常量），经济发展环境，社会文化环境。

表 4-8 模型 1b 参数表

模型 1	非标准化系数		标准系数	t	Sig.
	β	标准误差	试用版		
（常量）	1.569	0.244		6.435	0
经济发展环境	0.292	0.117	0.224	2.503	0.013
社会文化环境	0.288	0.117	0.221	2.470	0.014

在模型 2 中（见表 4-9），大学生村官机会型创业动机为因变量，创业环境各维度为自变量。如表 4-10 可得出，首先进入回归模型的是社会文化环境，回归系数 $\beta = 0.342$，$p < 0.05$，其次是经济发展环境（$\beta = 0.249$，$p < 0.05$），政策支持环境显著性大于 0.05，没有进入回归模型。说明政策支持环境对大学生村官机会型创业动机影响不显著。模型 2b（含社会文化环境、经济发展环境）的调整 R^2 值（0.186）最大，因此模型 2b 的解释力最好，说明在大学生村官机会型创业动机中社会文化环境的影响最显著。其次是经济发展环境，经济越发达，周围创业成功的案例越多，越能激发大学生村官努力实现自身价值的理念，促进大学生村官抓住机遇

去创业，机会型创业动机就越强烈。因此，假设 H－1d、假设 H－1f 成立，假设 H－1b 不成立。

对比模型 1 和模型 2 发现，问卷调查地区的大学生村官普遍重视经济发达水平、创业氛围，认为经济发达水平高，创业氛围好，创业成功的概率、企业的效益才会更好，而政策支持并不能激发他们创业的欲望。

表 4－9 模型 2 参数表

模型	R	R^2	调整 R^2	标准估计的误差
a	0.421[a]	0.178	0.174	0.88933
b	0.439[b]	0.193	0.186	0.88275

注：a. 预测变量：（常量），社会文化环境；b. 预测变量：（常量），社会文化环境，经济发展环境。

表 4－10 模型 2b 参数表

模型 2	非标准化系数		标准系数	t	Sig.
	β	标准误差	试用版		
（常量）	1.513	0.235		6.427	0
社会文化环境	0.342	0.113	0.269	3.038	0.003
经济发展环境	0.249	0.113	0.196	2.208	0.028

通过模型 3 我们可以进一步确认在创业环境对大学生村官创业动机的影响中，经济发展环境和社会文化环境影响显著，政策支持环境的影响不显著。因此，我们可以得出，经济越发达，创业氛围越浓，经过创业培训的大学生村官，创业动机会越强烈，如表 4－11 和表 4－12 所示。

表 4－11 模型 3 参数表

模型	R	R^2	调整 R^2	标准估计的误差
a	0.420[a]	0.177	0.173	0.87466
b	0.442[b]	0.195	0.189	0.86644

注：a. 预测变量：（常量），社会文化环境；b. 预测变量：（常量），社会文化环境，经济发展环境。

表 4 - 12   模型 3b 参数表

模型 3	非标准化系数		标准系数	t	Sig.
	β	标准误差	试用版		
（常量）	1.541	0.231		6.672	0
社会文化环境	0.316	0.110	0.253	2.856	0.005
经济发展环境	0.270	0.111	0.216	2.436	0.016

在模型 4 中（见表 4 - 13），以生存型创业动机为因变量，自我效能各维度为自变量，首先进入回归模型的是管理控制效能（见表 4 - 14），回归系数 β = 0.339，$p < 0.05$，其次是机会识别效能（β = 0.303，$p < 0.05$）、组织承诺效能（β = 0.187，$p < 0.05$），创新效能显著性值大于 0.05，没有进入回归模型。说明创新效能对大学生村官生存型创业动机影响不显著。模型 4c（含自变量管理控制效能、机会识别效能、组织承诺效能）的调整 R^2 值（0.397）最大，因此模型 4c 的解释力最好，说明在大学生村官生存型创业动机中管理控制效能的影响最显著。其次是机会识别效能，管理控制效能、机会识别效能越强，大学生村官生存型创业动机越强。因此，假设 H - 2c、假设 H - 2e、假设 H - 2g 成立，假设 H - 2a 不成立。

在模型 5 中（见表 4 - 15），以机会型创业动机为因变量，自我效能各维度为自变量，首先进入回归模型的是机会识别效能（见表 4 - 16），回归系数 β = 0.539，$p < 0.05$，其次是组织承诺效能（β = 0.335，$p < 0.05$），

表 4 - 13   模型 4 参数表

模型	R	R^2	调整 R^2	标准估计的误差
a	0.616[a]	0.380	0.378	0.79051
b	0.628[b]	0.395	0.390	0.78248
c	0.636[c]	0.404	0.397	0.77802

注：a. 预测变量：（常量），管理控制效能；b. 预测变量：（常量），管理控制效能，机会识别效能；c. 预测变量：（常量），管理控制效能，机会识别效能，组织承诺效能。

表 4 –14   模型 4c 参数表

模型 4	非标准化系数		标准系数	t	Sig.
	β	标准误差	试用版		
（常量）	0.636	0.221		2.876	0.004
管理控制效能	0.339	0.140	0.280	2.420	0.016
机会识别效能	0.303	0.126	0.244	2.402	0.017
组织承诺效能	0.187	0.094	0.155	1.990	0.048

表 4 –15   模型 5 参数表

模型	R	R^2	调整 R^2	标准估计的误差
a	0.649[a]	0.421	0.419	0.74508
b	0.679[b]	0.461	0.457	0.72020

注：a. 预测变量：（常量），机会识别效能；b. 预测变量：（常量），机会识别效能，组织承诺效能。

表 4 –16   模型 5b 参数表

模型 5	非标准化系数		标准系数	t	Sig.
	β	标准误差	试用版		
（常量）	0.414	0.204		2.024	0.044
机会识别效能	0.539	0.079	0.446	6.859	0
组织承诺效能	0.335	0.077	0.285	4.374	0

创新效能和管理控制效能显著性大于 0.05，没有进入回归模型，说明创新效能和管理控制效能对大学生村官机会型创业动机影响不显著。模型 5b（含自变量组织承诺效能、机会识别效能）的调整 R^2 值（0.457）最大，因此模型 5b 的解释力最好，说明在大学生村官机会型创业动机中机会识别效能的影响最显著。其次是组织承诺效能，机会识别效能、组织承诺效能越强，大学生村官机会型创业动机越强。因此，假设 H – 2f、假设 H – 2h 成立，假设 H – 2b、假设 H – 2d 不成立。

对比模型 4 和模型 5 机会识别效能和组织承诺效能，不管是对大学生村官生存型创业动机还是机会型创业动机影响都比较显著，大学生村官开发新机会和识别新市场的信心越强，越容易开展创业活动，创业动机也越强烈。团队成员建立团结协作的工作关系、能够共同承担责任以及创业风险也会激发大学生村官的生存型创业动机和机会型创业动机。不同的是，机会识别效能对机会型创业动机比生存型创业动机的影响更显著，团队能够很好地把握机会，时刻关注创业动态，选择一个好的项目，使创业项目有利可图，大学生村官就有信心承担较大风险，更愿意选择高风险高回报的项目实现自身价值，因此大学生村官的机会型创业动机会比生存型创业动机更强烈。管理控制效能对大学生村官生存型创业动机影响显著，而对机会型创业动机影响不显著。说明当创业有利可图时，团队有信心承担更大风险。计划制订好后能确保计划顺利实施，也会激发大学生村官的创业欲望，从而提高生活质量。

模型 6 是以创业动机为因变量，自我效能各维度为自变量（见表 4-17）。如表 4-18 所示，首先进入回归模型的是管理控制效能（ $\beta = 0.263$ ， $p < 0.05$ ），其次是机会识别效能（ $\beta = 0.359$ ， $p < 0.05$ ）、组织承诺效能（ $\beta = 0.229$ ， $p < 0.05$ ）。创新效能的显著性值大于 0.05，没有进入模型。由此可以得出，创新效能对大学生村官创业动机影响不显著，管理控制效能、机会识别效能、组织承诺效能影响显著。

表 4-17　　　　　　　　　　模型 6 参数表

模型	R	R^2	调整 R^2	标准估计的误差
a	0.650[a]	0.422	0.420	0.73131
b	0.667[b]	0.445	0.441	0.71798
c	0.679[c]	0.460	0.454	0.70959

注：a. 预测变量：（常量），管理控制效能；b. 预测变量：（常量），管理控制效能，机会识别效能；c. 预测变量：（常量），管理控制效能，机会识别效能，组织承诺效能。

表 4 – 18　　　　　　　　　　　　模型 6c 参数表

模型 6	非标准化系数		标准系数	t	Sig.
	β	标准误差	试用版		
（常量）	0.532	0.202		2.639	0.009
管理控制效能	0.263	0.128	0.228	2.065	0.040
机会识别效能	0.359	0.115	0.303	3.126	0.002
组织承诺效能	0.229	0.086	0.199	2.667	0.008

　　为了进一步探讨创业环境和自我效能对大学生村官创业动机的影响，对创业环境和自我效能各维度求加权平均数，将生存型创业动机和机会型创业动机也做加权平均，并做回归分析。

　　如表 4 – 19 所示，创业环境与创业动机的回归系数 β = 0.575，p < 0.05，说明创业环境对大学生村官创业动机的影响显著，因此，假设 H – 1 成立。如表 4 – 20 所示，自我效能与创业动机的回归系数 β = 0.859，p < 0.05，所以自我效能对大学生村官的创业动机有非常显著的影响。因此，假设 H – 2 成立。相比较创业环境和自我效能可以看出自我效能对大学生村官的创业动机影响更显著。

表 4 – 19　　　　　　　创业环境与创业动机模型参数表

类别	非标准化系数		标准系数	t	Sig.
	β	标准误差	试用版		
（常量）	1.562	0.230		6.778	0
创业环境	0.575	0.074	0.437	7.820	0

表 4 – 20　　　　　　　自我效能与创业动机模型参数表

类别	非标准化系数		标准系数	t	Sig.
	β	标准误差	试用版		
（常量）	0.497	0.197		2.531	0.012
自我效能	0.859	0.058	0.676	14.731	0

四、结论与启示

本章研究表明，创业环境、自我效能总体上都对大学生村官的创业动机具有非常显著的影响，但各模型及各纬度的影响程度各异。创业环境中首先是社会文化环境对大学生村官创业动机影响最显著，其次是经济发展环境，说明身边创业成功的案例越多、创业氛围越浓厚，经济发展水平越高，越能激发大学生村官的创业动机。从研究结果得知，政策支持环境对大学生村官创业动机影响不显著，这从侧面也可以反映出目前我国对大学生村官的政策支持措施并不能够转化为激励他们创业的因素。因此，政府如何提高政策的有效性、增强创业政策的精准度，是促进大学生村官创业的重要基础。在自我效能分析中发现，机会识别效能影响最显著，其次是管理控制效能和组织承诺效能。如果大学生村官经常关注市场的发展动向及顾客的需求变化，时刻做好创业的准备，愿意将自己的全部精力、资金投入到创业中，即机会识别效能越强，创业的欲望就越强烈。在面对困难时，团队成员越是能够团结、共同承担责任、共同努力，创业成功的概率就越大，各成员对创业的信心就越高，创业动机就越大。

随着大学生村官工作的深入推进和"大众创业，万众创新"氛围的进一步浓郁，我们预计，创业的大学生村官将会越来越多；而且随着经济的发展，生存型创业也将逐渐转变为机会型创业。而在转变的过程中，我们应该不断提升大学生村官的自我效能，以促进创业，带动就业。创业环境不仅对大学生村官创业动机影响显著，对自我效能也有深远的影响，我们应该为大学生村官创业营造良好的创业环境，国家大力支持、扶持大学生村官创业，免费为大学生村官进行创业培训，并在资金方面给予一定的帮助，不仅可以增强大学生村官的自我效能，还可以为"大众创业，万众创新"这个大环境营造一个良好的氛围。

由于国内外对创业环境、自我效能和创业动机关系的研究还不成熟、研究框架还不甚统一，本书的探讨不可避免地存在一定的局限性，例如问卷调查的对象仅限于大学生村官这一特定群体、调查区域也只是赣南等地区所辖县区等，因此本书揭示的也只是"冰山一角"。当然，影响创业动机的因素还有很多，基于中国特有文化传统和情境，一个适宜的社会文化环境可能是催生创业行为的重要动因。在以后的研究中，我们将进一步对大学生村官创业自我效能及其面临社会文化环境约束等影响因素进行深入分析探究。

第五章

大学生村官创业影响因素的聚类分析

大学生村官创业意愿受各种因素影响，大学生村官创业行为发生受多重动因的激励，大学生村官创业是内因和外因共同作用的结果。在问卷设计中，我们对不愿意创业的大学生村官、有创业意愿的大学生村官、有创业意愿但没有创业行动的大学生村官分别设计相关题项进行了解，力图更全面地发现影响大学生村官创业的因素及其影响机理、影响程度。

第一节　影响大学生村官创业意愿的原因分析

大学生村官创业受到多重因素影响，其中哪些因素的影响至关重要？在问卷设计中，把影响大学生创业意愿的原因主要分为：风险太大、缺乏资金、没有一技之长、创业环境不好、没有合适项目、政府支持少、审批手续复杂、税收过重、借贷困难和缺乏适用工人10个选项。针对上述选项，调查对象依重要程度选出前三项并排序。基于赣南等地区抽样调查的问卷数据经过统计，大学生村官不愿意创业的影响因素需求情况如表5-1所示。

第一位次上首先出现次数最多的是"风险太大"，出现了57次；其次是"缺乏资金"，出现了47次。第二位次上首先出现最多的是"缺乏资金"，有53次；其次是"创业环境不好"，出现18次。第三位次上首先出现最多的是"没有合适项目",其次是"没有一技之长"。

由表 5-1 可知,除"风险太大"和"缺乏资金"排序明显靠前外,其余因素在不同位次上出现了不同的次数,很难对其进行合理排序。为此,采用聚类分析法对 10 类影响因素进行分类,以期排出各项原因影响的优先序。

表 5-1　　　　　　　无创业意愿大学生村官影响因素统计

代码	影响意愿原因	第一位次	第二位次	第三位次
1	风险太大	57	8	0
2	缺乏资金	47	53	4
3	没有一技之长	3	11	20
4	创业环境不好	0	18	17
5	没有合适项目	8	7	35
6	政府支持少	2	1	8
7	审批手续复杂	2	2	5
8	税收过重	0	1	2
9	借贷困难	0	1	6
10	缺乏适用工人	1	0	2

聚类分析结果如图 5-1 所示,大学生村官影响创业意愿因素可基本分为四类,结合表 5-1 中各项因素在不同位次上出现的次数,按重要程度将 10 项因素可相应地分为三个层次,具体分层情况如下。

第一层次是创业资金准备。图 5-1 中"缺乏资金"独聚为一类,这与其在第一位次和第二位次上出现的次数有关,119 份没有创业意愿的大学生村官样本中有 47 位大学生村官将其选为第一位影响因素,有 53 位大学生村官将其选为第二位影响因素,即有 100 位没有创业意愿的大学生村官把创业资金问题视为创业的最重要影响因素,这一比例遥遥领先于其他因素,故将其归为第一层次需求。

第二层次是创业项目问题,包括创业风险和合适项目。在树状图中,创业项目自身问题较明显地聚成一类,而且在各位次上的次数较为接近。从上表数据可以看出,排在第二层次首位的是风险太大的影响,其次是是否有"合适项目"的影响。

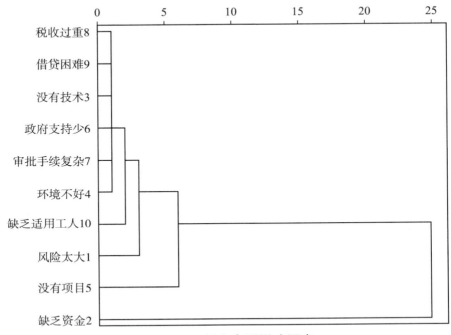

图 5-1　创业意愿影响因素

　　第三层次是其他因素。从树状图可看出，"缺乏适用工人""创业环境不好""审批手续复杂""政府支持少""没有一技之长""借贷困难""税收过重"等可聚成一类，但各影响因素并没有太大的差异。

　　因此，将大学生村官创业意愿影响因素的优先序确定为：缺乏创业资金、创业风险太大、没有合适项目。从创业理论和实践来看，这两个层次三大因素也是影响创业者创业意愿的重要因素。对于创业者来说最重要的就是找项目、找钱。曾有统计显示，90%以上的创业公司散伙的原因只有一个，就是没钱了。一组数据显示，10%的项目拿到市场上90%的钱，说明资本在向头部项目集中。也就是说，对大多数90%的创业企业而言，未来越来越难拿到钱。因此，资金问题是大学生村官创业至关重要的因素[1]。

　　著名风险投资人马克·安德森发现，"有许多创业公司，他们虽然对

----

　　①　据科技部、商务部、国家开发银行联合调研出炉的《中国创业风险投资发展报告2017》。

运营的每一方面都了若指掌，但实际上由于没有找到与市场需求相匹配的产品，所以其实都步入了死胡同"。① 因此，项目的选择和产品的推出决定了初创企业的成败。创业要遵循正确的轨迹：最先出来的是最小成本可行性产品（MVP），通过运营数据验证想法，找到用户的功能诉求之后才是一个简陋的 1.0 版本。这个阶段的关注点是确保公司所要解决的客户痛点足以助力一家新公司的诞生，并能使这家公司实现盈利、自己能养活自己、证明商业模式是可以成功的。然后才是进一步扩大规模，产品不断快速迭代，在会克制的前提下，进行不断的创新，促进创业企业的发展壮大。

一、影响大学生村官创业意愿因素统计分析

依照问卷设计目的，我们将各项因素在前三位次上出现的总次数加以统计，并计算出不同分类标志下各类原因所占比例，结果如表 5 - 2 所示。

表 5 - 2　　　　不同分类标志下大学生村官创业意愿原因影响统计

影响因素	分类依据	风险	资金	技术	环境	项目	支持	手续	税收	借贷	工人
年龄（岁）	<22	2	4	0	0	2	0	2	0	0	2
	23~25	29	42	17	14	18	4	2	3	0	0
	25~28	23	37	11	14	17	5	2	0	2	1
	28~35	11	18	4	4	10	1	1	0	5	0
	>35	0	3	2	2	3	1	1	0	0	0
性别	女	28	43	14	14	21	3	4	2	3	2
	男	37	61	20	20	29	8	4	1	4	1
婚姻	未婚	41	63	19	21	29	8	5	3	3	2
	已婚	24	41	15	13	21	3	3	0	4	1
文化程度	大专	7	9	2	3	5	2	2	0	0	1
	本科	55	88	32	30	41	8	5	3	7	2
	研究生	3	7	0	1	4	1	1	0	0	0

---

① 红杉汇．败光 3 亿美元后 他告诫你不要犯这个"天条"［EB/OL］．搜狐网，2017 - 10 - 17.

续表

影响因素	分类依据	风险	资金	技术	环境	项目	支持	手续	税收	借贷	工人
政治面貌	中共党员	38	62	21	15	33	6	3	3	6	0
	共青团员	24	41	12	17	16	5	5	0	0	2
	群众	3	1	1	2	1	0	0	0	1	1
专业类别	农业类	14	19	4	7	9	4	1	0	1	0
	理工类	13	20	7	4	15	0	1	0	2	1
	管理类	0	1	0	1	1	0	0	0	0	0
	医学类	17	23	9	7	11	2	2	0	2	2
	财经类	8	10	3	3	6	2	0	0	0	0
	法学类	5	7	2	4	1	1	1	0	1	0
	教育类	3	8	3	1	2	0	0	3	1	0
	其他	5	16	6	7	5	2	3	0	0	0
出生地	城镇	19	31	12	14	12	1	4	1	0	2
	农村	46	73	22	20	38	10	4	2	7	1
选择原因	就业压力	16	23	7	6	8	3	0	2	3	1
	政策吸引	16	26	10	6	15	1	2	1	2	0
	作为跳板	12	17	2	7	8	1	2	0	2	0
	建功立业	11	17	2	9	13	4	1	0	1	0
	他人影响	3	7	4	0	1	0	2	0	0	2
	其他	7	14	9	6	5	2	1	1	0	0
城镇郊区	否	27	40	10	15	24	5	2	2	4	0
	是	38	64	24	19	26	6	6	1	3	3

从表 5 - 2 数据汇总可看出，在 23 ~ 28 岁年龄区间，风险、资金、技术、项目、环境、家人支持等因素对大学生村官创业意愿选择有较强影响，所占比例均在 80% 左右。从性别差异来看，各类原因影响各有不同。绝大多数因素对未婚大学生村官创业影响明显更强。而本科毕业大学生村官对影响因素的敏感度相对较高。不同政治面貌的大学生村官对相关影响因素的敏感度差异较大，其中党员大学生村官对风险因素的感知更强烈。从大学生村官所学专业类别来看，除管理类外，其他专业大学生村官均对风险、资金因素具有较强的敏感度。而风险、资金、技术、项目、环境、

创业环境、自我效能与大学生村官创业

政府支持、借贷等情况对出身农村大学生村官创业意愿的影响要高于来自城镇的大学生村官。职业选择动因对后 5 类原因联系紧密度不高，但就业压力、政策吸引对大学生村官创业影响可能会更强些。大学生村官工作地是否在城镇郊区对各类影响因素感知具有一定的敏感度，但差异不是太大。当然，直观的判断与真实的结果需要更加科学准确的判定依据和方法。

二、大学生村官创业影响因素回归分析

为进一步检验影响大学生村官创业的原因及其影响程度，构建计量模型对影响大学生创业的各类原因进行分析。若某项原因属于影响大学生村官创业原因的前三位需求，则认为该项原因被大学生村官"需求"，否则"不需求"。因此，每项原因都存在"需求"或"不需求"两种情况，即被解释变量为二元变量，本书拟运用二元 Logistic 模型分析影响大学生村官创业的原因。二元 Logistic 模型的表达式如下：

$$P_j = F(\alpha + \sum_{i=1}^{m} \beta_i X_{ij} + \mu) = 1/\{1 + \exp[-(\alpha + \sum_{i=1}^{m} \beta_i X_{ij} + \mu)]\}$$

$$(5-1)$$

根据式（5-1）整理后可得到：

$$\ln \frac{p_j}{1 - p_j} = \alpha + \sum_{i=1}^{m} \beta_i X_j \qquad (5-2)$$

在式（5-2）中，i 为大学生村官的编号，j 为大学生村官创业影响因素的编号；P_j 表示大学生村官前三位次原因中选择某个原因的概率，α 为常数项，β_i 为影响因素的回归系数，X_{ij} 表示第 i 个样本的第 j 个影响因素。解释变量主要选取大学生村官年龄、性别、婚姻、文化程度、政治面貌、专业类别、出生地、职业选择原因、工作地是否为城镇郊区 9 个可能的影响因素，解释变量的定义及取值如表 5-3 所示。

表5-3　　　　　　　　解释变量的定义及取值

变量名称	取值范围	定义及取值
年龄（岁）	1~5	年龄：1 = 22 以下，2 = 23~25，3 = 25~28，4 = 28~35，5 = 35 以上

变量名称	取值范围	定义及取值
性别	0 ~ 1	性别：1 = 男，0 = 女
婚姻	0 ~ 1	婚姻：1 = 已婚，0 = 未婚
文化程度	1 ~ 3	文化：1 = 大专，2 = 本科，3 = 研究生
出生地	0 ~ 1	出生地：1 = 城镇，0 = 农村
工作地	0 ~ 1	是否城镇：1 = 是，0 = 否
政治面貌	0 ~ 1	党派（以中共党员为对照）：1 = 党员，0 = 非中共党员
专业类别	0 ~ 1	专业（把理工、农业、医学类合并作为对照）：1 = 理工农医类，0 = 其他专业
职业选择	0 ~ 1	择业（以"建功立业"为对照）：1 = 建功立业，0 = 其他

根据计量模型要求，我们分别建立"创业风险""创业资金""技术水平""创业环境""合适项目""政府支持""审批手续""企业税收""资金借贷"和"适用工人"共 10 个二元 Logistic 模型，运用 SPSS 软件对模型进行估计。由于"创业风险"模型未通过显著性检验，模型整体模拟效果不理想。因此，仅列出其余 9 个模型的估计结果，具体如表 5 -4 所示。

表 5 -4　　大学生村官创业影响因素优先序模型估计结果

变量	模型一 资金	模型二 技术	模型三 环境	模型四 项目	模型五 支持	模型六 手续	模型七 税收	模型八 借贷	模型九 工人
性别	- 0. 219	0. 269	0. 271	- 0. 655	0. 344	0. 117	9. 971	- 0. 690	- 0. 003
年龄	- 0. 735 *	- 0. 265	0. 187	0. 229	0. 196	- 0. 172	- 72. 435	1. 724 **	- 36. 870
婚姻	- 0. 079	0. 323	0. 046	- 0. 171	- 1. 130	0. 054	- 0. 325	- 0. 223	16. 306
文化程度	- 0. 980	- 0. 324	- 0. 093	- 0. 174	- 0. 242	- 0. 879	- 62. 106	0. 157	- 14. 655
出生地	- 0. 996	0. 067	0. 797	- 0. 668	- 1. 983 *	0. 854	35. 895	- 17. 920	3. 972
工作地	0. 560	0. 751 *	- 0. 153	- 0. 711 *	- 0. 260	0. 899	11. 788	- 0. 855	37. 841
政治面貌	- 1. 020 ***	- 0. 144	0. 603 *	- 0. 503	- 0. 316	0. 231	- 50. 445	- 0. 337	20. 440
专业类别	0. 164	0. 100	0. 069	- 0. 214 **	0. 062	0. 212	18. 701	- 0. 054	- 1. 857
职业选择	- 0. 059	0. 160	0. 045	0. 041	0. 276	0. 120	- 11. 696	- 0. 619	- 0. 618
常数项	1. 936	- 0. 701	- 2. 871	2. 101	- 2. 110	- 2. 341	278. 024	- 5. 433	24. 829

注：* 、** 和 *** 分别代表10%、5%和1%的统计水平上显著。

根据模型估计结果，我们可作出以下判断：

（1）工作地对大学生村官创业有影响，特别是在模型二和模型四中均通过了显著性检验，说明工作地在城镇郊区的大学生村官对创业的技术水平要求更高，而不在城镇郊区工作的大学生村官选择创业时对项目自身要求不高。因此，在考虑推进大学生村官创业工作时，要结合工作地实际，有针对性地建立创业项目库，以便于大学生村官进行创业项目选择。

（2）大学生村官的政治面貌对其创业选择会有影响。模型一和模型三估计结果表明，他们会更多地关注创业资金和创业环境问题，非中共党员的大学生村官会更多地考虑创业资金问题，而党员大学生村官会更多地考虑创业环境问题，这可能与其政治身份有关，因为党员大学生村官对时事政治的了解、关注更多、更深入些。

（3）专业类别是影响大学生村官创业选择的重要因素，在模型四中5%的统计水平上显著，回归结果表明不同专业类别大学生村官在"是否有合适项目"选择上比较敏感。

（4）大学生村官的原始出生地会影响大学生村官创业选择，他们关注的是否有政府支持方面，政府支持会明显提升来自农村的大学生村官的创业热情和创业效果。这也表明，在农村发展过程中如何切实加强政府对农村工作、对农村发展的重视将有利于大学生村官的创业行动。

（5）大学生村官年龄对创业有重要影响，主要体现在自有资金和借贷资金的选择上。模型一和模型八的回归结果表明，年龄越小的大学生村官对自有资金创业需求越强烈，而年龄越大的大学生村官对能否借贷资金推进创业有需求。这可能事关年龄越小的大学生村官资金积累较少，而年龄越大的大学生村官相对家庭资金积累更多些。

另外，大学生村官的性别、婚姻状况和职业选择动因这三个变量在所有模型中均不显著，表明该三个变量不会影响大学生村官进行创业选择。

第二节 有创业意愿大学生村官选择创业的因素分析

为了解有创业意愿大学生村官的创业动因，我们对有创业意愿大学生村官为何选择创业进一步进行问卷调查。从大学生村官创业意愿认知来看，他们出发点很好。根据问卷调查题项"您愿意创业的原因是什么"，我们把是否愿意创业的原因分为：实现自身价值、工作职责所在、想为村民做点事、机会好、有合适创业项目、解决家庭实际困难、想表现自己、有比较好的创业保障、其他人动员 9 个选项。针对上述选项，调查对象依重要程度选出前三项并排序。统计结果显示（见表 5 - 5），大学生村官还是有比较迫切的实现自身价值需要和比较好的为民做事情怀，选择人次分别达到 116 人和 59 人，总人次分别在第一、二位。

表 5 - 5　　　　　　　大学生村官选择创业的出发点统计

代码	选择创业原因	第一位次	第二位次	第三位次
1	实现自身价值	111	2	3
2	工作职责所在	6	27	2
3	想为村民做点事	5	40	14
4	机会好	5	13	18
5	有合适创业项目	7	13	19
6	解决家庭实际困难	6	8	37
7	想表现自己	1	8	7
8	有比较好的创业保障	2	8	8
9	其他人动员	0	0	4

从表 5 - 5 的数据可以直观地反映出，"实现自身价值"是大学生村官愿意创业的第一层次需求，而"工作职责所在""想为村民做点事""机会好""有合适创业项目""解决家庭实际困难"应为第二层次需求，"想表现自己"和"有比较好的创业保障"应为第三层次需求，"其他人动员"则并不会对大学生村官创业选择带来实质上影响。

为进一步了解相关情况，我们同样将各项需求在前三位次上出现的总次数加以统计，并计算出不同分类标志下各类需求所占比例，结果如表 5 - 6 所示。

表 5-6   不同分类标志下大学生村官创业需求因素比例

个人属性	分类依据	实现价值(%)	工作职责(%)	为民办事(%)	创业机会(%)	合适项目(%)	家庭困难(%)	表现自己(%)	创业保障(%)
年龄(岁)	<22	2.6	2.9	3.4	8.3	7.7	5.9	12.5	16.7
	23~25	48.3	60.0	44.1	36.1	41.0	51.0	31.2	27.8
	25~28	34.5	20.0	32.2	44.4	38.5	37.3	37.5	44.4
	28~35	12.9	17.1	18.6	11.1	10.3	5.9	18.8	11.1
	>35	1.7	0	1.7	0	2.6	0	0	0
性别	女	35.3	37.1	32.2	50.0	35.9	29.4	12.5	44.4
	男	64.7	62.9	67.8	50.0	64.1	70.6	87.5	55.6
婚姻	未婚	62.9	65.7	50.8	75.0	71.8	64.7	75.0	66.7
	已婚	37.1	34.3	49.2	25.0	28.2	35.3	25.0	33.3
文化程度	大专	3.4	8.6	3.4	0	2.6	0	0	0
	本科	90.5	88.6	89.8	91.7	94.9	90.2	100.0	94.4
	研究生	6.0	2.9	6.8	8.3	2.6	9.8	0	5.6
出生地	城镇	72.4	57.1	76.3	75.0	71.8	78.4	75.0	72.2
	农村	27.6	42.9	23.7	25.0	28.2	21.6	25.0	27.8
工作地是否为城镇	否	36.2	31.4	33.9	27.8	41.0	23.5	43.8	33.3
	是	63.8	68.6	66.1	72.2	59.0	76.5	56.2	66.7
政治面貌	中共党员	77.6	71.4	74.6	77.8	87.2	80.4	81.2	88.9
	共青团员	21.6	28.6	25.4	22.2	12.8	17.6	18.8	11.1
	群众	0.9	0	0	0	0	2.0	0	0
专业类别	农业类	10.3	5.7	6.8	13.9	5.1	11.8	18.8	5.6
	理工类	29.3	28.6	27.1	16.7	38.5	25.5	50.0	27.8
	管理类	2.6	0	5.1	0	0	3.9	0	0
	医学类	19.8	34.3	27.1	22.2	12.8	17.6	18.8	5.6
	财经类	6.0	5.7	3.4	13.9	7.7	13.7	0	11.1
	法学类	3.4	5.7	1.7	2.8	0	5.9	0	0
	教育类	12.1	8.6	11.9	8.3	17.9	9.8	0	16.7
	其他	16.4	11.4	16.9	22.2	17.9	11.8	12.5	33.3
职业选择	就业压力	8.6	8.6	11.9	2.8	7.7	3.9	31.2	11.1
	政策吸引	22.4	20.0	20.3	19.4	38.5	31.4	12.5	61.1
	作为跳板	18.1	20.0	16.9	25.0	10.3	25.5	12.5	11.1

续表

个人属性	分类依据	实现价值（%）	工作职责（%）	为民办事（%）	创业机会（%）	合适项目（%）	家庭困难（%）	表现自己（%）	创业保障（%）
职业选择	建功立业	31.9	31.4	39.0	25.0	28.2	21.6	31.2	11.1
	他人影响	6.0	8.6	1.7	8.3	5.1	5.9	12.5	5.6
	其他	12.9	11.4	10.2	19.4	10.3	11.8	0	0

根据已有计量模型设计，我们可对各类需求分别建立 9 个二元 Logistic 模型，运用 SPSS 软件对模型进行估计。由于"他人动员"激发的创业并没有通过显著性检验，因此仅列出 8 个模型估计结果，具体如表 5-7 所示。

表 5-7　　　　大学生村官创业需求优先序模型估计结果

变量	模型一 实现价值	模型二 工作职责	模型三 为民办事	模型四 创业机会	模型五 合适项目	模型六 家庭困难	模型七 表现自己	模型八 创业保障
年龄	0.380	-0.035	0.018	0.295	0.107	-0.777 ***	0.210	-0.412
性别	-0.783	-0.494	0.139	-0.971 **	-0.266	0.643	0.856	-0.461
婚姻	0.016	0.103	1.137 ***	-0.983 *	-0.882 *	0.494	-0.961	-0.262
文化程度	-0.084	-1.769 **	0.384	1.114 *	-0.479	1.814 ***	-0.401	0.724
出生地	0.317	1.281 ***	-0.307	-0.478	0.252	-1.289 **	0.316	-0.138
工作地	-1.073 *	-0.197	0.146	0.134	-0.719 *	1.009 **	-0.648	-0.123
政治面貌	0.266	0.402	0.527	-0.025	-1.061 *	-0.330	-0.745	-1.242
专业类别	-0.059	-0.093	0.025	0.046	0.004	0.024	-0.272 *	0.144
职业选择	0.304 *	0.021	0.020	0.267 *	-0.131	-0.020	-0.296	-0.680 ***
常数项	0.974	4.093	-2.920	-5.392	2.727	-4.724	1.342	0.138

注：* 、** 和 *** 分别代表 10% 、5% 和 1% 的统计水平上显著。

根据模型估计结果显示：（1）年龄对大学生村官创业需求有影响，年龄越小的大学生村官更想帮助家庭解决实际困难，这反映年龄更大的大学生村官在认识水平、阅历层次、经验判断上要更强，而且一般年龄较大的大学生村官已在农村工作多年，对创业需求及创业能解决的问题有更清晰的了解。（2）性别对大学生村官创业需求的影响主要体现在是否有创业机会上，女性大学生村官在有创业机会的情况下创业意愿会更强烈。这可能与女性特点有关，而男性大学生村官相对激情更高。（3）文化程度对大学生村官创业需求有重要影响。较低学历层次大学生村官创业更重要的考虑是对"工作职责"的要求，更高层次学历水平的大学生村官会重点考虑"创业机会"和"家庭困难"因素。（4）政治面貌是非中共党员的大学生村官更多地会考虑是否有合适项目。（5）专业类别对大学生村官创业需求有一定影响，非理工农医类大学生村官更多地会考虑要通过创业来更好地表现自己。可能因为非理工农医类大学生村官更多的是文科类专业，其专业培养过程中需要展示自己的内容要更多些。（6）大学生村官初始出生地对其创业需求有较大影响。来自城镇的大学生村官更看重自身的工作职责，来自农村的大学生村官则对创业保障更为关注。（7）职业选择动因对大学生村官创业需求有重要影响。因为要"建功立业"而选择当大学生村官的对实现价值需求更强烈，有合适的创业机会其创业需求会更强烈。而因为其他原因选择当大学生村官的，如果创业保障更好些，其创业需求也会更强。（8）大学生村官实际工作地对其创业需求有重要影响。工作地在偏远农村的大学生村官，如能"实现价值"，有"合适项目"，那么其创业需求会更强。

第三节　大学生村官创业行动选择的障碍因素分析

　　在进一步对有创业意愿大学生村官是否创业进行的问卷调查中，有创业意愿的143名大学生村官中仅有15名大学生村官已创业，占有创业意愿大学生村官的10.5%，有创业意愿但无创业实际行动的大学生村官占比较高。而进一步的了解，有创业意愿大学生村官未能创业的原因较多，根据问卷题项统计，主要受表5-8所示障碍因素的影响。

　　据表5-8数据我们可以看出，缺乏资金是大学生村官未能创业的第一层次原因，前三位次选择总计达到了118次，占有创业意愿143名大学生村官的82.5%。因此，缺乏创业资金应是大学生村官未创业的第一层次原因。第二层次原因则是找不到合适项目和合作者缺乏问题，数据显示，未创业原因中找不到合适项目三个位次总计选择人数达到了66人，而找不到合作者三个位次选择人数也有 38 人。第三层次原因则是政府支持少、创业环境不好和没有技术支持等原因。第四层次原因则没有太大差异，包括了家人支持、缺乏关系、产品销路、村务繁忙等方面。聚类分析情况如图 5-2 所示。

表 5-8　　　　　　　大学生村官创业障碍因素统计

代码	未创业原因	第一位次	第二位次	第三位次
1	政府支持少	23	2	0
2	缺乏资金	85	29	4
3	创业环境不好	4	14	12
4	找不到合适项目	8	50	8
5	找不到合作者	2	11	25
6	没有技术支持	1	5	24
7	家人不支持	0	0	3
8	缺乏社会关系	0	2	18
9	产品没有销路	0	2	5
10	村务太繁忙	0	0	3

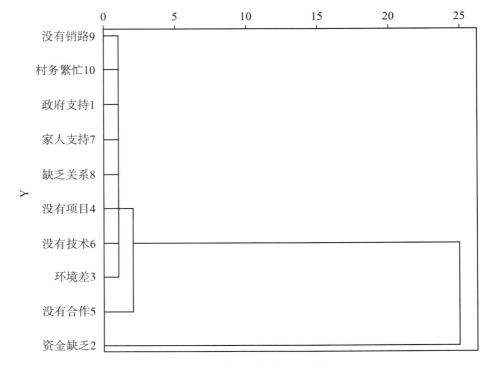

图 5-2　创业影响因素分析

创业环境、自我效能与大学生村官创业

聚类分析图5-2体现了10个障碍性因素的基本状况，揭示了10个因素的基本层次，为我们进一步分析障碍因素的影响方向及程度提供了依据。

按照已有研究设计，我们同样将各项需求在前三位次上出现的总次数加以统计，并计算出不同分类标志下各类需求所占比例，结果如表5-9所示。

表5-9　　　不同分类标志下大学生村官创业障碍因素统计

影响因素	分类依据	政府支持（%）	缺乏资金（%）	缺乏环境（%）	没有项目（%）	没有合作（%）	没有技术（%）	家人支持（%）	缺乏关系（%）	没有销路（%）	村务繁忙（%）
年龄（岁）	<22	0	0.8	0	1.5	2.6	6.7	33.3	0	0	0
	23~25	36.0	49.2	53.3	47.0	34.2	50.0	33.3	50.0	57.1	33.3
	25~28	44.0	37.3	33.3	33.3	47.4	36.7	33.3	35.0	42.9	66.7
	28~35	16.0	11.0	13.3	18.2	15.8	6.7	0	15.0	0	0
	>35	4.0	1.7	0	0	0	0	0	0	0	0
性别	女	28.0	36.4	36.7	43.9	44.7	33.3	33.3	15.0	57.1	0
	男	72.0	63.6	63.3	56.1	55.3	66.7	66.7	85.0	42.9	100.0
婚姻	未婚	64.0	64.4	63.3	57.6	65.8	66.7	66.7	65.0	85.7	100.0
	已婚	36.0	35.6	36.7	42.4	34.2	33.3	33.3	35.0	14.3	0
文化程度	大专	8.0	5.1	0	1.5	0	0	0	0	0	0
	本科	88.0	88.1	90.0	89.4	92.1	90.0	100.0	95.0	100.0	100.0
	研究生	4.0	6.8	10.0	9.1	7.9	10.0	0	5.0	0	0
出生地	农村	80.0	72.9	66.7	74.2	65.8	76.7	66.7	90.0	85.7	66.7
	城镇	20.0	27.1	33.3	25.8	34.2	23.3	33.3	10.0	14.3	33.3
工作地	农村	36.0	32.2	43.3	33.3	26.3	33.3	0	30.0	71.4	0
	城镇	64.0	67.8	56.7	66.7	73.7	66.7	100.0	70.0	28.6	100.0
专业类别	其他专业	36.0	43.2	60.0	42.4	34.2	33.3	66.7	30.0	28.6	33.3
	理工农医	64.0	56.8	40.0	57.6	65.8	66.7	33.3	70.0	71.4	66.7
政治面貌	非党员	24.0	21.2	23.3	18.2	26.3	20.0	33.3	5.0	0	0
	中共党员	76.0	78.8	76.7	81.8	73.7	80.0	66.7	95.0	100.0	100.0
职业选择	建功立业	28.0	33.9	16.7	34.8	31.6	23.3	0	50.0	14.3	66.7
	其他	72.0	66.1	83.3	65.2	68.4	76.7	100.0	50.0	85.7	33.3

从表 5 - 9 中可以看出，各类影响创业的障碍因素在年龄为 23 ~ 28 岁之间、大学本科毕业的大学生村官高度集聚，未婚、出生地在农村、政治面貌为中共党员、受非"建功立业"选择动因激励更易受各类障碍性因素的影响，但真实情况如何还需要进一步的验证。

根据计量模型要求，我们分别建立"政府""资金""环境""项目""合作者""技术""家人""关系""产品"和"村务"等方面共 10 个二元 Logistic 模型，运用 SPSS 软件对模型进行估计。由于"项目"模型（即"找不到合适项目"因素）未通过显著性检验，模型整体模拟效果不理想。因此，仅列出其余 9 个模型的估计结果，具体如表 5 - 10 所示。

表 5 - 10　　大学生村官创业障碍因素优先序模型估计结果

变量	模型一	模型二	模型三	模型四	模型五	模型六	模型七	模型八	模型九
	政府	资金	环境	合作者	技术	家人	关系	产品	村务
年龄	0.552	- 0.298	- 0.057	0.721 **	- 0.671 *	- 0.577	- 0.316	- 0.904	1.118
性别	0.170	- 0.835	0.223	- 1.014 **	0.095	0.531	1.477 **	- 1.185	17.973
婚姻	- 0.426	0.487	- 0.062	- 0.392	0.191	0.838	0.153	- 2.056	- 20.172
文化程度	- 0.536	- 1.432	0.395	0.878	0.847	- 0.059	1.039	- 1.984	- 0.517
出生地	- 0.043	1.547	0.468	0.806	- 0.340	0.511	- 1.708 *	0.673	- 0.084
工作地	- 0.285	- 0.733	- 0.780	0.347	- 0.041	0.187	0.378	- 2.912 **	18.318
专业类别	0.131	- 0.269	- 0.994 **	0.977 **	0.577	- 0.807	0.128	2.165	1.074
政治面貌	- 0.411	- 0.985	- 0.352	- 0.765	0.316	- 1.067	2.057 *	19.362	17.935
职业选择	- 0.176	18.960	- 1.088 *	- 0.014	- 0.572	- 1.515	1.275 **	- 2.401 *	2.853 *
常数项	- 1.322	7.567	- 0.522	- 4.287	- 1.654	- 1.979	- 6.409	- 14.066	- 60.193

注：*、** 分别代表 10%、5% 的统计水平上显著。

根据表 5 - 10 的创业障碍性因素优先序模型估计结果，我们可进一步分析并提出以下初步结论：

（1）大学生村官年龄对创业障碍因素判断有一定影响，主要体现在是否有合作者方面。根据模型估计结果，年龄越大的大学生村官对合作者比较关注，有合适的合作者将会促进其创业行动。

（2）性别对大学生村官创业障碍因素感知有较大影响，主要是在是否有合作者和社会关系两个因素方面。女性大学生村官对是否有创业合作者非常关注，有合适的合作者会促进其创业行动，这与女性的性格特点有关，当其有同行者而不是独行者时会促进其创业行为。而男性大学生村官强烈关注其自身社会关系现状，作为关系传统社会，好的社会关系对于提升创业成功率确实有较大的帮助。

（3）大学生村官初始出生地对创业障碍因素的感知主要体现在是否有社会关系方面，来自农村的大学生村官会更多地关注"社会关系"因素的影响。而工作地在偏远农村的大学生村官对"产品是否有销路"有强烈的敏感度，产品与市场的距离是影响初创企业生存的关键问题，是产品营销的重要关注点。从现实看，偏远农村的优质产品打开市场的难度很大，需要有比较好的营销策划来推广产品。

（4）大学生村官所读专业类别对其障碍因素的判断有较大影响。非理工农医类大学生村官对环境状况感知比较强烈，而理工农医类大学生村官则更多地关注创业合作者的选择。

（5）大学生村官的政治面貌及其选择担任大学生村官的职业选择动因对大学生村官创业的障碍因素感知强度有一定影响。中共党员大学生村官非常关注社会关系的影响，在职业选择动因中选择愿意在农村"建功立业"的大学生村官对社会关系关注度也较高，而职业选择因其他动因的则对产品是否有销路高度关注。

（6）变量"婚姻""文化程度"则在上述 9 个模型中的表达均不明显。

第六章

大学生村官创业政策满意度评价分析

创业政策是影响创业意向主体创业选择的重要外部因素。大学生村官创业受到相关政策影响较大，尽管目前国家相关部门及行业机构针对大学生村官创业制定出台了诸多政策支持措施，包括资金获得、用地税收优惠、用工补偿、技术帮扶、项目补助等各方面。但这些政策措施实际效果如何？是否促进了大学生村官创业？大学生村官对此是否满意？这些都需要我们做进一步分析。

顾客满意度理论是比较好的分析工作。顾客满意研究兴起于 20 世纪 70 年代，最早的文献可追溯到 1965 年卡多佐（Cardozo）发表的"顾客的投入、期望和满意的实验研究"。其后迅速在经济发达国家受到广泛重视和实践应用。顾客满意度指数（customer satisfaction index，CSI）是目前国内外质量领域和经济领域一个非常热门而又前沿的话题。瑞典最先于 1989 年建立起顾客满意度指数模型。之后，德国、加拿大等 20 多个国家和地区先后建立了全国或地区性的顾客满意指数模型。1989 年，美国密歇根大学商学院质量研究中心的科罗斯·费耐尔（Claes Fornell）博士总结了理论研究的成果，提出把顾客期望、购买后的感知、购买的价格等方面因素组成一个计量经济学模型，即费耐尔逻辑模型。这个模型把顾客满意度的数学运算方法和顾客购买商品或服务的心理感知结合起来。以此模型运用偏微分最小二次方求解得到的指数，就是顾客满意度指数。美国顾客满意度指数（ACSI）也依据此指数而来，它是根据顾客对在美国本土购买、由美国国内企业提供或在美国市场上占有相当份额的国外企业提供的产品和服务质量的评价，通过建立模型计算而获得的一个指数，是一个测量顾客满意程度的经济指标。

我国学者在诸多领域也运用顾客满意度理论对相关政策效果进行实证分析。如用于政府绩效评价，通过对我国政府公共服务的顾客满意度测量模型指标体系的构建，分析了顾客满意度测量在我国政府窗口服务部门实施的可行性。还有的运用费耐尔模型具体评价我国公共服务及公共基础设施供给满意度等。通过对现有文献的梳理，相关创业政策对大学生村官创业会带来影响。当然，大学生村官个体特征、家庭特征、工作地特征等都可能会影响大学生村官对创业政策的满意度。因此，我们将运用费耐尔模型，意图了解大学生村官对创业政策的实际感知，并进一步分析影响大学生村官满意度的主要因素。

第一节　分析框架

根据对目前大学生村官创业扶持相关政策文本的分析，大学生村官创业扶持政策主要有创业培训支持、创业项目推荐、创业园区供给、用地优惠政策、政府服务优化、借贷资金扶持、技术信息咨询、税收减免8个方面的主要扶持政策。大学生村官对这些具体政策的评价会影响其对创业扶持政策的总体满意度评价。另外，大学生村官的年龄、性别、婚姻状况、文化程度、专业类别、政治面貌、工作地远近、个人收入水平、家庭收入水平等因素主要是通过影响各项具体创业政策进而影响其对创业扶持政策的总体满意度评价。因此，我们大学生村官对8项具体政策的评价作为中介变量，将大学生村官个体特征、家庭特征和工作地特征等因素作为初始变量，通过路径分析，揭示初始变量和中介变量对创业扶持政策总体满意度的影响机理，分析框架如图6-1所示。

其中，因变量设为定距变量，对其测量采用对答案直接赋值的方式，从表示"自己根本没有享受到此类政策，满意度很低"到"享受到此类政策，满意度很高"分别赋值1~7分（部分为7分）。中介变量同样为定距变量,对各中介变量选择同样使用直接赋值的方法,从"满意度很低"到"满意度很高"分别赋值 1~7 分。初始变量包括:(1)个体特征。主要有年龄、性别、婚姻状况、文化程度、专业类别。(2)家庭特征。主要有家庭收入、家庭人口。(3)村域特征。主要有工作地远近、经济水平。

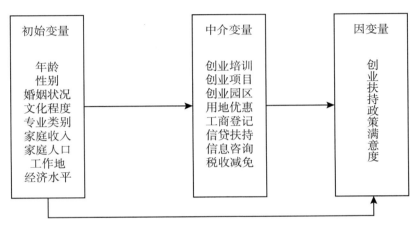

图 6-1 政策满意度分析框架

统计数据显示(见表 6-1),从特征值来看,调查对象年龄均在 35 周岁以下,以男性为主,主要是未婚。现有调查对象中创业的大学生村官总体文化程度集中在大学专科层次,这是否意味着高职院校学生在实践操作层面及改变现状的愿望更强?在"双创"背景下,高职院校人才培养过程中确实更看重创业意识的教育,这为他们今后创办企业打下了比较好的基础。调查对象家庭年收入大部分在 2.5 万元以下,家庭收入相对偏低,他们有比较大的生活压力。为改变家庭现状,大学生村官们有比较强的意愿通过创业来实现家庭经济收入状况的改善。

表 6-1　　　　　　　　初始变量描述统计量

初始变量名称	评价赋值区间	极小值	极大值	均值	标准差
发展水平	1~3	1	3	1.67	0.724
年龄	1~5	1	4	2.20	1.082
性别	0~1	0	1	0.87	0.352

初始变量名称	评价赋值区间	极小值	极大值	均值	标准差
婚姻	0~1	0	1	0.4000	0.50700
文化程度	1~4	2	2	2.0000	0
是否城镇	0~1	0	1	0.5300	0.51600
父母收入	1~5	1	4	2.9300	1.28000
专业 B（理工农医类赋值为 0）	0~1	0	1	0.5333	0.51640
未成年数	0~4	0	4	0.9300	1.10000
收入区间	1~5	1	5	2.7300	1.38700

第二节　创业政策满意度评价统计

从调查结果来看，当前大学生村官对创业扶持政策总体满意度一般，得分均值为 3.71 分。而中介变量即各项创业扶持具体政策评价中，信息技术咨询得分最高，为 4.67 分；但在对用地优惠的政策评价中，平均分仅为 2.73 分；从各项具体政策看，信贷扶持、简化手续、技术信息、税收减免总体评价都还可以，但都属于 4~5 分之间，表明政策满意度略超过一般水平，但没有达到满意层次，与大学生村官预期还有较大差距（见表 6-2）。

表 6-2　　　　　　　　中介变量描述统计量

评价项目名称	评价赋值区间（分）	极小值（分）	极大值（分）	均值（分）	标准差
创业培训满意度	1~7	1	7	3.33	1.543
创业项目满意度	1~7	2	7	3.60	1.242
创业园区满意度	1~7	1	6	3.21	1.672
用地优惠满意度	1~7	1	7	2.73	1.580
工商登记满意度	1~7	1	7	4.00	1.852
信贷扶持满意度	1~7	1	7	4.00	1.512
信息咨询满意度	1~7	1	7	4.67	1.543

续表

评价项目名称	评价赋值区间 （分）	极小值 （分）	极大值 （分）	均值 （分）	标准差
税收减免满意度	1~7	2	7	4.50	1.557
创业政策总体满意度	1~7	2	6	3.71	1.326

第三节 创业政策满意度评价分析

为了解影响创业政策满意各因素的具体情况，我们进一步就创业政策满意状况进行实地调研。调研通过两个渠道：一是依托大学生村官管理部门就大学生村官创业政策现状进行面上梳理，了解大学生村官创业政策获得认同的现状；二是组织实地调研组，赴江西省赣州市辖县区与创业大学生村官进行面对面交流，详细了解大学生村官创业政策效果及其需求。

从总体上看，受农村发展环境和文化环境影响，在资金、项目等因素共同制约下，大学生村官农村创业面临诸多难点痛点，主要表现在以下四个方面：一是创业项目选择难。大学生村官在农村基层一线，由于主观能力的限制和客观条件的制约，要新建或获取具有较强创新性的创业项目相当困难。特别是大学生村官刚走出校门不久，自身资源有限，眼界也还不够开阔，要寻找到一个适合自己创业需要的项目往往难度较大；有的项目也会因土地流转缓慢而夭折。二是创业资金筹集难。不管从事何种类型的创业，创业初期的启动资金对于刚离开校园的大学生村官来说都是一个坎，尽管对大学生村官创业资金各地都有相应的倾斜政策，工商登记注册资本金也相对较低，但因为创业风险较高，如果大学生村官自身没有创业经历和资本积累，父母不能提供有力的资金支撑，亲朋好友不能给予力所能及的帮助，或者是创业模式不能吸引到资本的注入，这无疑会打消大学生村官在基层创业的梦想。三是帮扶政策获取难。从中央到地方，各地都鼓励大学生村官在基层一线创新创业，有不少地方还出台了扶持大学生村官创业的政策文件。然而，不少大学生村官反映很多的政策有效性偏弱、针对性不强，要真正想得到有关创业政策方面的帮扶还存在很多障碍性因素。同时，由于大学生村官队伍的流动性快，不少入职伊始开展的创业项目，由于大学生村官服务期满需要流出这支队伍，其创业项目往往也面临存续困境。四是创业企业运营难。由于绝大多数创业企业在基层农村，各方面的人才相对欠缺，生产运营人才、市场开发人才、产品推广人才、企业管理人才等都比较偏少，应对市场能力偏低。而且大学生村官本身的岗位工作任务也较重，有的不能全身心投入企业管理工作中，使得有的企业经营绩效很不理想。

从具体政策满意评价项目看：

（1）在创业培训方面。目前对于大学生村官入职培训和工作培训相对较多，主要内容侧重在如何融入农村基层、如何做好村务工作、如何与农民打交道等，对如何创业也有相应培训，但目前的培训只是面上的，缺乏有针对性地结合地方资源与特色的培训，培训中也是理论阐述多实践案例少、培训讲师传授多村官典型少。我们从当地的关于对大学生村官培训的文件通知中也看到，大学生村官培训内容设计上对于创业培训内容偏少。在同创业大学生村官的交流中，他们更多地流露出创业靠自己、成功看运气的思想，创业培训满意度偏低也是在情理之中。

（2）在创业项目方面。好的项目是成功的前提，好的项目需要打磨。大学生村官创业项目目前更多的是从农村集体经济组织中的原有项目进行挖掘，少数是亲戚朋友的推荐，很少是乡镇组织或村级组织牵线。当然，也有部分农产品销售项目是因为当地出现"卖难"问题倒逼出来的，但这种项目的连续性相对偏差，而且规范性也不够。而且很多创业项目遴选出来后，只是大学生村官在同村级组织负责人进行沟通后，由大学生村官确定自己是否可以去做；但对于如何做、协同做等项目实施中需注意的问题考虑很少。

（3）在创业园区方面。大学生村官创业项目规模小、产值低。在我们调查中，目前还没有大学生村官的创业项目进入园区。也有的大学生村官并不知道本地有创业园区，对创业园区入驻条件和要求知之甚少。从我们的面上调研也发现，大学生村官对创业园区政策满意度低于均值，排在倒数第二位。

（4）在用地优惠方面。从大学生村官创业实践看，他们的创业项目多与农业有关，有的是种植养殖类项目，有的是农产品销售类项目，有的是加工类项目。这些涉农项目大多需要占用较多的土地（耕地），但按照农村集体土地政策，土地流转相对困难、相对缓慢。由于大学生村官服务期又短，在现行政策框架下，他们不太容易快速地获得创业所需土地，这也使得大学生村官总体创业比重偏低，对政策满意度评价也偏低。

（5）在工商登记方面。目前各地对大学生村官自主创业从事个体经营和成立小微企业的，免收各类行政事业性收费。允许大学生村官创业中把符合条件的住宅、农用场地作为企业的经营场所，进行工商注册登记。大学生村官自主创办企业的，除法律、法规另有规定外，注册资本最低限额比其他群体创业企业都要低，而且还允许首期注册为零，注册资本在两年内到位。但在大学生村官看来，因为他们本来在村服务期就较短，这种措施很难得到他们的认可。有的还鼓励大学生村官以知识产权、实物资产、科技成果等可评估资产作价出资，允许以股权出质融资，而事实上他们自己也承认很难达到这一要求。

（6）在信贷扶持方面。大多数地方都建立了由财政资金引导的大学生村官创业资助金，资助金作为担保金纳入政府小额担保贷款担保基金管理，用于支持大学生村官贷款担保。担保方式采取大学生"村官"担保、三户联保、自然人担保、抵押等多种形式；贷款实行本人申请、所属组织部门推荐等。但大学生村官申请人较少，认为靠借钱怕难以为继、易影响自身后期发展。

（7）在信息咨询方面。创业信息咨询与政府政策宣传的策略和渠道有关，宣传的形式和力度往往会影响到政策宣传的效果，同样也影响到个体接受政策的体验。从现实看，目前大学生村官对相关政策的知晓度较高、认同度也不低，这与大学生村官群体的知识素养、接受能力有关。特别是现在农村通信设施发展较快，信息化水平有了较大提升，他们与外界的接触也较多。同时，服务型政府的建设进一步提高了政务服务水平和能力，很多大学生村官向上反映问题、寻求解决问题的渠道进一步拓展，为大学生村官开展工作提供了更加便利的条件。

（8）在税收减免方面。大学生村官创办企业可按照有关规定免交各类行政事业性收费，减免有关税收，享受小额担保贷款及免于提供反担保和免费创业培训。由于创业大学生村官大都是涉农项目创业，本身很多税收项目没有，因此大学生村官也没有对这一政策不满意，很多人也基本上没有什么感觉。但认为至少给予他们心理上一定的安慰，让他们能安心创业而不用操心交税费的问题。

第四节 简要政策建议

从面上调查和访谈调查看，大学生村官对创业政策满意度评价偏低，对各评价项目评价总体不高。要提高大学生村官对创业政策的满意度还需从以下方面着手：

一是提高创业扶持政策的针对性。从现实看，要结合大学生村官农村创业特点和实际需求改进创业支持类别、优化创业扶持政策体系。大学生村官管理部门特别是县级组织部门可通过财政、商务等部门打磨大学生村官创业项目，可引进专业化创业服务机构对大学生村官创业项目进行梳理，提高项目实施的可能性和成功率。

二是增强创业培训内容的有效性。要根据大学生村官需求，增强大学生村官创业技能培训。要针对已创业大学生村官进行一对一、点对点的辅导培训，提高大学生村官公司运营、产品设计、成本控制等方面的知识能力，提升大学生村官的市场敏感性、意志坚韧性，培育大学生村官的创业精神。

三是突出创业政策宣传的精准性。要加强大学生村官创业相关政策的解读和宣传，使之能更好地知晓创业扶持政策，提升创业意愿；要加大创业大学生村官事迹的宣传力度，也可在当地举办创业宣讲会，让创业大学生村官介绍自己的创业故事，引导大学生村官在农村积极创业。

四是注重创业政策体系的整体性。创业是一个系统工程，创业扶持政策应从创业过程中进行流程和内容的优化。政策设计时可考虑从创业意愿提升、创业行为推进、创业行动引导、创业绩效改进等方面进行整体设计，在创业教育培训、创业项目遴选、创业区域选择、创业行业进入、创业资金保障、企业产品优化、企业员工选拔、企业运营管理、企业市场推广、创业事迹推介、职业发展路径等方面进行系统梳理，使大学生村官想创业、敢创业、能创业，增强大学生村官创业的信心和能力，切实提高大学生村官创业成功率。

创业压力与大学生村官的
创业选择分析

实现"十三五"期间人民生活水平普遍提高，实现贫困人口脱贫、贫困县摘帽，彻底解决整体性贫困问题，是党中央确保到 2020 年实现全面建成小康社会宏伟目标的主要任务。中共中央党的十八届五中全会提出，加大对革命老区、民族地区、边疆地区、贫困地区的转移支付。2015 年习近平总书记在中央扶贫开发工作会议上强调，要坚决打赢脱贫攻坚战，确保到 2020 年脱贫奔小康。广大大学生村官就奋战在基层脱贫攻坚一线，其中还有很多大学生村官带头创业走上富民兴盛之路，为农村发展注入了新动力，这样既有利于自身的长远发展，又能够帮助农村脱贫致富，已逐渐成为一种双赢的选择。在国家积极提倡大众创业的背景下，这必将进一步促进大学生村官进行创业富民。据统计，在 2015 论坛发布的《2015 中国大学生村官发展报告》中的数据显示，全国大学生村官 180960 人中，有 22706 名大学生村官自主创业，创办了各类创业项目近 17000 个，此外还领办合办合作社 4293 个，为农民群众提供就业岗位达到 22 万多个。近年来大学生村官扎根农村大地的实际表现证明，他们将持续在新农村发展建设和"双创"的时代热潮中发挥重要作用。大学生村官作为农村发展建设中的重要力量，通过积极引导大学生村官的创业行为、提高大学生村官的创业绩效，对于推动农村发展、加快农村振兴步伐、实现区域经济协调发展具有重要意义。

大学生村官的参与，不仅传播了新思想和新技术，使得当地村民的收入有了很大提升，更加推动了当地的经济发展。这种大学生村官参与新农村建设的新生事物，是顺应时代的发展，有其合理性和必然性。一方面，它在一定程度上解决了现阶段基层、农村的人才短缺问题，另一方面，也解决了应届毕业生就业难的问题。随着计划不断的深入发展以及中央把大学生村官创业作为一项战略来实施，它本身已经具备更加重要的战略意义了。为了给人才理论和社会主义新农村建设理论的研究提供资料和佐证，还应该系统地分析各大高校在大学生创业教育方面的经验和研究。同时，随着时代的发展，促进大学生村官就近就地创业已经势在必行。第一，可以确保社会主义事业的发展有一批优秀的年轻人来接班；第二，可以优化农村基层干部的队伍结构，使得党在基层的地位加以稳定和巩固。大学生村官毕业后来到农村基层创业，不仅可以锻炼他们吃苦耐劳的意志，还可以为他们提供就业平台，在这个平台上发挥主观能动性，促使他们不断成长成才。

第一节　文献综述

自 2008 年大学生村官工作计划在全国推进以来，大学生村官研究得到了学术界的高度重视。随着大学生村官在农村作用发挥路径的拓宽和延伸，大学生村官创业问题的研究开始受到学者们的关注。刘西忠（2011）指出大学生村官创业不仅可以增加农民的收入，带动农村经济发展，还可以增长自身才干、实现自身的价值。所以政府应该正确引导大学生村官创业，鼓励更多的大学生村官投身于这项事业中。聂邦军（2011）研究分析，作为大学生村官创业的重要环节，只有在建立健全大学生村官创业的政策扶持体系和长效机制的基础上，才能保障其顺利推进。

基于大学生村官创业压力，现有研究主要从以下方面展开。一是大学生村官创业政策精准度不够高。徐和昆（2010）认为大学生在创业过程中缺乏依据，如相关性的规定，就算允许大学生村官利用工作的时间来创业，却也保证不了其拥有充足的精力与时间。陈曼曼（2013）研究了怎样

创业环境、自我效能与大学生村官创业

去完善支持大学生的创业环境，强调了政策性指导，尤其在大学生村官创业富民方面，缺乏创业保障政策，指导政策配套不完善，国家层面的具体指导更是欠缺，所以对于大学生村官来说，愿意选择自主创业的越来越少。二是大学生村官创业资金缺乏。徐和昆（2010）指出大学生村官创业融资优惠政策难以执行到位，导致创业融资相当困难，并且缺少良好的融资途径和渠道。秦彬（2012）在对凤阳县大学生村官创业情况调查后得出结论，大学生村官创业首要缺乏的是资金支持，再就是缺乏相关政策扶持，使得大学生在创业投资中过于谨慎，瞻前顾后，勇气不够，缺乏决心，不能放开手脚去把创业工作做好。又有可能是因为资金的缺乏，促成心有余而力不足的情况，白费和丢失了许多有利于企业发展的良好机会。三是大学生村官创业服务体系不完备。谢志远（2010）从各地实际情况出发，梳理大学生村官创业存在的问题，得知原因是服务配套体系还不健全，配套措施也不够及时到位。2010 年徐和昆在《大学生"村官"创业研究——以温州市为例》中指出应保证相应的配套服务，除了创业扶持资金之外，如果对配套政策及服务体系给予支持，就可以较大地减少大学生村官在创业方面的压力，对于大学生村官创业的成功率也会有很大的促进和提升。四是大学生村官自身问题。学者们普遍认为，大学生村官本身拥有诸多优势，比如具有较高层次的知识水平和思想水平，较强的思维能力和行动能力，较快的信息收集和反馈能力。但是也有学者指出，大学生村官不可避免也存在自身的弱点和缺陷，主要集中体现在心理成熟度不高、承受压力与挫折的能力不强，对未知的困难与挫折往往心理准备不足，加上创业经验缺乏，创业资金不足等困难；其次是在管理方面缺乏能力，办事的效率不高，缺乏对创业的理性有中肯认识，缺乏创新创业的能力素质等方面，都要求大学生村官有正确理性的认知，对待工作要脚踏实地，充满热情，虚心请教别人，对于法律法规也要认真学习，尤其是在创业方面的法律知识以及专业技术，去粗取精，以达到补齐自己的创业短板的目的，同时还要善于吸取经验教训，大大提高自身组织协调、应对复杂矛盾和处置突发事件等各方面的能力和素质。

对于大学生村官创业压力影响因素研究现状主要考虑：一是关于大学生村官的创业环境。甄若宏等（2013）发现区域经济与创业存在非常重要的联系，经济发展水平对是否创业发挥着关键性的作用，往往是越发达的地区创业的更多，成功率也相对更高。谢志远等（2010）、张志华（2011）指出，大学生村官进行创业，需要创设比较好的创业支持环境，以减轻其创业负担。刘慧（2011）在对江苏连云港市大学生村官创业问题调查时发现，有18.7%的大学生村官把创业富民作为自身首要工作任务，但由于农村客观条件限制，难以找到合适的创业项目。二是关于大学生村官的创业教育。目前国家层面的创业教育尤其是大学生村官的创业教育还处于新生状态，完整的创业课程还并没有正式纳入大学的教育管理体系，所以总体来说，大学生村官的创业观念还较欠缺，创业意识也不够高。李娅和陈伟（2007）认为，我们现在处于解决大学生就业问题的层面，现有的创业教育也更多还是停留在理论和书本阶段，而真正所缺的是创业实践。陈长洋等（2009）指出，除了要进行创业培训、实战课程教导，更要加强具体创业项目指导和培育。三是关于大学生村官的创业政策方面。万银峰（2007）认为，要激励大学生村官通过创业效益来提高收入水平，特别要在创建项目上给予一定的帮扶，在政策方面要给予倾斜，并且加大创业基金的投入。袁晓辉和王卫卫（2011）发现，大学生村官创业除了需要创业者自身突出的素质和才干以外，还格外需要政府政策的支持。四是关于大学生村官的个性特征方面。为数极少的关注大学生村官创业的研究也仅是从创业模式、创业政策、创业教育等方面展开。李永强等（2008）的研究表明，内生态度对个性特征的影响更为显著，有享受挑战、实现个人成就、追求独立等个性的学生个性特征更为强烈。五是关于大学生村官的能力素质方面。学者们一致表示当代大学生文化程度较高、理论和专业知识较为丰富，思维活跃、见识新生事物多而广，有立体思维和很好的想象力，但同时也具有其自身的缺陷性。首先大学生村官刚刚走出校园社会实践能力缺乏，心理成熟度不高、承受压力与挫折的能力不强，社会人脉缺乏并且维系能力弱等；其次是大学生村官对自我的管理和职业规划能力较差，对创业缺乏理性和全方位的认识，对未来特别是创业方面没有一个长远的打算，对很多事情较为盲目乐观，往往对困难估计不足，处理和应付不够得力等，所以大学生村官应该正确认识自我、发展自我。而对于大学生村官创业帮扶机制研究。万银峰（2007）和刘春梅（2008）等均对大学生村官创业帮扶机制进行了一定研究，但是随着时间推移，相关政策转变，已有的建议意见有些已不能很好地适应如今工作的需要。因此，尽管有关大学生村官及其创业的研究已经取得了一定的成果，但是对大学生村官创业压力影响因素及其作用效果和程度，还研究得不够深入、阐述得不够全面，尤其是在构建长效机制保障大学生村官创业长远发展方面，还需要进一步研究探索。

第二节 研究目标设计及主要研究方法

大学生村官作为创业主体，他们以带动当地区域经济发展为目标，通过自身努力，旨在帮助当地村民脱贫致富以及解决自身出路的经济活动。倾向指的是发展变化的趋势。在这里大学生村官创业倾向指的是大学生村官对创业的意愿和可能性趋势。压力，情况的紧迫或紧张，一种认知和行为体验过程。在创业过程中，压力会对大学生村官创业产生负面影响与作用。选择是指挑选、选取，在这里是一个判断的过程，其决断受到动机、压力等因素的影响。同样，大学生村官创业选择是对一系列因素的判断下作出决断的过程。

为此，本书拟从三个方面介入。一是大学生村官创业压力因素指标体系构建。大学生村官创业压力因素指标体系是本书研究的起点和关键，本书将分别构建大学生村官创业压力影响指标，用费耐尔模型测量各项具体项目，从个体特征和创业环境两个方面来研究，个体特征包括个人基本信息和能力素质两个维度，创业环境又包括政策支持环境、经济发展环境和社会文化环境三个维度，并依此对大学生村官创业行为进行可行性分析。二是创业压力因素潜变量的测量。选取比较关键的五种创业压力因素进行分析，全面度量它们对大学生村官创业的影响大小是本书研究的难点。本书借鉴国内外学术界通常做法，根据模型构建掌握各创业压力因素对大学生村官创业行为的影响。三是创业支持策略的优化。本书试图了解个体特征、创业环境与创业倾向的关系。采用二元 Logistic 研究模型，了解上述两个方面、五个维度对大学生村官创业倾向的影响。并通过 Logistic 研究模型检验本书利用问卷调查收集的数据，对创业压力因素对大学生村官创业倾向的影响作用进行 Logistic 回归检验。

根据研究设计，为达到研究目标，我们采取了相应的研究方法。第一，文献法。为更全面地了解和掌握与本书相关的研究成果和主要观点，以更好地开展本书的研究，作者查阅了大量国内外与大学生村官以及创业有关的文献，并将这些文献进行了分类整理，系统地学习并在此基础上进行了一定的深入与创新，从而提出了本书的理论假设和基本研究框架。第二，调查研究法。我们设计的调查问卷都是立足本书的研究主体，主要包括村域特征、个体特征、家庭特征、创业环境、创业认知、创业意愿行为等方面内容。为了掌握区域大学生村官的创业基本情况，我们深入到了部分县、乡镇及山村，开展了有针对性的问卷调查工作。第三，典型案例法。为探寻大学生村官的创业特点以及存在问题，我们在调查研究的过程中，特别注意搜集了一些支持大学生村官创业激励政策以及面临的实际压力和困难，掌握一些成功（失败）的创业典型案例，在此基础上进行总结分析，以进行实际对照。第四，访谈法。在调查的过程中，采取直截了当的途径，到实地进行了面对面沟通；通过举办座谈会、面对面访谈等方式收集信息资料；同时还采用电话访问方式，以及网络新媒体等途径快速获取信息与资料，并且还访问了与他们有工作关系的基层人员，比如当地的干部及村民群众，以全面了解和掌握他们对大学生村官创业的建议及想法。

第三节 主要理论工具应用

一、马斯洛需求层次理论

美国心理学家马斯洛首创的一种理论，他认为人有五个不同层次的需求，最基本的是生理和安全需求，更高层次的是社会、尊重以及自我实现需求。他的理论特别强调的是，激励人行动的主要动力是人最迫切的需要。

二、社会认知理论

社会认知论是社会心理学的重要理论之一，这个理论主要是用来解释社会学习过程，关注的认知因素主要有记忆、动机、期望、信念以及自我强化等五个方面。

三、胜任力模型

胜任力模型构建的是选取一系列必要的不同素质要素组合，达到工作绩效目标以完成某项工作。这些素质要素主要包括行为动机、技能知识、形象特质与角色定位等方面。

四、舒伯的生涯发展理论

理论中把个人的职业生涯发展看成是一个持续渐进的过程，始终伴随着人的一生。其生涯发展论将发展心理学、自我心理学、差异心理学以及有关职业行为发展方向的长期研究结果进行有机综合，并整合成一个相对全面和完整的理论。

创业问题是当前我国政府和学术界关注的重点，农村市场活力不足是当今中国经济发展的重大难题。国务院积极推进简政放权，大力提倡大众创业，万众创新，公司注册改革的推进已进一步优化了创业环境，激发创业热情。根据国家明确的 2020 年行政村实现"村村有大学生"的目标，且创业富民又是大学生村官面临的首要任务，那么在全面建成小康社会、积极推进新型城镇化进程中及加快赣南等地区振兴发展的背景下，本章聚焦于大学生村官创业压力问题，意图通过压力缓解以推动更多大学生村官投入农村创业大潮，为实现乡村振兴战略提供源源不断的人才保证。

第四节 大学生村官创业的现状

我们主要以大学生村官创业压力影响因素为切入点，重点探究各压力因素对创业倾向分析、创业行为引导和创业策略优化的作用和机理。根据项目研究总体安排，本章分别从个体特征和创业环境两个方面来研究，个体特征包括个人基本信息和能力素质两个维度，创业环境则有三个维度，分别是政策支持环境、经济发展环境和社会文化环境，依据已有创业环境指标体系内容的进一步分析和探讨。

根据抽样调查对象和整群调查对象的问卷数据整理资料，在 330 个被调查的大学生村官中（见图 7-1），有男性 198 人，女性 132 人，分别占到总数的 60% 和 40%；文化程度中本科占主体、占到总数的 87.0%，研究生为 7.0%，大专为 3.9%，中专为 2.1%（见图 7-2）。

大学生村官中政治面貌中中共党员占大多数、占到总数的 70.9%，共青团员为 27.0%，民主党派为 0.3%，群众为 1.8%（见图 7-3）。

大多数大学生村官出生在中等地区和不发达地区，占到了总数的 97.6%，发达地区只有 2.4%（见图 7-4）。

大学生村官中已婚比例为 38.8%，未婚的比例为 61.2%（见图 7-5）。

在其个人收入来源中，村官工资收入占比为 78.8%（见图 7-6），而务工收入为 6.1%，务农收入为 3.3%，经营收入为 5.5%，其他为 6.4%。

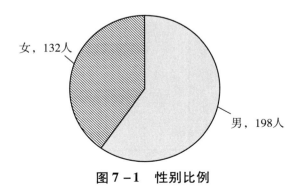

女，132人

男，198人

图 7-1 性别比例

创业环境、自我效能与大学生村官创业

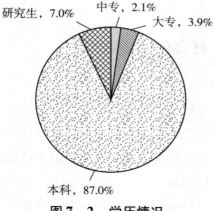

图 7-2 学历情况

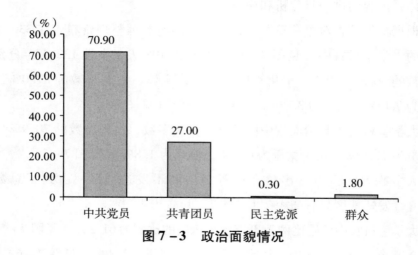

图 7-3 政治面貌情况

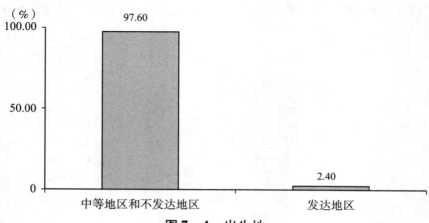

图 7-4 出生地

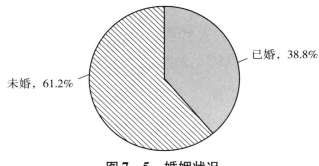

图7－5　婚姻状况

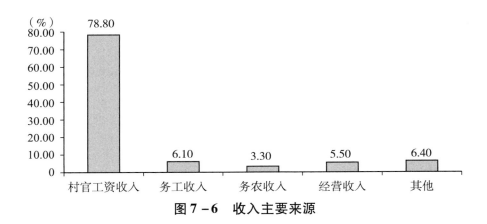

图7－6　收入主要来源

从年收入状况来看，在受访的大学生村官中，年收入在3万元以下的占比为82.1%，年收入在3万元以上的为17.9%（见图7－7）。与其收入主要来源相对应，大学生村官收入因为主要是村官的工资收入（即特岗的补助性收入），相对偏低。

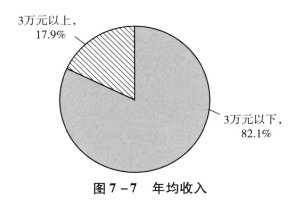

图7－7　年均收入

创业环境、自我效能与大学生村官创业

从调研数据来看，89.1%的村官在所在村担任两委委员或助理（见图7-8），但也有少数已担任村支部书记或村主任职务，这也说明部分大学生村官已经得到了村民的认同，这也将为他们更好地带领村民致富提供后续保障。

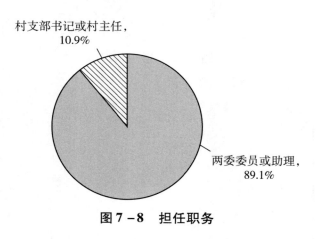

村支部书记或村主任，10.9%

两委委员或助理，89.1%

图7-8　担任职务

一、大学生村官创业意愿选择情况

为更进一步了解大学生村官的创业意愿，我们对抽样调查和整群调查问卷数据资料进行分析，在所调查的大学生村官中，有创业意愿的大学生村官数量过半，有54.2%的人愿意创业，45.8%的人不愿意创业。

关于创业形式，在所调查的大学生村官中，有22.4%的人选择个体创业，60.7%的人选择合伙创业，13%的人选择股份制创业，3.9%的人为其他形式。

关于创业区域，经统计调查问卷，在所调查的大学生村官中，只有28.5%的人选择在本村或是本乡镇创业，54.8%的人选择在本县创业，16.7%的人选择在县外创业。

关于创业行业，经统计调查问卷，在所调查的大学生村官中，有34.6%的人选择特色种植养殖业，14.2%的人选择加工业，2.7%的人选择小型工矿企业，14.9%的人选择参与服务业，1.8%的人选择运输业，16.1%的人销售服务业，11.5%的人选择农村旅游业，4.2%的人选择农业合作组织或协会。

关于创业行动，经统计调查问卷，在愿意创业的大学生村官中，有12.9%的人已创业。

在已创业的大学生村官中，对于其创业资金来源，71.4%是自有资金或是父母、亲戚支持（见图7－9）；在创业是否成功方面，认为很不成功的占到8.7%，认为很成功的为0（见图7－10）；去年企业年利润在6万元以下的占比为57.1%（见图7－11）；在企业知名度方面，认为没有知

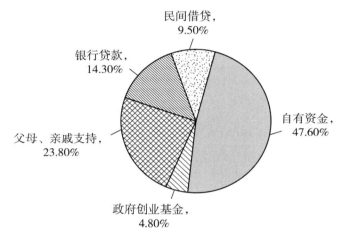

图7－9 创业资金来源

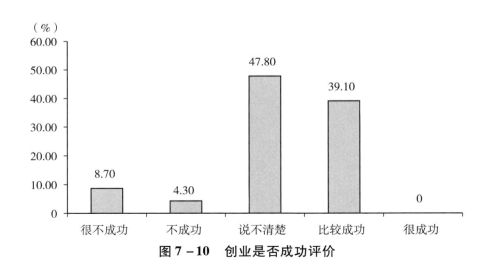

图7－10 创业是否成功评价

名度的比例为 34.8%，有一点知名度的比例 56.5%，较大知名度的只有 8.7%（见图 7-12）；在企业用工方面，5 人以下的小规模经营比例占到 43.5%，5~10 人的占到 21.7%，51~100 人的只有 4.3%，100 人以上的企业为 0（见图 7-13）；创办企业的融资渠道方面，认为较差的占到 52.2%，认为一般的占到 34.8%，认为较好的只有 13.0%（见图 7-14）；在创业政府支持方面，普遍认为政府均给予了支持，主要集中在企业培训和企业项目支持方面，分别占比为 47.8% 和 13.5%，但是在用地优惠、简化登记手续、信贷扶持、信息咨询和税收减免等方面，没有给予支持（见图 7-15）。

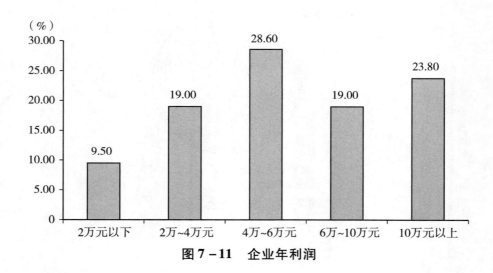

图 7-11　企业年利润

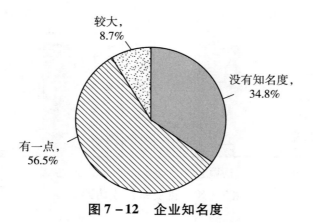

图 7-12　企业知名度

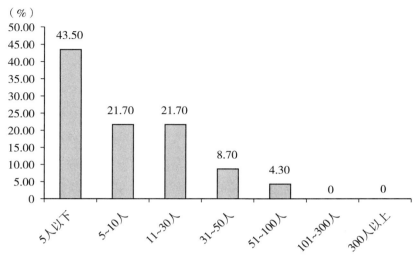

图 7－13　企业用工情况

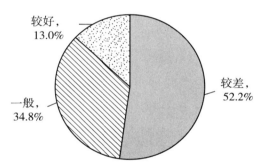

图 7－14　企业融资

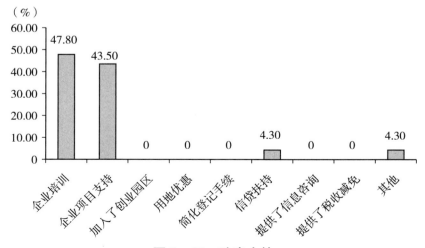

图 7－15　政府支持

二、大学生村官创业面临的困难

（一）缺动力，不愿创业

大学生村官工作在农村基层一线，工作条件和生活环境与大学时的"象牙塔"相比还是有比较大的差异，与大学生的身份有差距，导致他们的思想波动较大，对创业的态度和理解不尽相同。通过问卷统计，我们主要从创业意愿、所在地的创业资源、选择当大学生村官的理由、风险偏好、亲属身份、政府关系、政府提供的税收政策、创业项目、家人的理解和支持等方面进行分析，以期掌握大学生村官个人创业动力的实际情况。

（1）怀着"考"的愿望。大学生村官对岗位职责和身份定位的理解不尽相同，导致相当一部分大学生村官把主要的心思和精力放在公务员或事业单位的备考上，尽最大努力成为一名正式在编的国家干部，而现有的村官身份仅被当成过渡性的工作岗位，从而使得创业意愿不强烈。许多大学生当初选择考取村官，最主要的理由是想在基层建功立业占比为24.2%，其次是优惠政策吸引占比为23.0%，迫于就业的压力占比为18.8%，作为跳板占比为17.0%，受其他人影响占比为5.2%，其他方面的为11.8%（见表7-1）。由此可见，大学生村官岗位只是很多大学生就业的一个跳板和锻炼的平台，在任村官期间进行创业，并不是很多人的第一选择。

表7-1 选择当大学生村官的理由

类别	人数	比例（%）
迫于就业的压力	62	18.8
优惠政策吸引	76	23.0
作为跳板	56	17.0
想在基层建功立业	80	24.2
受其他人影响	17	5.2
其他	39	11.8

此外，经问卷统计，在调查的大学生村官中，有33%与其有直接关系的人担任村干部或公务员（见图7-16），以及有67.3%的人与政府工作人员有良好关系（见图7-17），在得到家人的理解和支持方面，非常支持和认同的比例及程度都不是很高（见表7-2）等，这些方面都对大学生村官进行创业产生一定的难度。

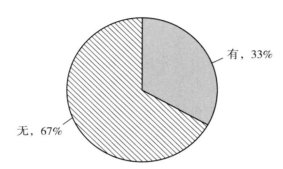

图7-16 直接关系人担任村干部或公务员情况

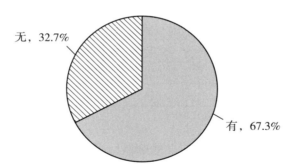

图7-17 与政府工作人员有良好关系

表7-2　　　　　　　　创业能得到家人的理解和支持

认同感排序	人数	比例（%）
1	7	2.2
2	24	7.3
3	64	19.4
4	74	22.4
5	81	24.5

续表

认同感排序	人数	比例（%）
6	48	14.5
7	32	9.7

注：数字越大表示越认同该内容。"1"表示自己完全不认同该评价项目内容；"2"介于1~3；"3"表示对评价项目认同感较低；"4"表示对评价项目认同度一般；"5"表示比较认同；"6"介于5~7；"7"表示对评价项目认同度很高。

（2）存在思想顾虑。部分大学生村官对创业知之甚少，甚至是全然不知，对如何创业以及怎样创业没有概念，本就不知创业，更加担心创业失败，存在较大的思想压力和包袱，也很害怕和难以承担创业带来的风险、困难。经问卷统计，在调查的大学生村官中，风险偏好属于中间型或是保守型达到85.8%，只有14.2%属于冒险型（见表7-3）。

表7-3　　　　　　　　　风险偏好

类型	人数	比例（%）
冒险型	47	14.2
中间型	202	61.2
保守型	81	24.6

此外，对于创业不确定性带来的刺激以及承受风险的能力，非常支持和认同的比例及程度都不是很高（见表7-4和表7-5）。

表7-4　　　　　　　　喜欢创业不确定性带来的刺激

认同感排序	人数	比例（%）
1	17	5.1
2	39	11.8
3	70	21.2
4	103	31.2
5	59	17.9

续表

认同感排序	人数	比例（%）
6	25	7.6
7	17	5.2

注：数字越大表示越认同该内容。"1"表示自己完全不认同该评价项目内容；"2"介于1~3；"3"表示对评价项目认同感较低；"4"表示对评价项目认同度一般；"5"表示比较认同；"6"介于5~7；"7"表示对评价项目认同度很高。

表 7 - 5　　　　　如果创业有利可图，我有信心承担更大风险

认同感排序	人数	比例（%）
1	10	3.0
2	28	8.5
3	60	18.2
4	89	27.0
5	93	28.2
6	29	8.8
7	21	6.3

注：数字越大表示越认同该内容。"1"表示自己完全不认同该评价项目内容；"2"介于1~3；"3"表示对评价项目认同感较低；"4"表示对评价项目认同度一般；"5"表示比较认同；"6"介于5~7；"7"表示对评价项目认同度很高。

（3）心态上安于现状。就目前来说，现在就业形势严峻，大学生村官与企业工作相比，工作比较安稳，并且在一个熟悉的环境时间长了，人的心理容易产生惰性，斗志和意志都会大幅下降，人也慢慢变得消沉，导致很多大学生村官容易满足于现状。经问卷统计，在调查的大学生村官中，关于当地创业资源，有91.8%的人认为根本没有或是有一些，只有8.2%的人认为有很多资源（见表7-6）；关于创业意愿，个人非常认同的比例和程度不是很高，如表7-7所示。这些都对大学生村官创业产生一定的难度，导致大学生村官有畏难情绪。

此外，在政府支持方面，比如提供优惠的税收政策、提供创业项目等方面，由于支持方面不是很到位，对大学生村官创业产生一定的负面影响，如表7-8和表7-9所示。

創業环境、自我效能与大学生村官创业

表7－6

表7－6 所在村是否有合适的创业资源

项目	人数	比例（%）
根本没有	41	12.4
有一些	262	79.4
有很多	27	8.2

表7－7 创业意愿强度感知

认同感排序	人数	比例（%）
1	16	5.0
2	26	7.9
3	56	17.0
4	75	22.7
5	72	21.8
6	49	14.8
7	36	10.8

注：数字越大表示越认同该内容。"1"表示自己完全不认同该评价项目内容；"2"介于1~3；"3"表示对评价项目认同感较低；"4"表示对评价项目认同度一般；"5"表示比较认同；"6"介于5~7；"7"表示对评价项目认同度很高。

表7－8 政府会提供优惠的税收政策

认同感排序	人数	比例（%）
1	9	2.8
2	14	4.2
3	65	19.7
4	107	32.4
5	61	18.5
6	35	10.6
7	39	11.8

注：数字越大表示越认同该内容。"1"表示自己完全不认同该评价项目内容；"2"介于1~3；"3"表示对评价项目认同感较低；"4"表示对评价项目认同度一般；"5"表示比较认同；"6"介于5~7；"7"表示对评价项目认同度很高。

表 7-9   政府会提供创业项目

认同感排序	人数	比例（%）
1	14	4.3
2	42	12.7
3	70	21.2
4	87	26.4
5	70	21.2
6	32	9.7
7	15	4.5

注：数字越大表示越认同该内容。"1"表示自己完全不认同该评价项目内容；"2"介于 1~3；"3"表示对评价项目认同感较低；"4"表示对评价项目认同度一般；"5"表示比较认同；"6"介于 5~7；"7"表示对评价项目认同度很高。

（二）缺技能，不敢创业

所学专业以及工作经历等方面对大学生村官创业均有很大的限制和制约，较为普遍的现象是，作为大学生，有较为丰富的专业方面的知识，但是缺乏创业技能，往往导致创业不了了之，"无疾而终"。通过问卷统计，从专业类别、技术专长、知识技能、创业教育培训、参加创业项目等方面进行分析，掌握大学生村官个人创业技能的实际情况。

（1）专业限制较明显。通过调查问卷统计，涉农或是管理类的专业比较少，比例为 13.3%，财经类也只有 21.5%。其他专业如理工类为 26.7%、法学类为 8.2%、教育类为 4.5%、医学类为 0.3%。还有其他各类专业毕业大学生村官占 25.5%，这些专业所学专业知识与创业的关联度较低，缺乏必要的专业知识支撑，以致很多大学生村官缺乏创业技能而不愿创业（见表 7-10）。

表 7-10   所学专业

类别	人数	比例（%）
农业类	41	12.4
理工类	88	26.7
管理类	3	0.9

类别	人数	比例（%）
医学类	1	0.3
财经类	71	21.5
法学类	27	8.2
教育类	15	4.5
其他	84	25.5

（2）工作经历太单一。大学生村官的主要来源是高校的应届毕业生，换句话说，大学生村官大都是直接从校门走向社会的毕业生，一毕业就进入工作岗位，直接深入到农村一线工作，实际的工作经验和职场经历还是有些缺乏，创业经历更是欠缺。关于在校期间参加过有关创业项目，经统计，个人非常认同的比例和程度不是很高，如表7-11所示。

表7-11　　　　　　　　在校期间参加过有关创业项目

认同感排序	人数	比例（%）
1	43	13.1
2	43	13.0
3	67	20.3
4	75	22.7
5	58	17.6
6	30	9.1
7	14	4.2

注：数字越大表示越认同该内容。"1"表示自己完全不认同该评价项目内容；"2"介于1~3；"3"表示对评价项目认同感较低；"4"表示对评价项目认同度一般；"5"表示比较认同；"6"介于5~7；"7"表示对评价项目认同度很高。

（3）创业知识有局限。一些大学生村官有很好的创业想法，也有强烈的创业意愿和热情，但是缺乏创业知识和经验，比如在成本核算、营销策略、市场调查等专业知识方面很欠缺，对在创业手续办理、程序流程等多方面都不够了解，风险意识较差，导致他们经常吃亏、受挫，进而有不少人逐渐萌生退意。关于在校期间曾经接受过相关创业教育培训、在校期间参加过有关创业项目以及本地会举办创业培训，经统计，个人非常认同的比例和程度不是很高，如表7-12和表7-13所示。这些都对大学生村创业产生一定的难度，导致大学生村官有畏难情绪，不敢创业。

表7-12　　　　　　在校期间曾经接受过相关创业教育培训

认同感排序	人数	比例（%）
1	36	10.9
2	27	8.2
3	72	21.8
4	88	26.7
5	59	17.9
6	29	8.8
7	19	5.7

注：数字越大表示越认同该内容。"1"表示自己完全不认同该评价项目内容；"2"介于1~3；"3"表示对评价项目认同感较低；"4"表示对评价项目认同度一般；"5"表示比较认同；"6"介于5~7；"7"表示对评价项目认同度很高。

表7-13　　　　　　　　本地举办创业培训

认同感排序	人数	比例（%）
1	16	4.8
2	36	10.9
3	88	26.7
4	72	21.8
5	66	20.0
6	28	8.5
7	24	7.3

注：数字越大表示越认同该内容。"1"表示自己完全不认同该评价项目内容；"2"介于1~3；"3"表示对评价项目认同感较低；"4"表示对评价项目认同度一般；"5"表示比较认同；"6"介于5~7；"7"表示对评价项目认同度很高。

（三）缺资金，无法创业

资金原始投入是进行创业的基础，大学生村官由于收入、家庭背景的

创业环境、自我效能与大学生村官创业

原因，创业资金严重欠缺，导致无法创业。通过问卷统计，从年均收入、与国有银行及政府机构关系、政府提供用地优惠政策、融资渠道、政府创业基金或补贴、信贷担保方式等方面进行分析，掌握大学生村官个人创业资金的实际情况。

（1）"草根"较多，家底较薄。在进行调查的大学生村官里应届毕业生较多，根据已有数据，绝大多数大学生村官出生在中等地区和不发达地区，占到了总数的97.6%；大多数大学生村官收入不高，年收入在3万元以下的占比为82.1%，这显示了家里供养完成学业已实属不易，缺乏用于创业的"第一桶金"。经统计，能借到5000元以上的人数大约有330人，其中，10个人以下的比例为86.9%、占了绝大多数，11～20个比例为10.6%，20人以上的仅为2.4%，如表7-14所示。因此，除了从亲戚朋友那里筹集到部分资金外，尚有很大缺口，导致大学生村官承担不起创业失败的风险。

表7-14　　　　　　　　能借5000元以上的人数

能借5000元以上的人数	受访人数	比例（%）	累计比例（%）
0	21	6.5	86.9
1	16	4.8	
2	22	6.7	
3	41	12.4	
4	14	4.2	
5	54	16.4	
6	21	6.4	
7	11	3.3	
8	7	2.1	
9	6	1.8	
10	74	22.4	
12	1	0.3	10.6
13	2	0.6	
15	7	2.1	
16	3	0.9	

能借 5000 元以上的人数	受访人数	比例（%）	累计比例（%）
18	1	0.3	
19	1	0.3	10.6
20	20	6.1	
25	4	1.2	
30	2	0.6	2.4
50	2	0.6	

（2）政策欠细化，操作难度大。目前，如果大学生村官需要贷款，县就业局小额贷款就需要行政事业单位的工作人员作担保，通过农商银行进行工资抵押的额度小（本身村官的报酬低，不敢贷），在规费减免、税收优惠等方面规定比较笼统，没有明确细化，人为因素较多。经问卷调查统计，在与国有银行及政府机构关系方面，只有33%的人认为有良好关系，如图 7-18 所示。

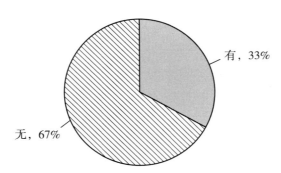

图 7-18　与国有银行及政府机构关系

此外，在政府提供用地优惠政策、融资渠道、银行提供的低息贷款、政府创业基金或补贴、信贷担保方式等方面，经统计，个人非常认同的比例和程度不是很高，如表 7-15 至表 7-19 所示。这些都对大学生村创业产生一定的难度，导致大学生村官缺乏创业资金，无法创业。

创业环境、自我效能与大学生村官创业

表7-15　　　　　　　政府会提供用地优惠政策

认同感排序	人数	比例（%）
1	8	2.4
2	32	9.7
3	64	19.4
4	102	30.9
5	68	20.6
6	27	8.2
7	29	8.8

注：数字越大表示越认同该内容。"1"表示自己完全不认同该评价项目内容；"2"介于1~3；"3"表示对评价项目认同感较低；"4"表示对评价项目认同度一般；"5"表示比较认同；"6"介于5~7；"7"表示对评价项目认同度很高。

表7-16　　　　　　本地有多种可供选择的融资渠道

认同感排序	人数	比例（%）
1	16	4.9
2	34	10.3
3	69	20.9
4	99	30.0
5	69	20.9
6	34	10.3
7	9	2.7

注：数字越大表示越认同该内容。"1"表示自己完全不认同该评价项目内容；"2"介于1~3；"3"表示对评价项目认同感较低；"4"表示对评价项目认同度一般；"5"表示比较认同；"6"介于5~7；"7"表示对评价项目认同度很高。

表7-17　　　　　本地容易获得银行提供的低息贷款

认同感排序	人数	比例（%）
1	15	4.5
2	39	11.8
3	67	20.3
4	87	26.4
5	69	20.9

续表

认同感排序	人数	比例（%）
6	33	10.0
7	20	6.1

注：数字越大表示越认同该内容。"1"表示自己完全不认同该评价项目内容；"2"介于 1～3；"3"表示对评价项目认同感较低；"4"表示对评价项目认同度一般；"5"表示比较认同；"6"介于 5～7；"7"表示对评价项目认同度很高。

表 7－18　　　　　本地容易获得政府的创业基金或补贴

认同感排序	人数	比例（%）
1	12	3.7
2	38	11.5
3	76	23.0
4	84	25.5
5	81	24.5
6	23	7.0
7	16	4.8

注：数字越大表示越认同该内容。"1"表示自己完全不认同该评价项目内容；"2"介于 1～3；"3"表示对评价项目认同感较低；"4"表示对评价项目认同度一般；"5"表示比较认同；"6"介于 5～7；"7"表示对评价项目认同度很高。

表 7－19　　　　　本地创业有多种信贷担保方式

认同感排序	人数	比例（%）
1	4	1.2
2	36	10.9
3	86	26.1
4	97	29.4
5	61	18.5
6	31	9.4
7	15	4.5

注：数字越大表示越认同该内容。"1"表示自己完全不认同该评价项目内容；"2"介于 1～3；"3"表示对评价项目认同感较低；"4"表示对评价项目认同度一般；"5"表示比较认同；"6"介于 5～7；"7"表示对评价项目认同度很高。

（四）缺时间，不能创业

大学生村官有其本职工作，并且作为综合素质较高的年轻人，本身的工作任务就较为繁重。故再进行创业，对其时间、精力都是很大的挑战，一方面需要投入大量精力创业，但是另一方面又因时间精力有限，导致两者产生矛盾。在时间这方面，大学生村官很难兼顾平衡。

（1）"借调"工作任务重。乡镇年轻公务员普遍较缺乏，导致大部分大学生村官主要安排在乡镇工作（有的乡镇还把大学生村官作为乡镇工作的重要力量），承担了报表报材料、信访维稳、招商引资、安全生产、防火防汛等各种繁重琐碎的工作及很多业务工作，实际上在村工作时间较少，用于农村村务工作时间严重不足，创业的精力不够。有研究曾对大学生村官"借调"问题越来越严重的原因进行了分析，认为其主要在于认识不到位、工作不适应、使用不规范、机制不健全这"四个不"方面。认识不到位，部分乡镇领导片面地认为大学生村官难以适应农村艰苦的工作环境，借调大学生村官既能解决大学生村官的"适应难"问题，又能摆脱乡镇缺少人手的困境，部分大学生村官也认为乡镇工作能提高自己的工作能力而乐于接受借调；工作不适应，农村工作繁杂且辛劳，许多大学生村官还是刚出校门的应届毕业生，不适应也是难免的；使用不规范，乡镇负责大学生村官的日常管理和考核，大学生村官对于乡镇领导的借调不敢说不，造成了大学生村官被安排去做一些琐碎的事务性工作；机制不健全，大学生村官政策仍不完善，如村官聘用期满的去路是一个突出问题，考录乡镇公务员是大学生村官的首选，借调工作可积累经验和人脉，赢得上级机关领导的认可。

（2）"干群"有误解。少数乡镇主要领导和干部认为大学生村官创业是不务正业，浪费时间，不但不给予支持，有时还会责怪和刁难。经统计，村官工资收入是其主要收入来源（见图7-19），那么从工作的角度来说，首先是应当做好本职工作，如果因为创业影响了工作，肯定会引起上级的不满。

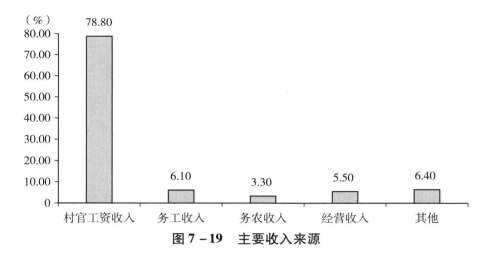

图 7 - 19　主要收入来源

（3）自身牵扯精力多。大学生村官正值青春年少，正处于谈婚论嫁阶段，在恋爱、婚姻、家庭等方面牵扯精力较多，也较大地影响了其进行创业的主动性、积极性。在进行创业方面，经统计，个人非常认同的比例和程度不是很高，如表 7 - 20 所示。大学生村官因为本职工作等原因，由于时间精力有限，导致大学生村官缺乏创业时间，不能创业。

表 7 - 20　　　　　我会尽一切努力创立自己的企业

认同感排序	人数	比例（%）
1	16	4.9
2	37	11.2
3	46	13.9
4	86	26.1
5	78	23.6
6	39	11.8
7	28	8.5

注：数字越大表示越认同该内容。"1"表示自己完全不认同该评价项目内容；"2"介于 1～3；"3"表示对评价项目认同感较低；"4"表示对评价项目认同度一般；"5"表示比较认同；"6"介于 5～7；"7"表示对评价项目认同度很高。

第五节 创业压力对大学生村官创业倾向影响的实证研究

一、研究基础

（一）关于个体特征对大学生村官创业的影响

个体特征侧重于对自我特征认识的感知，在一般创业者特质研究的基础上，对高校毕业生创业者特征进行研究。经实证检验证实了态度与创业倾向具有显著的相关关系。另有研究还表明，内生态度对创业意愿的影响更为显著，有享受挑战、实现个人成就、追求独立等个性的学生创业意愿更为强烈。已有的经历经验对创业有很大的影响，呈现出很高的正相关性。此外，关于教育水平、家庭背景等也对大学生村官创业产生较大影响。这些成果对大学生村官创业个体特征研究具有一定的借鉴作用。

（1）对创业意愿的影响。个体特征对行为选择的影响有着重要的作用，有竞争力的职业，往往会成为人们的第一选择，同时创办自己的企业则被认为是一个有针对性和目的性的职业选择，虽然影响因素有许多，但主要的因素和前提还是创业者的个体特征，个体特征绝对是一个重要的影响因素和解释变量，个体特征对创业意图的强度和行动的可能性均具有直接作用。大学生村官在整个创业过程中，面临的困难有很多，面临的压力也很大，对成功的焦虑是其最大的障碍之一，这时个体特征就能成为决定性因素。能力素质高、个人情况好的大学生村官有着更多的信心，他们的心态和意愿也更积极向上，往往能发现创业存在的潜在意义，在创业过程中，也能够以自身的素质和努力，获得更理想的创业成绩和结果。

（2）对创业活动的影响。从创业过程视角看，个体特征是否影响已经成为创业者的创业行为，进而影响其创业绩效？已有研究表明，可以用创业者的思维特征和认知水平，来预测其日后的创业坚持度以及成功创业的概率。经研究发现，企业成长设定的目标越高往往创业者的首席执行官（CEO）的个体特征在该企业成长中表现得越高；工作激情的高低程度、坚韧度的强弱程度和获取资源能力的大小限度都与个体特征的高低程度呈正相关关系；随后企业也随着对个体特征的增高而增大。考察个体特征对创业环境的慷慨性与警觉关系的调节作用，发现当个体特征水平高时，创业环境的慷慨性与警觉之间的关系更强。另外，研究也发现个体特征有明显调节作用，尤其表现在是否立即选择投身创业，以及是否根据期望值进行创业。

（3）对创业潜能的影响。通过对角色榜样与创业职业选择关系的考察，发现父母的创业绩效对子女的个体特征有影响，性别差异会导致其个体特征的差异。经研究创业者的个体特征与战略决策之间的影响关系，发现战略决策过程的分权度、全面性、最新信息的程度与个体特征呈正相关关系，而战略决策过程中外部参与者的人数与个体特征的关系不显著。

（二）关于创业环境对大学生村官创业的影响

大学生村官作为村级组织特设岗位，他们必须在村工作。理论研究表明，创业者所在基层的创业环境对创业有非常重要的必然联系，与创业行为密不可分，是影响大学生村官创业意愿和行为的重要因素。相关学者主要集中对创业的政策支持环境、经济发展环境、社会文化环境进行了研究。

（1）政策支持环境的影响。研究大学生村官创业，其中为创业提供政策支持情况是非常重要的研究内容之一。研究表明，政策支持对大学生村官创业行为倾向产生至关重要的影响，应该把农村市场作为改善农村创业政策环境的重中之重，并且加大地方治理力度以便能够减少环境、经济等方面的障碍，给创业者提供有利的政策环境。要积极引导通过创业收益来提高和改善生活水平，并能做到良性循环、相互促进，从而保障创业持续做好。特别要在创建项目、政策支持上给予一定的倾斜，金融部门在创业资金上要给予一定的帮扶。各项关于创业的研究表明，创业除了需要创业者自身的能力素质以外，创业环境也极为重要，尤其是政府的政策环境。

（2）经济发展环境的影响。经济发展与创业是相互的关系，创业活动既受到经济发展的影响，又是经济发展的主要推动力。建立和完善农村基础设施，不仅有利于现有资源的充分利用，也有利于外部优势资源的引进，还有利于促进农村地区生产生活的快速发展。基础设施建设是农村地区创业的重要条件，加强当地的道路交通、水利通信等基础设施建设，以及加快医疗、文化等生活服务设施建设，有助于大学生村官大大降低其创业成本，能够有效减少创业负担，以提高创业积极性。基础设施建设及配套不到位，会导致创业空间太小。有较大比例的大学生村官把创业富民作为自身首要工作任务，但由于农村客观条件限制，难以找到合适的创业项目。

（3）社会文化环境的影响。一个地区的创业文化环境、传统创业习惯、人文历史的影响、周围人的创业理念对创业者有很大的促进或阻碍作用。一些研究发现，创业文化的繁荣和发展，不仅有利于促进农村地区的商品经济发展，也可以有效提高土地、建筑、林木等农村资源的价值，进而有效地推动农村基层创新创业。因为个体经济行为嵌入在社会关系中，创业环境影响着创业者对创业资源配置状况的知觉，进而影响他们的经济行为。调查中，认为在学校开展创业与就业指导"非常必要"的学生比认为"比较必要"和"一般"的学生更有创业意愿，毕业后也较多地选择自主创业或准备创业，他们希望借助于专业的创业指导来降低创业的风险。此外，当前没有形成相应的社会文化环境，尚未形成支持大学生村官创业的文化氛围；同时，有研究验证了"文化维度"理论，认为风险规避型家长会影响和引导子女的择业过程。还有研究指出，要加大典型宣传推广，提高社会对大学生村官的群体认同度。

二、样本实证研究

通过设计问卷，分别从个体特征和创业环境两个方面来研究，个体特征包括个人基本信息和能力素质两个维度，创业环境包括政策支持环境、经济发展环境和社会文化环境三个维度，其中采用了李克特量表的方法对问卷指标进行量化处理，选项赋值"1"表示自己完全不认同该评价项目内容；"2"介于 1～3；"3"表示对评价项目认同感较低；"4"表示对评价项目认同度一般；"5"表示比较认同；"6"介于 5～7；"7"表示对评价项目认同度很高。

（一）样本的描述性统计

表 7 – 21 和表 7 – 22 分别对个体特征和创业环境两个方面进行了描述

性统计分析。

表 7 - 21 个体特征的描述统计

类别	特征	样本数量（个）	最小值	最大值	平均值	标准偏差
个人基本情况	年龄	330	1	5	2.74	0.834
	婚姻	330	1	2	1.61	0.488
	个人收入	330	1	5	1.55	1.187
能力素质	独立思考能力	330	2	7	4.63	1.294
	管理控制能力	330	1	7	4.53	1.357
	挑战风险能力	330	1	7	3.83	1.434
有效样本数量		330				

表 7 - 22 创业环境的描述统计

环境	类别	样本数量（个）	最小值	最大值	平均值	标准偏差
政策支持环境	创办企业程序简捷	330	1	7	4.07	1.475
	政府提供创业基金或补贴	330	1	7	3.96	1.408
	创业项目	330	1	7	4.13	1.410
经济发展环境	当地的经济发展情况	330	1	7	3.86	1.396
	金融机构对创业的支持	330	1	7	4.04	1.473
	创业资源	330	1	7	4.42	1.484
社会文化环境	家人的支持	330	1	7	3.63	1.640
	创业培训	330	1	7	3.96	1.529
	创业教育	330	1	7	4.03	1.443
有效样本数量		330				

1. 个体特征的描述性统计

如表 7 - 21 所示，个体特征包括个人基本情况及能力素质两大维度，个人基本情况包括年龄、婚姻、个人收入三个维度，能力素质也分为三个维度，分别是独立思考能力、管理控制能力和挑战风险能力。大学生村官的年龄平均分布在25~28 岁（均值为2.74），婚姻状况普遍是未婚（均值为1.61），个人收入分布在村官工资收入和务工收入上，绝大多数村官的独立思考能力、管理控制能力及挑战风险能力都在中等偏上，说明大学生村官普遍比较年轻，收入状况在中等偏下的水平，未婚的居多，更具有敢想敢做的挑战精神，对创业倾向产生了影响。

2. 创业环境的描述性统计

如表7-22所示，创业环境选取了三个维度，分别是政策支持环境、经济发展环境和社会文化环境，政策支持环境通过创办企业的程序、政府提供创业基金或补贴及创业项目指标来衡量，经济发展环境通过当地的经济发展情况、金融机构对创业的支持及创业资源来衡量，社会文化环境通过家人的支持、创业培训及创业教育来衡量。无论是在政策支持环境、经济发展环境还是社会文化环境的维度中，大学生村官们的认同度都处于中等水平，说明创业环境对大学生村官创业倾向会产生一定的影响。

（二）信度分析

信度是指题项设计的可靠性，其测量数据的可靠程度反映的是样本重复检测结果相一致的程度。一致性的程度越高信度就越高，一致性的程度越低信度就越低，实质上是反映被测者做答问卷的真实度。本书采用 α 信度系数（克隆巴赫系数）来分析变量内部的一致性，它是目前最常用的信度系数。如果 α 检验值在 0.8 以上，表明信度非常好；α 检验值在 0.7 以上，表明信度是可以接受的；如果 α 检验值在 0.6 以上，则表明该测验或量表应进行修正，不过依然有测验价值；如果 α 检验值在 0.6 以下，那么表明该测验或量表就需要重新设计了。

如表7-23所示，个体特征和创业环境的克隆巴赫系数分别是 0.654、0.889，都在 0.6 以上，说明问卷调查结果的信度尚可以进行相关的分析。

表 7-23   变量的信度值

变量分类	题项数	α 值
个体特征	6	0.654
创业环境	9	0.889

（三）效度分析

效度是指题项设计的有效性，其测量的模型与选择的变量题项能否有效地测量其吻合度，吻合度越高效度越高，吻合度越低效度也越低。实证研究往往是需要进行效度检验的，符合效度要求的实证分析更具有说服力。本书采用的是巴特利特球形检验以及 KMO 检验来分析判断数据的有效性。如果巴特利特球形检验统计值显著性的概率为 0，小于 0.001，表明它们之间具有相关性。如果 KMO 检验值大于 0.8，表明效度非常高；如果 KMO 检验值大于 0.7，表明效度还比较好；如果 KMO 检验值大于 0.6，表明效度是可以接受的；如果 KMO 检验值小于 0.6，一般来说是表明效度不太好的；如果 KMO 检验值小于 0.5，则表明效度完全不佳，那么就需要重新修正题项等。

如表 7 - 24 所示，个体特征和创业环境的 KMO 值分别为 0.653、0.885，均大于 0.6；显著性都为 0，均小于 0.001，说明样本数据可以进行相关性分析，表明本书所设计的调查问卷是合理的，能够如实反映出所探讨的问题。

表 7 - 24　　　　　　　　　　变量的效度值

变量分类	题项数	KMO 值	巴特利特球形检验		
			卡方	自由度	显著性
个体特征	6	0.653	419.455	15	0
创业环境	9	0.885	1528.604	36	0

（四）二元 Logistic 模型分析

Logistic 模型是一种广义的线性回归分析模型，常用于数据挖掘、疾病自动诊断、经济预测等领域，因变量是二分类变量，称之为二元 Logistic 模型分析，它的基本形式如下：

$$P_j = F(\alpha + \sum_{i=1}^{m} \beta_i x_{ij} + \mu) = 1/\{1 + \exp[-(\alpha + \sum_{i=1}^{m} \beta_i x_{ij} + \mu)]\}$$

$$(7-1)$$

$$\ln \frac{p_j}{1 - p_j} = \alpha + \sum_{i=1}^{m} \beta_i x_j \qquad (7-2)$$

在式（7-1）和式（7-2）中，i 为样本的编号，j 为影响因素的编号；P_j 表示个体采取某一行为的概率，β_i 为影响因素的回归系数，X_{ij} 表示第 i 个样本的第 j 个影响因素；m 表示影响因素的个数项，α 表示截距项，μ 表示误差项。

1. 变量的描述

创业压力通过影响着大学生村官创业倾向的高低从而影响着创业行为的发生，所以本书将创业倾向作为因变量。由于用"有无创业倾向"作为反映大学生村官创业倾向的指标，对它的回答只有"是"或者"否"，是符合回归分析中的二元 Logistic 模型的，对无创业倾向的大学生村官赋值为 0，有创业倾向的大学生村官赋值为 1。对创业压力因素这个自变量可以通过不同的问题设计来反映，包括创业环境外在的压力因素，个性特征内在的压力因素。

2. 模型结果与分析

一是关于个体特征对大学生村官创业倾向的影响。本书是采用 SPSS 22.0 统计软件中的二元 Logistic 回归模型来进行拟合的，其中 B、S. E.、Wald、df、Sig.、Exp（B）分别代表回归系数、标准误差、Wald 统计量、自由度、显著性水平和发生比率，结果如表 7 - 25 所示。

表 7 - 25　个体特征对大学生村官创业倾向影响的二元 Logistic 模型结果

变量名		B	S. E.	Wald	df	Sig.	Exp（B）
个人基本信息	年龄	− 0. 562 ***	0. 187	9. 030	1	0. 003	0. 570
	婚姻	− 0. 650 **	0. 313	4. 300	1	0. 038	0. 522
	个人收入	0. 207 *	0. 118	3. 101	1	0. 078	1. 230
能力素质	独立思考能力	0. 362 **	0. 146	6. 137	1	0. 013	1. 436
	管理控制能力	0. 511 ***	0. 154	11. 062	1	0. 001	1. 666
	挑战风险能力	0. 370 ***	0. 119	9. 603	1	0. 002	1. 448
常量		− 2. 806	0. 994	7. 972	1	0. 005	0. 060
预测准确率（%）				75. 2			
− 2 对数似然值				340. 617			
Cox & Snell R^2				0. 293			
Nagelkerke R^2				0. 392			
Hosmer 和 Lemeshow 检验				0. 378			

注：*、**、*** 分别表示在 10%、5% 和 1% 水平下显著。

如表 7 - 25 所示，模型的 - 2 对数似然值 = 340. 617，Cox & Snell R^2 = 0. 294，Nagelkerke R^2 = 0. 392，表示所投入的协变量与创业倾向因变量间有关联。Hosmer 和 Lemeshow 检验的显著性值为 0. 378 > 0. 05，预测准确率为 75. 2%，说明整体回归模型有良好的适配度和较好的拟合优度。根据模型参数可以得出如下结果：

第一，年龄、婚姻对大学生村官创业倾向产生反向的影响。它们的系数估计值分别为 - 0. 562、- 0. 650，这表明大学生村官创业倾向随着年龄的增长而降低，未婚的大学生村官的创业倾向要高于已婚的大学生村官的创业倾向。大学生村官在刚刚毕业的时候思维开阔，拥有更多的能量与激情，伴随着年龄的增长，需要担负着更多的责任，特别是已婚的大学生村官，他们要承担着照顾家庭的责任，创业倾向随之减少。所以年轻的、未婚的大学生村官比年长的、已婚有更高的创业倾向。

第二，个人收入对大学生村官的创业倾向产生正向的影响。该项 Wald 的显著水平为 0. 078，在 10% 水平下显著，说明收入越高，大学生村官的创业倾向也越高。在表 7 - 6 中，大学生村官的工资收入均分布在工资收入和务工收入上，而大学生村官不属于正式公务员体系，工资待遇不高，创业又是需要花费大量的人力物力财力的活动，所以收入越高，大学生村官的创业倾向也越高。

第三，独立思考能力、管理控制能力、挑战风险能力均对大学生村官的创业倾向产生正向的影响。独立思考能力的 Wald 的显著水平为 0. 013，在 5% 水平下显著，说明独立思考能力是大学生村官创业倾向中的重要影响因素。创业是个复杂的过程，往往需要创业者具有较强的创新意识，能够不受传统思想和惯性思维的约束，不轻易受到外界舆论和环境的影响，独立把握整个创业的方向。现在的大学生村官都拥有良好的独立思考能力，他们都能够清晰地做出自己的选择，并做好相应的设计和规划，本着对自己负责的态度，为自己的将来去努力，并采取相应的行动。所以独立思考能力与大学生村官的创业倾向呈显著正相关。管理控制能力的 Wald 的显著水平为 0. 001，在 1% 水平下显著，达到了极显著的水平。管理控制能力是一种综合能力，优秀的创业者都具有良好的管理控制能力，这不仅是管控自己，更多的是整个企业的发展。所以有创业倾向的大学生村官，管理控制能力都较良好。挑战风险能力的 Wald 的显著水平为 0.002，也在 1% 水平下显著，达到了极显著的水平。创业是机遇与挑战并存的过程，风险越大，竞争的人越少，挑战性就越强。优秀的创业者一般都是敢于冒险，也能看准机遇，抓住时机。所以大学生村官挑战风险能力越强，创业倾向也越高。

二是关于创业环境对大学生村官创业倾向的影响。根据模型模拟结果，创业环境对大学生村官创业倾向的影响可汇总成如表 7-26 所示。

表 7-26　创业环境对大学生村官创业倾向影响的二元 Logistic 模型结果

类别	变量名	B	Wald	df	Sig.	Exp（B）
政策支持环境	创办企业程序简捷	0.373***	11.323	1	0.001	1.452
	创业基金或补贴	0.246*	3.677	1	0.055	0.782
	创业项目	0.236**	6.333	1	0.012	1.267
经济发展环境	当地的经济发展情况	0.367**	6.478	1	0.011	0.693
	金融机构对创业的支持	0.362**	6.137	1	0.013	1.436
	创业资源	0.250*	3.091	1	0.079	1.284
社会文化环境	家人的支持	0.379***	12.742	1	0	1.461
	创业培训	0.415**	6.125	1	0.013	1.514
	创业教育	0.405**	5.502	1	0.019	0.667
常量		-3.380	35.895	1	0	0.034
预测准确率（%）			71.2			
-2 对数似然值			370.036			
Cox & Snell R^2			0.227			
Nagelkerke R^2			0.304			
Hosmer 和 Lemeshow 检验					0.938	

注：*、**、*** 分别表示在 10%、5% 和 1% 水平下显著。

如表 7-26 所示，模型的 -2 对数似然值 = 370.036，Cox & Snell R^2 = 0.224，Nagelkerke R^2 = 0.304，表示所投入的协变量与创业倾向因变量间有关联。Hosmer 和 Lemeshow 检验的显著性值为 0.938 > 0.05，预测准确率为 71.2%，说明整体回归模型有良好的适配度和较好的拟合优度。根据模型参数可以得出如下结果：

第一，创办企业程序简捷对大学生村官的创业倾向产生正向的影响。该项的 Wald 的显著水平为 0.001，在 1% 水平下显著，达到了极显著的水平。成立一个新企业的过程是复杂的，往往要经过很多的程序，如果能为创办企业简化在注册、登记、审批程序上，会降低创业者的准入门槛，使更多的人愿意去尝试创业。所以创办企业程序简化会提高大学生村官的创业倾向，使大学生村官创业有更大的积极性。

第二，政府提供创业基金或补贴对大学生村官的创业倾向产生正向的影响。该项 Wald 的显著水平为 0.078，在 10% 水平下显著，说明越容易获得政府的创业基金或补贴，大学生村官的创业倾向越高。资金是创业过程中存在的最大问题，创业需要投入较多的资金，并维持稳定的资金链，资金的缺乏会让很多人对创业望而却步。大学生村官工资水平低，政府提供创业基金或补贴可以缓解其在资金链上的难题，激发他们的创业意向，促进更多创业行为的产生。

第三，政府会提供创业项目对大学生村官的创业倾向产生正向的影响。该项 Wald 的显著水平为 0.012，在 5% 水平下显著。在瞬息万变的市场中，好的创业项目能够提高产品的竞争力，带来更多的收益。政府为大学生村官提供一些创业项目，减少了大学生村官在创业项目选择上的盲目性，更具有保障性。所以政府提供创业项目，能够有助于大学生村官提高创业倾向，从而保证创业的成功率。

第四，当地的经济发展情况对大学生村官的创业倾向产生正向的影响。该项 Wald 的显著水平为 0.011，在 5% 水平下显著。经济发展与创业是相互的关系，创业活动既受到经济发展的影响，又是经济发展的主要推动力。区域经济的发展良好意味着市场机制的相对完善，使大学生村官能够安心地选择创业，创业的产品能更好地进入市场，形成良性的竞争机制。

第五，金融机构对创业的支持与大学生村官的创业倾向呈显著正相关。该项 Wald 的显著水平为 0.013，在 5% 水平下显著。在双创的大背景下，国务院及时出台了相关扶持文件，全力构建和打造具有普惠性的政策扶持系统，以积极推动产业链、资金链和创新链，其中着重强调了当前我国创新力不足的重要因素之一是，国家还很缺乏支撑企业创新与成长的资本，所以要加大金融机构对创新创业的支持，从而提供源源不断的创业动力。大学生村官身份的特殊性，使其对创业资金的需求很大，金融机构对大学生村官创业的投资，可以大大降低大学生村官的创业成本。所以引导金融机构对创业的支持，有助于提高大学生村官的创业倾向。

第六，创业资源对大学生村官的创业倾向产生正向的影响。该项 Wald 的显著水平为 0.079，在 10% 水平下显著，在整个创业过程中，始终需要快速地获取和整合创业资源，以提升大学生村官创业的核心竞争力，促进其提升创业成功的概率。大学生村官在选择创业前，必须要面对的困境之一就是资源的匮乏，如果当地有许多可供创业的资源，会减少在项目选择上的困惑，以便更好更快速地整合资源。

第七，家人的支持对大学生村官的创业倾向产生正向的影响。该项的 Wald 值为 12.742，是所有选项中最高的，且显著水平为 0，在 1% 水平下显著，达到了极显著的水平，说明家人对创业的理解和支持极大地影响了大学生村官的创业倾向。创业的过程是复杂且艰辛的，大学生村官在基层自主创业更是难上加难，家人的支持不仅能给大学生村官减轻经济上的负担，而且能给大学生村官带来精神上的安慰，所以家人对创业的支持会极大地影响到大学生村官创业倾向的高低。

第八，创业培训对大学生村官的创业倾向产生正向的影响。该项 Wald 的显著水平为 0.013，在 5% 水平下显著，说明创业培训的开展可以提高大学生村官的创业倾向。通过创业培训可以让大学生村官对创业有深入的了解，进一步了解、掌握国家有关经济法规等方面的专业知识，真正使大学生村官能够学以致用。加强创业技能培训与管理，注重培训的针对性和实效性，使得大学生村官的创业技能大大提高，对其创业的成功率有积极的促进作用。

第九，创业教育对大学生村官的创业倾向产生正向的影响。该项 Wald 的显著水平为 0.013，在 5% 水平下显著。积极开展创业就业教育，可以培养出更多具有开创性的个体，也可以大大提高大学生村官创业的能力，促使更多的大学生村官具有创业意愿和实际行动。所以要加强对大学生村官的创业教育，提高他们的创业倾向。

第六节 主要研究结论与相关对策建议

大学生村官创业是我国就业政策和产业政策调整的现实要求，是新农村建设的现实需要和大学生村官再就业的有效途径。在国家的大力推动下，大学生村官创业越来越兴盛，创业氛围也愈发浓厚。

一、主要研究结论

从近几年的发展来看，大学生村官创业的情况并不乐观，存在着一定的困难和压力。影响大学生村官创业的因素有很多，压力源来自多方面，总的来说可以分为内部因素和外部因素两大类。经对各压力影响因素进行分析，得出以下基本结论：

结论一：大学生村官创业受到个体特征的影响和作用。

（1）他们的创业倾向是随着年龄增长而降低的。未婚的大学生村官的创业意愿要高于已婚的大学生村官，大学生村官的收入越高，大学生村官的创业可能性更高。在个人基本信息的三种影响因素中，年龄对大学生村官创业倾向作用更明显。

（2）大学生村官拥有良好的独立思考能力，能够清晰地规划自己的人生并做出相应的选择。管理控制能力明显体现大学生村官创业综合能力，有效促进企业的发展。大学生村官敢于冒险，挑战风险能力越强，创业倾向也越高。在能力素质的三种影响因素中，管理控制能力、挑战风险能力对大学生村官的创业倾向达到极显著水平。

结论二：大学生村官创业受到创业环境的影响和作用。

（1）创办企业程序简单快捷将提高大学生村官创业的积极性。政府提供创业基金或补贴，可以缓解在资金链上的难题，有利于激发创业意向，促进大学生村官创业；政府直接提供创业项目，可以减少大学生村官的盲目性，同时还能产生更多的收益，能够大幅提高其创业的成功率。在政策支持环境的三种影响因素中，创办企业程序简捷对大学生村官的创业倾向达到了极显著水平。

（2）区域经济的良好发展，能够促进大学生村官创业，反之也能反哺当地经济的发展。金融机构可以大大降低大学生村官的创业成本，支撑其创新与成长的资本，从而提供源源不断的创业动力；快速地获取和整合创业资源，有助于提升大学生村官创业的核心竞争力。经济发展环境的三种影响因素对大学生村官的创业倾向同属于显著水平。

（3）全社会建立"双创"舆论体系，营造浓厚的创业氛围，促进社会及家人的大力支持，有利于大学生村官创业。加强创业技能培训与管理，提高培训的针对性和实效性，真正使大学生村官能够学以致用；高校要积极开展创业就业教育，培养更多具有开创性的个体。在社会文化环境的三种影响因素中，家人的支持对大学生村官的创业倾向达到了极显著水平。

二、相关对策建议

促进大学生村官创业，以创业带动农村经济、县域经济和社会发展的推动作用，应从政府、社会、高校以及大学生村官自身多方面着手，以确保大学生村官成功创业，使创业成为县域经济发展新的增长点，成为乡村振兴的新引擎，进而走出一条具有中国特色的农村工业化、城镇化、信息化和农业现代化新路子。

（一）完善大学生村官创业的区域政策

大学生村官计划作为促进农村发展的战略之一，大学生村官的发展与区域政策是息息相关的。政府和财政引导资金要优先投入农村交通、通信、网络设施的改善，促进创业行为的相关制度完善，为创业提供优惠的税收政策。已有研究成果显示，创业教育活动通过改变个体自我效能对大学生村官创业意愿的高低有影响，所以政府要根据区域的具体情况出台相应的政策，提高大学生村官的创业意愿，促使大学生村官扎根基层创业。第一，政府要提供良好的交通、通信、网络设施，实现基层的信息化网络化，通过网络化的平台，大学生村官能够及时了解到外界的动态，加强与外界的交流，使创业的平台更加宽广。第二，政府要提供优惠的税收政策、创业基金或补贴，引导金融机构为大学生村官提供贷款减息政策，为创业提供多种信贷担保方式，增强对创业的投资意愿，加大对创业的资金支持力度，大幅降低创业投资成本。第三，基层政府要积极开展创业教育活动，定期组织大学生村官进行创业相关知识的培训，激发更多的创业意愿，提高创业能力。

（二）拓宽大学生村官创业的融资渠道

目前大学生村官创业在实际创业过程中面临着资金短缺的重大问题。由于城乡发展不平衡，农村金融体系建设落后，大学生在创业过程中常常遇到贷款难的问题，很多创业者的创业资金最主要的来源就是家庭支持和自我储蓄，创业者的自有资金远远不能满足创业资金的需求。政府和相关部门需要通过政策倾斜和资金引导，为大学生村官创业提供多渠道的资金支持。

政府需要建立农村信用社和农村邮政储蓄银行的融资渠道，为大学生村官创业提供资金支持，降低大学生贷款门槛，放宽条件提高贷款额度。此外，政府预算部门要设立大学生创业专项资金，为大学生创业提供便利。同时需要引进民间资金，发展民间借贷资本，合理利用民间闲置资本，对成立正规合法的民间社会化金融组织给予鼓励和支持，促进民间借贷资本的发展（韩俊，2009），采取新途径、新举措，以达到互利互惠，合作共赢，从而促进大学生村官创业的目的。另外，国家需要出台相关政策，建立大学生村官创业风险评估体系和投资保险体系，通过政策，为大学生村官创业提供风险保障和风险赔偿机制，使大学生创业风险降到最低，所需承担的创业损失也降到最低。

（三）加强大学生村官创业的技能培训

技能培训是大学生村官创业成功的关键因素之一。要进行大学生村官培训需求分析，提高技能培训的针对性。目前，各地都比较重视大学生村官技能培训，但效果并不尽如人意。可以把有培训需求的大学生村官分为两类：一类是培训后准备期满就业的；另一类是培训后准备创业的。这样就可分为针对性和实用性。同时，在教学方法上，采用理论联系实际的教学方式和方法，让大学生村官在培训中真正学到技术，真正掌握本领，为创业打下坚实的技能基础，确保大学生村官不为缺乏技能而放弃创业或创业失败。要加强技能培训管理，提高培训的实效性，真正使大学生村官学有所获，学有所用。并且要合理安排培训时间。因为大学生村官还有其本职工作，所以要区别对待，灵活安排时间，提高培训出勤率。

（四）增进大学生村官创业的创业服务

受过良好的创业培训是大学生村官创业取得成功的重要保证。但在一定程度上，基层的创业教育还是很缺失的，创业培训做得不够。政府和社会要积极开展有针对性的创业教育。通过创业教育和培训，拓宽大学生村官的眼界，改变大学生对创业的认识。只有整合社会的各类教育资源，才能充分发挥这些教育资源的作用，对广大的大学生村官进行创业培训和职业技术培训，通过一系列的培训，丰富大学生村官的财务知识、经营管理知识，增强大学生村官对市场、风险、创新等创业环境的深层次认识。另外，通过培训还可以增强大学生村官的心理素质，锻炼他们的抗压能力，从而使他们正确对待创业过程中出现的一些问题。只有通过一系列有针对性的培训，增强大学生创业村官经营能力和应变能力，切实强化经营、管理水平，适应当前的创业环境，才能提高大学生村官的创业成功率。

（五）优化大学生村官创业的创业环境

（1）加快农村基础设施建设，降低大学生村官创业成本。农村发展落后，首先是农村基础设施滞后，它造成资金、技术、信息、人才、物资等生产要素在农村很难高效运转，严重制约了在农村的创业。县乡两级政府要调动多方面参与农村基础设施建设的积极性，加强水利设施、道路和通信等设施建设，以及加快医疗、文化等生活服务设施建设，从而降低大学生村官创业成本，为大学生村官创业提供较为理想的发展载体，提高创业积极性。

（2）积极弘扬创业精神，培育创业文化。现在国家大力提倡"大众创业、万众创新"，要在全社会建立"双创"舆论体系，营造浓厚的创业氛围。其中，创业文化已愈发引起人们的关注，已成为推动经济持续发展的重要力量，所以要积极弘扬促进经济发展的创业文化。要充分利用广播、电视、报刊、网络等新闻媒体对大学生村官中的创业典型进行广泛宣传，积极为大学生村官创业营造良好的舆论氛围和创业环境。

（六）提升大学生村官创业的创业素质

大学生村官应该具备创新创业精神及创业富农的意识，不断提升和巩固自己的创业素质和能力，为农村的脱贫扶贫贡献力量，带动当地村民共同富裕。大学生村官创业，创业环境只是外部客观因素，更为关键和重要的是大学生村官本身，大学生村官的主观努力、主体意识、自身素质等与创业成功息息相关，这些才是决定性因素。假如大学生村官过于谨慎，害怕承担责任和压力，不敢冒险和参与，哪怕是创业环境和条件再好，也不太可能取得好的创业成果。此外，大学生村官要主动去搜寻和了解关于创业的各项优惠政策，增强对国家政策走向和市场信息的敏感度，提高创业机会的识别能力，更好更快地捕捉到创业机会，为创业成功打下坚实的基础。

（七）推广大学生村官创业的创业项目

当地政府应该向村民、社会征集创业项目，结合自身优势，科学设定，筛选出一些市场前景好、能够带领群众共同致富的适合大学生村官创业的项目提供给大学生村官。大学生村官也要围绕任职村居区位优势、产业优势以及自己的专业特长，按照实际选择创业项目。对于大学生村官自己选取的创业项目，政府应结合各部门进行评估、指导，保证大学生村官选取的创业项目切实可行，并积极向社会和市场推广。

大学生村官创业行动的案例分析

结合国家脱贫攻坚战略，广大大学生村官发挥自身优势，在发展农村电商、促进产业调整、帮助农民群众增收等方面做出了积极贡献。据2017年3月中共中央组织部发布的统计数据显示，2016年底全国有8313名大学生村官参与创业富民，其中独立创业的2849人，合作创业的5464人，领办创业的1661人。共创办6314个创业项目，领办或合办专业合作社1797个，为农民群众就地提供就业岗位，有力地促进了农村经济发展。

第一节 大学生村官创业行动理论分析

一个国家或地区盛行的创业动机与该国或地区新创企业成功率有着一定的联系，即在机会型创业比例较高的国家，新创企业倒闭比例较低；而在生存型创业比例较高的国家或地区，新创企业倒闭比例较高。作为理性经济人，大学生村官到农村工作，既有"公器"方面的考虑，更有"私利"方面的权衡。大学生村官农村创业不仅能快速地提升自身在农村的影响力，赢得广大村民的认同；更能通过创业成果改善自身在农村的经济地位，以谋取更大的政治地位。近年来，随着创业环境的不断优化，企业创办程序的简化，农村创业洼地正在不断得到改进，有的大学生村官掌握了比较好的从业技能、市场资源，也熟悉市场交易相关规则，市场经济意识和参与竞争意识较强，大学生村官创业内生动力进一步增强，如果社会资本、经济资本与其人力资本相互促进，大学生村官的创业意愿更强、创业行动也会更坚决。

随着基于"民粹"驱动的新贸易保护主义的抬头，国际贸易形势的变换和动荡，沿海发达地区产业受到严重冲击，外向型经济发展战略受到严峻挑战，而内生型、内需型产业带来了重大机遇。加之沿海地区面临的生产要素成本的不断上涨、能源和资源约束的加剧，过去的经济发达地区产业结构转型升级压力剧增，产业梯度转移不断加速。中西部地区、广大农村地区，由于其在土地、劳动力、资源能源等生产要素方面的低成本替代优势不断凸显，近年来人才在政策传导下的回流现象，为这些地区承接发达地区转移产业创造了条件，大学生村官创业将成为农村创业的主力军。

从新农村建设的拉动效应，城乡一体化发展的推进，新型工业化、信息化、城镇化和农业现代化的同步实施，再到乡村振兴战略的部署，农村全面小康建设步调扎实。按照经济发展新常态的要求，苏区振兴为赣南等地区带来了全新发展机遇，老区农村面貌正发生翻天覆地的变化。基础设施如水、电、道路、通信等条件与城市、发达地区的差距进一步缩小。在云商、电商的加持下，农村特色产品与市场终端关系进一步密切，大学生村官创业政策如税收优惠政策、审批事项的简化政策、创业帮扶政策等的陆续推出，政策利好不断叠加，大学生村官创业基础和创业条件不断变好。

美丽中国、美丽乡村建设的推进，"两山"理论的实践、山水林田湖草生命共同体的系统治理，农村生态环境优势显现。农村生态产品、资源产品、文旅产品为社会广泛认同和赞誉，扎根农村、开发农村、发展农村需要更多地以生命共同体、生活共同体理念来推进和保障。大学生村官农村创业会带动和吸引人才、资本、资金等要素向农村集聚，进一步提升农村基础设施建设水平、产业配套能力和服务保障水平、要素集聚能力；同时，通过大学生村官创业者的示范，将带动更多的人投身农村创业，有助于农村经济社会生态的全面发展进步。

第二节 大学生村官创业行动实践解析

一、创业动因方面

根据我们的问卷统计得知，有54%的大学生村官愿意创业。有的大学生村官是为了实现自己的农业创业理想，有的大学生村官是为了带领当地村民发家致富，有的大学生村官是属于自己的兴趣爱好。

案例 8－1

姚某，男，27岁，是2013年的大学生村官，中共党员，大学本科。2013年创办了向阳花生态农场和绿地种养专业合作社。

2013年3月，他经过慎重考虑，满怀热情的回乡创业。现在市场的很多农产品"变味"越来越严重，从小热爱农业的姚某一直都在关注着农产品的质量问题。他回家创业的理念就是"生态农业"，此时他就给自己定了一个目标，"让我的家人每天都能吃到自己种的蔬菜、养的土猪、放养的鸡鸭等"。农场采用牧草及农作物秸秆喂牛和猪，畜禽粪便进入沼气池提供家用燃气或者堆肥，沼渣沼液及堆肥料养蚯蚓、种草、水稻、玉米、蔬菜等经济作物，同时，在牧草中放养一定数量的鸡、鸭，起到除杂草施肥的生态共生作用的模式。

姚某所在的荷溪村是有名的养猪大村，但是，由于思想的束缚、管理水平参差不齐、市场行情波动大、养殖户没有集体组织意识等问题，很多养殖户都没赚到钱。而节能环保的农业循环经济很受欢迎，该村有很多养猪场，每天都要排出大量粪水，正好可以用来种草发展养殖业，进行废物利用，实现生产材料上的循环。因此他想利用村里现有的资源建一个小型循环经济示范基地，这样既降低了投入成本，又实现了高效益、小风险的目的。

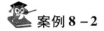 **案例 8 – 2**

　　韩某，男，31 岁，是 2012 年的大学生村官，中共党员，大学本科。带动村民成立农博种养专业合作社。

　　2012 年 9 月，当时从市区刚分配到山区小县城的他感到很茫然，人生地不熟，和老百姓在语言沟通上也不是那么的顺畅，不知从何处着手开展工作，和老百姓见面时，呈现给他的也是一幅"你就是下来镀金的"不信任的表情。为了改变这种局面，更好地开展工作，赢得村民们的信任，也充实自己的村官生涯，他决定好好思考一下，是不是可以先给老百姓做点什么有意义的事呢？于是他开始在村里认真调研，主动请教当地老党员、老组长，请他们出谋划策，在村干部的帮助下，终于发现了一个当地的"特色"。樟陂村虽然毗邻工业园，但却是一个以传统的水稻种植为主要产业的自然村，经济基础相对比较薄弱，人均收入不到 4000 元，平时村民都利用闲暇时间到工业园打零工补贴家用。但是全村水田面积有 3053 亩，并且刚刚完成了农田化改造。看到这一资源，他就开始琢磨是不是可以充分利用本地优势，因地制宜，实施农业产业化经营，为民增收。

案例 8 – 3

　　刘某，男，是 2012 年的大学生村官，中共党员，大学本科。

　　刘某是个脑瓜聪明、充满激情的年轻人，他想自己做给村民看，通过自己的创业，成为一个例子，带动村民创业和致富。每每谈起创业，他面露腼腆地说："刚创业时既无技术，身边的亲朋好友也不理解，认为自己只是不务正业"。然而他却自信满满，认为在资源丰富的农村，通过自己的坚持一定可以创造出一片天地。如今国家政策鼓励大众创新，颁布了许多利民政策鼓励广大的有志青年创业。那到底可以干点啥呢？一开始他看见市场草莓价值高，想着种植草莓，但通过调研发现草莓的成本投入十分高，而且本地的气候和土壤不适宜草莓的生长。后来不断浏览网上信息，发现葡萄深受人们喜爱，而且有很高的营养价值，富含许多对人体有益的矿物质和维生素。此外，葡萄还有很好的治疗功效，有助于调节人的睡眠周期，提高人的睡眠质量，并且还能够补虚健胃，所以深受人们的喜爱。

同时，葡萄具有经济价值高、产量高的特点，再加上有技术人员的帮助，葡萄种植一定有很广阔的市场，于是将此作为创业项目。他认为："不能只做创业大潮中的过客和旁观者，要脚踏实地融入其中，闯出实实在在的成绩。"

案例 8-4

欧某，女，是2015年大学生村官，中共党员，双学位。

在从深圳回到家乡后，最初有亲戚让我帮孩子补英语，当我和孩子沟通的时候，才发现在科技和信息如此发达的新时代，家乡的孩子与大城市的孩子差距还是很大，我们的孩子不敢开口、胆小不自信，严重影响了上课效果以及其心智成长，农村的孩子上兴趣班的比例也不高。"扶贫先扶智"，这是坚定我走教育创业这条路的主要原因，是我创立公司的初衷，本着一切为了家乡教育的理念，我的教育方法不同于其他以赚钱为目的的培训机构。创业初期，我找到本地视教育为使命、对孩子视同己出的老师，由我负责招生宣传以及管理，让最专业、最有情怀的老师负责教学，教学方法不再是死记硬背，而是采用"在游戏中爱上英语 在表演中学会英语"的方法，改变家乡孩子不敢开口、内向自卑的现状。也许是一直坚守初衷，"不以赚钱为目的，一切为了孩子"，我们的教学方法、教学质量、服务及宣传的理念，受到学生家长的一致好评，生源持续上涨，2018年暑期英语单科学员人数达到了300人，也吸纳了一部分在外打拼的优秀人才回到家乡并加入公司团队，目前公司的教师人员100%为大学本科以上学历，其中50%通过了英语专业八级，50%通过了大学英语六级。

二、创业实践方面

案例 8-5 姚某创业情况

为了减少养殖成本，姚某决定用自家空闲猪场来运作农场，养殖场占地总面积20余亩，养殖肉牛、生猪。从第一批牛犊、生猪购买进来后，他就没有离开过圈舍。牲畜的防疫、打扫栏舍、粉碎饲料等，这些，对于从未干过如此重体力活的姚某来说非常不易，加上栏舍内刺鼻难闻的粪味更是让他倍加辛苦、难上加难。父母的反对，乡亲们异样的眼光，面对一个又一个的困难和难关、一个接一个的考验，姚某始终坚持着，保持着一颗乐观向上的心态，冷静从容面对，全力以赴，没有放弃。付出终有回报，姚某农场的产品可以上市了。猪肉卖到了 20 元一斤，牛肉卖到了 50 元一斤，比普通肉产品的价格高出了三成，得到了客户的一致好评，很多顾客都回味到了儿时吃肉的记忆。

2013 年，姚某养了 20 头牛、种了 4 亩玉米、6 亩牧草，收成还不错。看到这种模式有较高的效益，很多农户也想加入。于是在 2014 年 11 月份姚某和农户们注册成立了"宜丰县绿地种养专业合作社"，发展了 10 户社员，年出栏肉牛 100 头、种植面积达到 40 亩。2015 年有 30 户农户加入合作社，肉牛出栏 400 头，种植面积 300 亩。农户遍布新庄、花桥、华林、村前等，各地农户利用当地有利因素，专门打造绿色生态产品，"土猪肉""土牛肉""烤红薯"让更多的人回到儿时的记忆。希望通过这种生态共赢的多元化种养模式，带动更多的老百姓致富。我们以生态种养殖为基础，发展乡村休闲旅游，让更多的上班族、学生等能够亲近自然，体验自然，让更多的城里人回到"儿时的记忆"，体验传统农耕文化。

案例 8-6　韩某创业情况

韩某在有了创业这个想法后，通过与县农业局农技中心联系，并在专家的指导下，他带动村民成立农博种养专业合作社，并聘请农业局专家无偿担任合作社的指导老师。一年来，全体社员通过引进良种，改善耕作条件，实施统一喷药技术，单季亩产提高了约 260 斤的产量，年人均增收超 1300 元。他自己租种的 78 亩农田也实现了超过 20000 元的纯收入。后来一浙江客商拟投资 5000 万在这块地上养甲鱼，为了促成该招商引资项目的投产，韩某选择服从大局，让出了该地块的承租权。

案例 8-7　刘某创业情况

刘某从亲戚朋友处筹集了一些资金，踌躇满志地准备种植葡萄。他积极争取到当地村委会的帮助，通过村委会的协调承包下了种植土地，此外，村委为他联系了当地的工人。当然创业并不是一条通坦大道，前期资金就已经投入了他所有的积蓄，他的创业困境被县委农组办及时了解，在相关部门的协调安排下，县就业局进行实地考察，通过申请帮他获得了 10 万元的创业免息贷款。再者是技术，当地持续的阴雨天气影响了幼苗的生长，幼苗的生长状况让他夜夜难以入眠，他和县里的技术员取得联系，同时通过网络和相关书籍查阅一些种植资料。发现，原来水才是最大的影响因素，葡萄的种植对水的要求极高，水沟里的水必须及时排干，幼苗的生长环境也要保持干燥。当了解到这关键因素后，他连续几天都在地里清理水沟，尽管每天累得腰酸背痛，每晚都难以入睡，但只要一想到葡萄幼苗可以健康成长就忘记了所有疲惫。现在，葡萄第二期已经成功挂果并销售一空，葡萄园在当地也小有名气，自己也创收不少。今后，他打算把葡萄园打造成为观光旅游为一体的休闲基地。

案例 8-8　欧某创业情况

欧某于 2008 年本科毕业，在校所学第一专业为英语，第二专业为国际经济与贸易，毕业后直接在深圳工作，2015 年回到家乡并通过大学生村官考试成为一名大学生村官。因为自身在发达地区工作过，对教育行业也比较熟悉，特别是平常有朋友、亲戚的小孩有提高学习成绩的意愿，加上农村英语教育偏落后，她结合专业优势实际开展英语教育培训，创立魔耳教育咨询公司。创业资金即为在深圳工作时攒下的 20 余万元。经过努力，该公司年教育收入约 100 万元，带动就业人数 16 人。

三、创业压力方面

经过与 4 位案例大学生村官的访谈，将他们创业的感受、面临的压力和困难进行了汇总。

（1）家庭压力。大学生回到农村工作担任村官，或是大学生村官再回到农村创业，第一个要面临的困难就是来自父母的阻力，都还没说去做什么项目，父母就会站出来反对。在这种反对压力下，他们创业犹如孤军奋战，项目没有选好或者意志力不坚定的创业者很容易打退堂鼓。

好不容易供你一个大学，在城里找了个稳定的工作，告别了"面朝黄土，背朝天"的生活。还有来自老乡异样的眼光，"这是在外面待不下去了，才回来的，回来种地，老婆都找不到……"老乡见你回家又从事农业，会经常议论，看不起你，也看不起你的父母，父母跟着你会承担更多压力，这种压力又会转嫁到自己身上来。这个时候就要看自己，作为一个创业者本身，怎么去面对，怎么去缓解压力也是创业者本身应该具有的素质。很多老乡的想法很简单，他不懂什么有机农业，比如说养猪的人只知道自己现在养猪，他（她）就要在行情好的时候多卖猪，猪要在这个时候多长膘，甚至是喂违禁品，他（她）的目的就是多赚钱其他则不管，行情不好的时候，他（她）规避不了风险，把握不了市场需求，盲目跟风比较严重。赚到了钱就贪图享受，没有忧患意识，可谓"生于忧患，死于安乐"，贪图享受就不会想到去创新。

（2）经验压力。在创业经验上的缺乏。缺乏创办企业及企业运作方面的知识支撑，包括对目标市场和竞争对手也不甚了解。创业项目的各项技能知识的缺乏，不知道去哪里培训学习，只能靠自己通过网络查找和平时积累。

比如刘某创业的葡萄基地，由于缺乏经验，刚开始认为种植葡萄应该蛮赚钱，也蛮简单的。但是后来，由于葡萄品种原因及相关设备投入巨大，采取葡萄加工、葡萄酒酿造等不容易实施。并且采摘活动单一，加上周边娱乐活动场所较少，难以形成集群效应，回头较少。同时由于水果受天气影响较大，相关设备投入较大等因素，导致他的创业也面临较大的困难。

（3）支持压力。落实创业扶持政策还不够到位。有些地方出台了大学生村官创业的优惠政策，但实际上很多优惠政策仍只停留在文件层面，没有真正落实到位，对大学生村官创业没有产生实际的政策帮扶。并且扶持政策主要集中在创业企业注册、税收和资金支持等宏观方面，针对大学生村官的创业教育、技能培训和指导等方面的帮扶政策明显不足。

比如姚某认为，很多职能部门在制定配套措施和实施细则时都是基于自身的角度考虑，特别是在实际操作中，有关资金扶持的创业政策都对创业的规模、创业领域等具有明确的限定，拉高了享受政策的准入门槛。村官创业主要集中在农业领域，这行业当前是有很多优惠政策，但是到了每个地方政策的福利并没有享受到，他所在的地方就没有肉牛养殖补贴。

欧某也认为，由于大学生村官主要工作是村务管理和村民服务，地方政府和管理部门对大学生村官的培训内容主要集中在这些方面。为促进更多的大学生村官创业，希望在创业政策、创业管理、企业经营、市场推广等方面给予一定的专业培训，也希望能结合大学生村官创业领域给予专门的学习培训。由于创业花费的时间和精力特别多，对于创业的大学生村官需要更为灵活的工作时间安排。由于创业领域和行业要求，政府部门也要结合创业实践为大学生村官创业提供更为宽松和优惠的办证政策。

（4）资源压力。对于一个刚创业的大学生来讲，在创业资源这一块比较缺乏，受资金以及自身风险考虑创业主要是投资比较小的企业，而对于一些资金实力比较好的创业者来说大学生处于劣势。

比如说这两个角色都去种100亩蔬菜，大学生受资金等限制，勉强种出来了100亩，但是在政策上可能并没有得到扶持，而一些资金实力较好的社会创业者可能得到了政策的扶持，甚至他的规模没有这么大也得到了扶持，并且他种菜并没有赚到钱，赚的仅仅是这个政策。这样会让实实在在做实业的人灰心，同时也会带来资源的浪费，扭曲价值观。

（5）环境压力。基层创业环境有待改善。一是基层党委政府把大学生村官截留到乡镇做事，成为乡镇行政管理的"主力军"，在单位上兼任的工作特别多，如创业，但会受到工作的影响。

国家号召大学生村官进行创业，有部分大学生村官来自农村，本想在农村做点事业，但在当地领导看来他们这是在搞副业，影响工作。导致他们在把单位上的工作完成的同时还要兼顾创业，比单位其他人要多付出很多，早中晚都要挤出时间去基地。部分同事和村民会对创业有点妒忌，就是见不得好，很多时候会找点事情为难，无端产生了困难。

欧某在谈到自身创办公司发展时说：目前公司在本地已有3个校区，全职员工8人，兼职人员8人，能把公司在家乡发展壮大，离不开亲戚朋友的支持以及地方组织部门的大力支持。随着国家对教育培训行业管理和要求的规范，公司发展面临机遇和挑战。随着学员人数的不断上升，对返乡的优秀教师也有大量需求，但由于受地域限制和外在环境影响，很难吸引优秀教师长期留在家乡发展。当然，由于个人时间有限，不能全身心投入企业发展，管理存在一定问题。

（6）资金压力。如何筹集启动资金，除了自有资金之外，找同学、亲戚朋友还是银行贷款。

姚某当时是下了决心一定要在农村发展，这个项目也是考虑了很久，也是根据市场发展的趋势选的，自有资金只有1万左右，父母那没有支持，能用到废弃的猪舍就相当不错了，钱只能找同学借。创业贷款也不是那么好贷的。考虑到资金的问题，什么活都得自己一人挑。那种感受只有自己亲身经历才能体会到。并且企业在发展过程中想要把服务跟上去就一定需要资金的扶持。现在企业在发展这一块一直坚持要做精，而不是盲目扩大，在做精的过程中要创新，并寻求减少劳动力的方法。这就需要前期投入基础设施建设，解决资金短缺和技术支持等问题。企业发展也要不断学习新的知识，将新的知识引入到实际操作中来，这也需要提供学习的机会及平台。

（7）竞争压力。随着市场的拓展，竞争的压力也逐渐加大。由于受资金、能力等因素限制，大学生村官创业的初始规模都不算大，不要说跟大企业去竞争，很多时候在当地都存在较大的行业竞争，这也给大学生村官创业产生较大的负担。

比如刘某创业的葡萄基地，由于准入门槛过低，群众具有盲目跟风的习惯，在当地陆陆续续的新增了五六家葡萄园，与之带来了巨大的竞争压力。同时，由于人力成本的增加，以及周边土地的限制，给葡萄园的扩展带来了一系列的困难。

四、创业帮扶方面

（一）在政策支持环境方面

降低创业门槛，成立专门的统筹协调机构，以帮助大学生村官办理创业所需要的各种手续，切实简化创办企业的程序，以免他们找路无门，浪费大量的时间和精力。政府相关部门对创业大学生村官进行正确引导，尤其是对初创期的企业更要提供一些政策支持和帮助，比如适当提供一定的创业基金或补贴，或是推荐一些创业项目等。

（二）在经济发展环境方面

切实增加大学生村官个人工资收入。此外，大部分大学生村官来自普通家庭，创业资金欠缺是一个很严重的问题，特别需要金融机构对其创业给予资金相关方面的扶持，并适当在税收方面减轻大学生村官创业初期的负担。

（三）在社会文化环境方面

首先是需要得到家人的理解和支持，以及大学生村官所在单位给予其更多个人时间用于创业，以满足其时间和精力的需求。其次，需要政府相关部门、社会组织提供一些创业技能培训或创业教育，并且这个教育培训不能是虚的，这不是做实业的人需要的，他们需要的是实实在在的技术。

五、创业感想方面

（一）坚守

我会一直坚守我的田园生活、有机农业的想法，为家人，社会创造健康绿色的产品。我们产品定位主要是中层消费，大多数是工薪阶层，价格会比普通的产品稍微高一点，但是这个价格能让大家接受得了。我们农场计划采用会员制，根据客户的需要，定时将他们需要的农产品配送到家里。在货源这一块鼓励农户加入农场，在农场租地种植、集中管理、全程监控，利于掌控产品品质。目前我们寻找到几个生态环境好的村，借助农业项目的优势塑造品牌、营销产品。利用体验农业来带动农产品的推广销售。每年，我们会拿出农场的一部分经营利润来做公益事业，帮助一些困难家庭。我们在帮助他们的过程中邀请更多的社会爱心人士加入这个集体中，并且我们在帮助他们的过程中不能让这些贫困家庭有接受帮助是理所应当的想法，应该让他们懂得感恩社会，懂得通过劳动获得收获。

——姚某

（二）奉献

既然选择了做大学生村官，就不应仅仅当作一份赚取工资的工作来看待，尤其不能有干着这份工作又嫌弃工资低、待遇差的思想，与其这样还不如早日转行。到村任职不是给大家包袱，而是给大家发展的机会，要打破为了缓解就业压力就去村委任职的观念，大学生村官不仅是大家的工作和职业，更是宏伟的事业，在工作中应处处、时时以干部的标准严格要求自己，严格遵守组织制度和纪律规定，积极履职尽责，切实把工作做好做到位，为农村的脱贫攻坚贡献应有的作用。结合实际因地制宜，为村民致富出点子、想路子，努力将自己的特长化解为群众的实际利益。能做到这些，又有哪个村民会拒绝这样的大学生村官呢？大家要立场坚定，要有信心，要能吃苦，要充满正能量。一个三观正确、充满正能量的人是没有什么能压倒的，哪怕创业失败又有何惧呢？

——韩某

（三）感恩

居里夫人曾说过，人都应该饮水思源，不管有多大的成就，都应该牢牢记住为自己成长播下了最初种子的老师。大学生村官经历犹如我们人生中的一名"老师"，它给予了我们历练的机会，让我努力成为一名坐下来能写、站起来能说、跑下去能干的大学生村官。有人说，学会感恩不只是为了报恩，有些恩情不是回报就能两清的，有些恩泽更是难以回报的，唯有用纯真的心灵去记载，学会感恩，学会铭记，不断提升自己，努力成长成材，成为一名真正对社会有用的人。我们要感谢人生中遇到的每一个人、每一件事。哪怕是挫折或者是对手，其实也为我们的成长历程添加了更加精彩的一笔。让我们学会感恩，感恩让我们更加懂得珍惜，变得更加坚韧，发展得更加成功。

——刘某

（四）梦想

创业至今，我付出了大量的时间、精力和金钱的投入，可能物质上的回报不值一提，但是越坚持，越让我感受到肩上的使命和责任。教育是什么？教育是激发、是引导、是唤醒。教育是一棵树撼动另一棵树，是一朵云触碰另一朵云，是用生命唤醒生命。教育不能当生意来做，因为我们的对象是一个个鲜活的生命，一张张纯真的面孔，一个个期待的家庭。但是教育又不能不当生意来做，因为身后还有一个需要不断成长壮大的团队，因为前面还有一条需要靠生存、靠发展才能继续走下去的道路，因为我们还有一个用教育改变家乡命运的梦想！

——欧某

促进大学生村官创业行动的主要建议

如今，大学生村官发挥自身优势，在发展农村电商、促进产业调整、帮助村民群众增收等方面做出了积极贡献。面向 2020 年脱贫攻坚任务和未来巩固脱贫攻坚成果，大学生村官基层创业将是实现农村各项发展任务的重要支撑，促进大学生村官基层创业必然是其重要举措。激活大学生村官创业意愿、激发大学生村官行动、激励大学生村官创业绩效，是实现乡村振兴战略、巩固脱贫攻坚成果、实现农村全面小康的重要保证。

第一节 政策设计上的整体推进与分类实施

（1）政策上的整体设计。大学生村官计划是政府推进农业现代化、促进城乡一体化的战略之一，大学生村官工作计划目标与政府工作目标紧密衔接。大学生村官计划作为促进农村发展的战略之一，大学生村官的发展与区域政策是息息相关的。因此，政府要在农村基础设施改善、创业扶持政策改进和大学生村官管理制度优化、激励制度强化等方面进行系统设计，提高大学生村官的创业倾向，促使大学生村官扎根在基层创业。第一，政府要优化交通、通信、网络设施，实现基层的信息化网络化，通过网络化的平台，大学生村官能够及时了解到外界的动态，加强与外界的交流，使创业的平台更加宽广。第二，政府要提供优惠的税收政策、创业基金或补贴，引导金融机构为大学生村官提供贷款减息政策，加大对创业的投资意愿，为大学生村官创业项目提供资金指导，降低大学生村官的创业成本。同时，政府也要适当提高大学生村官的生活待遇，保障其基本生活水平。第三，政府要大力倡导创新创业的文化，对创业成功者给予奖励支持，并广泛宣传大学生村官创业的成功事例，营造良好的创业舆论氛围，使大学生村官创业有更大的积极性。第四，基层政府要积极开展创业教育活动，通过制度化措施定期组织大学生村官进行创业基础知识和创业领域专业知识的培训，以进一步激发大学生村官创业意愿、提高大学生村官创业能力。

（2）实施中的分类推进。根据已有分析我们知道，很多人当大学生村官在思想上是"无奈"选择，是被动的选择，难以避免会在工作中存在"过渡"的心态。这显然与大学生村官所肩负的责任和使命相背离，与乡村振兴重大战略相背离。但这与大学生村官的岗位定位、角色定位却是一致的。在全面建成小康社会、建设社会主义强国的进程中，如何将大学生村官摆在更加重要的位置，提高大学生村官在我国政治领域的存在感，促进其发挥更大作用的同时吸引更多优秀人才本着为百姓谋福利的目标、到基层锻炼的态度、为农村发展奉献的精神投身到大学生村官队伍，需要政府在大学生村官选聘过程中给予针对性的改进和完善，使大学生村官制度优化发展。在大学生村官工作选聘环节，可考虑以专业背景为导向分配工作地区。不同地区的情况对当地未来发展模式具有决定性的影响，将大学生村官分配到与其专业背景契合度较高的地区更有利于其到任后发挥自身专长干出业绩，如山地、森林资源丰富的地区最好有农学或林学专业背景的大学生村官，而旅游资源丰富的地区最好有旅游、经济管理等相关知识背景的大学生村官。提高分配的精确度，有利于降低大学生村官知识技能和当地具体情况整合的难度，便于其更好地发挥自身优势，也有助于大学生村官提高其职业认同感。

（3）资金上的重点扶持。目前大学生村官创业在实际创业过程中面临着资金短缺的重大问题。由于城乡发展不平衡，农村金融体系建设落后，大学生在创业过程中常常遇到贷款难的问题，很多创业者的创业资金最主要的来源就是家庭支持和自我储蓄，创业者的自有资金远不能满足创业资金的需求。政府和相关部门需要通过改革，为广大的大学生村官创业提供多渠道的资金支持。因此，政府需要建立农村信用社和农村邮政储蓄银行的融资渠道，为大学生村官创业提供资金支持，降低大学生贷款门槛，放宽条件提高贷款额度。此外，政府预算部门要设立大学生创业专项资金，为大学生创业提供便利。同时需要引进民间资金，发展民间借贷资本，合理利用民间闲置资本，对成立正规合法的民间社会化金融组织给予鼓励和支持，促进民间借贷资本的发展（韩俊，2009），采取新途径、新举措，以达到互利互惠，合作共赢，从而促进大学生村官创业的目的。另外，国家需要出台相关政策，建立大学生村官创业风险评估体系和投资保险体系，通过政策，为大学生村官创业提供风险保障和风险赔偿机制，使大学生创业风险降到最低，所需承担的创业损失也降到最低。

第二节　日常管理中的统一要求与个性服务

　　大学生村官创业政策在具体落实的过程中缺少健全的配套服务体系是大学生村官创业计划无法取得预期效果的重要原因。大学生村官日常工作与创业工作的冲突、村务工作与乡镇工作矛盾、业务工作与企业工作的平衡，都是在大学生日常管理中会碰到的问题。同时，由于创业融资难，创业缺少完整的指导性文件等，大学生村官创业配套服务体系不健全，都会对大学生村官创业带来较大的影响。要激励大学生村官创业首先要健全相应的创业配套服务体系，完善大学生村官创业保障制度，规范大学生村官的工作职责，明确大学生村官的考核办法，强化大学生村官的职业导向，真正让各项管理工作和创业实践政策更具可操作性和延续性，使大学生村官创业工作作为大学生村官的工作职责，使之更加规范化、制度化。

　　（1）规范日常管理。一是制定相应的法律法规使大学生村官管理有法可依，对他们的权利、职责作明确的规定，保障他们的合法权益，有利于大学生村官对职业发展作明确的规划。二是明确大学生村官任期届满后的分流路径，让在岗大学生村官安心扎根农村，坚定其在农村打持久战的决心。三是把创业绩效纳入大学生村官评优评先、提拔任用的考核指标体系。四是实施大学生村官创业目标管理责任制。引导大学生村官处理好本职工作和创业之间的冲突，把完成本职工作和发展创业有机结合起来，积极探索创业致富道路，为农村富余劳动力创造就近就业岗位，让大学生村官成为农村创业致富的示范者。五是拓宽大学生村官创业融资渠道，对于前景看好的优势创业项目加大资金投入，利用财政投资指向性向社会广泛推荐新农村建设优势项目，帮助金融业进一步确定农村经济的信贷政策导向，同时，引导金融机构、天使资金、民间资金等进入农村金融市场，形成支农资金规模化、多元化。

（2）激励创业行为。合理有效的激励措施能够触发大学生村官创业的内在动力，激励他们努力创业。服务期满即自谋出路的制度设计使大多数大学生村官在任期内即着手为下一站做准备，必然影响其服务农村、扎根基层为百姓做实事的精力投入。国家及地方应拓宽大学生村官服务期满后顺利进入公务员队伍或其他事业单位的渠道，同时制定切实可行的激励措施，对于在创新创业方面有突出成绩的大学生村官给予适当奖励。可尝试建立大学生村官创业激励机制并使其规范化、制度化。首先，制定相应的法律法规使大学生村官工作管理有所依据，保障他们的合法权利。给予大学生村官一定的决策自主权，让他们在基层决策中获得一定的影响力，化解他们在农村的尴尬身份。其次，明确大学生村官任期届满后的分流路径，让在岗大学生村官安心扎根农村，坚定其在农村打持久战的决心。再次，把创业绩效作为大学生村官评优评先、提拔任用的重要参考，实行大学生村官创业目标管理责任制，引导大学生村官正确处理本职工作和自主创业之间的关系，做到完成本职工作与创业发展的有机结合，积极探索创业致富渠道，努力创造农村就业岗位，带动村民就业致富成为农村创业的示范者。最后，实行绩效工资，将创业业绩纳入大学生村官工作考核范围，使大学生村官工资有所区分，对于创业业绩有突出表现的给予一定标准的现金奖励，从而提高他们的工作积极性。

（3）推广创业项目。积极推广大学生村官创业的创业项目，有助于大学生村官创业常态化、提高大学生村官创业认同度。当地政府应该向村民、社会征集创业项目，结合自身优势，科学设定，筛选出一些市场前景好、能够带领群众共同致富的适合大学生村官创业的项目提供给大学生村官；大学生村官也要围绕任职村居区位优势、产业优势以及自己的专业特长，按照实际选择创业项目；对于大学生村官自己选取的创业项目，政府应结合各部门进行评估、指导，保证大学生村官选取的创业项目切实可行，并积极向社会和市场推广；要积极宣传和大力弘扬大学生村官中的创业典型和创业项目，帮助大学生村官推广和拓展产品市场，使更多人了解理解支持大学生村官的创业行动，帮助大学生村官更好地开展创业活动。大学生村官应该具备创新创业精神及创业富农的意识，不断提升和巩固自己的创业素质和能力，为农村的脱贫扶贫贡献力量，带动当地村民共同富裕。大学生村官创业，除了创业环境，这个只是外部客观因素，更为关键和重要的是大学生村官本身，大学生村官的主观努力、主体意识、自身素质等对创业成功息息相关，这才是决定性因素。假如是过于谨慎，害怕承担责任和压力，不敢冒险和参与，哪怕是创业环境和条件再好，也不太可能取得好的创业成果。此外，大学生村官要主动去搜寻和了解关于创业的各项优惠政策，增强对国家政策走向和市场信息的敏感度，提高创业机会的识别能力，更好更快地捕捉到创业机会，为创业成功打下坚实的基础，提高政府、村民对大学生村官创业的认同。

第三节 创业环境中的系统优化与突出重点

良好的外部环境无疑对增强个体的创业自我效能、创业意愿大有裨益。根据班杜拉三元交互决定论，外部环境、主体内部因素和个体行为三因素之间是相互作用、交互决定的关系。认知对行为有着强有力的支配和引导作用，行为受环境条件的限制。如果有人认为他在某个具体情境中不容易获得成功，那么他就倾向于不采取行动，行为失败的可能性就比较大。良好的创业文化环境是形成"大众创业，万众创新"良好局面的必要条件，我们要致力于营造宽容、平等、鼓励创新的良好文化氛围。

（1）营造创业文化。当前，社会大众对创业抱有一定偏见，绝大多数家庭中，父母还是希望子女毕业后能考个单位，有个稳定的工作，甚至有的人认为创业就是不务正业，非常不鼓励不支持年轻人选择自主创业。中小企业创业风险大，金融市场对中小企业贷款设置高门槛，中小企业面临融资困境。中小企业的发展对整个经济社会的繁荣起着巨大促进作用，只有当社会对创业有了客观理性的认识，才能够真正做到支持和鼓励大学生创业。为了创造积极的创业文化，消除传统社会观念对人们的消极影响，形成大胆创新、敢于尝试、不畏失败的良好创业氛围，高校、企业、政府部门应联合行动，积极开展形式多样、内容丰富、影响深远的创业实践活动，引导创业舆论，增强主观规范，让社会大众认识到创业是当前社会经济发展的大势所趋，通过创业可以实现自己的人生价值，可以缓解日益严重的就业难题，可以刺激经济可持续发展，促进经济转型升级。

（2）改善创业支持。在创业过程中良好的社会氛围非常重要，特别是创业过程中家人要积极配合大学生的创业。大学生的创业离不开家庭的支持，不论在经济上的支持还是思想上的帮扶都需要家长的无私奉献。但传统家庭过于注重子女的学习成就，而忽视了创新创业能力的塑造。要切实优化家庭创业支持，家庭创业氛围和创业支持在一定程度上可以提高大学生村官的创业倾向，促进创业行为。因此，家人对大学生村官的工作给予理解和支持，减少其心理负担；对于创业活动家人要为其提供安稳的后方基地，在条件允许的情况下给予经济支持，减少大学生村官创业经济上的压力。另外，父母要注重培养子女创新创业的特质，使其拥有企业家的精神、养成独立思考问题解决问题的能力、具有良好的人际关系、具备良好的心理素质，敢于冒险，果敢又理性，在生活和工作中都能够独当一面，激发个体创新创业的意识和创业行为。首先，家长要依据自己的经历经验对子女的创业给予支持，并与之讨论想法，交换观念，使孩子少走弯路。在子女创业的过程中，及时进行交流沟通，了解最新动态，父母是孩子的主心骨，当在创业过程中遇到不顺时，是最需要得到父母支持安慰的时刻。父母的观点、态度在很大程度上影响着子女的行为。其次，家长有着较广的人脉，可凭借自己的人脉为孩子的创业铺平道路，如：推荐有经验的农业人员，向创业者亲自传授经验；积极引导村民们接纳创业者的新观点，从思想上和行动上真正支持创业者，减少创业过程中的阻力。同时，还要改善大学生创业的融资环境。为破解大学生村官创业融资难题，首先，要着力构建普惠金融体系，大力发展村镇银行、小微金融机构、农业贷款公司等，不断探索和创新金融服务，构建多层次、全方位、可持续的农村金融服务体系，有效弥补传统金融为农服务的短板。其次，加大政府财政资金投入，同时引导银行、金融机构、天使资金、民间资金等进入农村金融市场，形成支配农业资金规模化、多元化，分担风险。利用财政投资指向性向社会广泛推荐各项新农村建设优势项目，帮助金融业进一步确定农村经济的信贷政策导向，为金融业拓展代理政府投资农村经济项目创造条件。最后，充分利用大数据时代的优势建立农村创业企业数据库，建立关于创业企业的征信系统，加强信息的整合和利用，提高贷款业务、客户信用分析工作效率，保障银行业务的及时性和可靠性。推广农村资金互助、互联网金融等新兴农村融资模式，打破原有的农村金融格局，降低信贷门槛为当地农业农村发展提供无抵押、无担保贷款服务。

（3）优化发展环境。创业环境中社会文化环境对大学生村官创业动机影响最显著，其次是经济发展环境。说明身边创业成功的案例越多、创业氛围越浓厚，经济发展水平越高，越能激发大学生村官的创业动机。从研究结果得知，政策支持环境对大学生村官创业动机影响不显著，这从侧面也可以反映出目前我国对大学生村官的政策支持措施并不能够转化为激励他们创业的因素。因此，政府如何提高创业政策的有效性、增强帮扶政策的精准度，是促进大学生村官创业的重要基础。在自我效能分析中发现，机会识别效能影响最显著，其次是管理控制效能和组织承诺效能。如果大学生村官经常关注市场的发展动向及顾客的需求变化，时刻做好创业的准备，愿意将自己的全部精力、资金投入到创业中，即机会识别效能越强，创业的欲望就越强烈。在面对困难时，团队成员越是能够团结、共同承担责任、共同努力，创业成功的概率就越大，各成员对创业的信心就越高，创业动机就越大。

（4）提升创业素质。创业是一个综合性和实践性很强的动态过程，它要求创业者必须具备各方面的知识能力素质。大学生村官所处的环境使得创业者必须承担着更多的风险和责任，所以要进一步提升个人的创业特质。第一，大学生村官自身要全面学习，掌握扎实的创业知识，了解相关的创业流程和有关法律知识，为创业夯实知识储备。同时大学生村官要加强社会实践，培养个人各方面的能力，为创业获得更多宝贵的经验。第二，大学生村官要善于把握现有的社会资本。从数据分析中也发现社会资本中的人际关系与大学生村官的创业倾向呈显著正相关。通过加强自身的人际交往，扩大自身的人脉，形成更广的人际关系网，从而提升个人的社会资本。随着大学生村官工作的深入推进和"大众创业万众创新"氛围的进一步浓郁，我们预计，创业的大学生村官将会越来越多；而且随着经济的发展，生存型创业也将逐渐转变为机会型创业。而在转变的过程中，我们应该不断提升大学生村官的自我效能，以促进创业，带动就业。创业环境不仅对大学生村官创业动机影响显著，对自我效能也有深远的影响，我们应该为大学生村官创业营造良好的创业环境，国家大力支持、扶持大学生村官创业，免费为大学生村官进行创业培训，并在资金方面给予一定的帮助，不仅可以增强大学生村官的自我效能，还可以为"大众创业、万众创新"这个大环境营造一个良好的氛围。

（5）弘扬创业精神。现在国家大力提倡"大众创业、万众创新"，要在全社会建立"双创"舆论体系，营造浓厚的创业氛围。其中，创业文化已愈发引起人们的关注，已成为推动经济持续发展的重要力量，所以要积极弘扬促进经济发展的创业文化。要充分利用广播、电视、报刊、网络等新闻媒体对大学生村官中的创业典型进行广泛宣传，积极为大学生村官创业营造良好的舆论氛围和创业环境。加快农村基础设施建设，降低大学生村官创业成本。农村发展落后，首先是农村基础设施滞后，它造成资金、技术、信息、人才、物资等生产要素很难在农村高效运转，严重制约了在农村创业。其次是县乡两级政府要调动多方面参与农村基础设施建设的积极性，加强水利设施、道路和通信等设施建设，以及加快医疗、文化等生活服务设施建设，从而降低大学生村官创业成本，为大学生村官创业提供较为理想的发展载体，提高创业积极性。

第四节　自我效能感的全面提升与精准施策

自我效能感的实践意义在于，它是可以通过教育实现改变。创业自我效能感包含了创新效能感、机会识别效能感、管理控制效能感和组织承诺效能感，这些效能要素与教育培训密切相关。创业教育的目的在于培养大学生的创新精神，学习经济、法律、管理等学科基础知识，锻炼经营管理的实践能力，磨炼坚毅果敢的意志品质。大力推行创业教育的目标不仅是为未来培养成功企业家，创业教育更是一种素质教育，这种素质是知识经济社会对人才提出的基本要求。1998年清华大学举办首届大学生"挑战杯"大赛开启了国内高校创业赛事先河，标志着我国创业教育的兴起。不可否认，我国创业教育取得了很大进展，已成功举办五届的"互联网＋大学生创新创业大赛"已成为覆盖所有高校、参与人数最多、影响力最大的高校双创盛会。但由于我国创业教育起步比较晚，创业教育发展还不够成熟，要在现有水平上继续探索，不断创新。要建立和完善创业教育服务体系，国家和地方根据经济和教育发展的现实情况，确保财政性教育经费支出用于创业教育的投入明显增加，将构建完善创业教育体系作为新增教育财政支出的重点投入领域，提高创业教育效率。

对大学生村官创新精神和创业能力的培养主要分为两个阶段，一是大学期间开展的系统性的创业教育，二是入职后组织的更具针对性的创业培训，两个阶段相辅相成，对大学生村官创业自我效能产生深远影响。为促进大学生村官积极创业，可以有针对性地开展大学生村官入职后的创业培训，制定因地制宜的培养方案。

地方政府和党委要结合大学生村官的技术专业特长，从地方发展的实际情况出发，把握市场需求情况，积极整合各部门资源有效助推大学生村官创业。第一，组织农业技术专项培训。开设种植业、养殖业、旅游开发、果树栽培等培训机构，对有志于创业的大学生村官创业提供专业的技术指导。第二，加强与科研机构的合作交流，使科研机构最新的农业科技成果及时地在大学生村官中推广，应用于农业生产实践。定期组织大学生村官深入学习金融、税务、环保等相关方面的法律法规，提高他们的创业知识素养。第三，聘请行业专家对大学生村官创业"传、帮、带"，对具有较好发展前景，有一定影响力的创业项目有所侧重，帮助大学生村官解决创业中遇到的实际困难。第四，向大学生村官中宣传成功创业的典范。自我效能理论指出，通过观察示范行为，经由观察模仿和象征模仿获得的替代性经验可以增强个体的创业自我效能。就是说，当个体看到身边与自己处境类似的人获得成功对自己获得同样的成功会更有信心，将其作为榜样不断激励自己。对大学生村官中表现卓越的创业者进行宣传，扩大影响力，树立农村创业的典范。创业榜样向大学生村官展示出了活动中获得成功的过程，为大学生村官提供了有效的替代性经验。因而在高校的创业教育和大学生村官的创业培训中应注重加强榜样教育的方式，为大学生、大学生村官创造更多与创业榜样接触的机会。通过成功人士的榜样示范作用，引导大学生产生共鸣并进行自我强化。

高校作为大学生村官任职前接受创业教育和培训的主要实施主体，需要不断地完善创业教育体系，激发大学生村官的创业倾向。一是高校要重视创新创业的工作，改变传统培养人才的观念，采用新的创新创业的观念，真正落实国家出台相关创新创业的工作，确保教务处牵头、各个部门协同开展创新创业教育工作。二是要加强创业教育师资队伍建设，建立创新创业的导师库，加强对校内教师创新创业理论与实践的培训，聘请企事业单位成功的创业者作为创业顾问。三是要搭建创业教育实践平台，成立创业孵化基地，加强校企合作、院企合作以及专家与企业的合作，形成全校都参与企业合作的意识，使大学生能够深刻了解创业的整个过程，提高创业倾向，在任职大学生村官后能够扎根基层创业。

在创业的过程中，使理论与实践相结合，敢于创新尝试，勇于挑战自我。立足村情找突破口，锻炼自身洞悉商机的能力，不断更新自身知识结构，在实践中使自己慢慢成长、独立。要特别重视大学生村官的教育培训，不断提升大学生村官创业能力。对大学生村官创新精神和创业能力的培养主要分为两个阶段，一是大学期间开展的系统性的创业教育，二是入职后组织的更具针对性的创业培训，两个阶段相辅相成，对大学生村官创业意愿产生深远影响。高校应逐步把创业教育融入人才培养体系，科学设置人才培养目标，打造精品创业教育课程体系，重视对大学生综合素质和综合能力的培养。联合高校、企业、社会各部门举办形式多样、内容丰富的创业大赛以营造良好的创业氛围。通过大学科技园搭建大学生创业综合服务平台，释放其在资源和信息方面的集聚优势为有志向的大学生提供咨询服务、实习机会、项目、场地、资金等多方面的支持。地方政府和党委要积极整合部门资源帮助大学生村官创业，结合技术专业特长、地方实际情况和市场需求，加强农业技术专项培训，建立种养殖业、果树栽培、旅游开发等培训机构，对大学生村官创业进行专业技术指导。加强与科研机构的合作，及时在大学生村官中推广最新农业科技成果。定期组织大学生村官深入学习金融、税务、环保等相关方面的最新法律政策。聘请行业专家开展大学生村官创业帮扶，对具有较好发展前景有影响力的大学生村官创业项目重点培养，帮助他们解决创业中遇到的实际困难。

当然高校要切实把创业教育融入人才培养体系，树立科学的人才培养理念。第一，加强创业教育人才队伍建设。高校是创业教育的主阵地，创业教育的师资力量强弱关系的创业教育的成败。就目前来讲，我国创业教育领域的专业人才还是非常稀缺的，可以招揽各个领域的专家加入到创业教育师资队伍中，定期组织创业教育师资培训，对在创业教育方面有突出表现的组织或个人采取激励措施，鼓励他们在教学内容、教学模式、教学方法上不断作出新的探索。第二，创新创业教育模式，重视对大学生的创业指导。搭建创业综合服务平台，释放其在资源和信息方面的集聚优势，为有志向的大学生提供多方面的支持，初步增强大学生的创业知识准备和创业体验。设立不同层次级别的大学生创业指导专门机构，也可以在大学科技园、创业孵化基地设置大学生创业指导部门，以便为大学生提供便捷的政策咨询、法律援助、项目分析等创业公共服务，答疑解惑，为身处创业各个时期的大学生提供专业的创业指导和建议。第三，高校应逐步将创业教育融入人才培养体系之中，树立科学的人才培养理念，合理设置人才培养目标。为更好地实现创业教育目标，高校要努力打造各具特色的精品创业教育课程体系，加强高校之间的合作，整合资源，采取联合行动，达到创新型复合型人才培养的目的。另外，通过一定的宣传手段向社会传播科学的人才培养理念，使家庭教育和学校教育具有连贯性，整合资源，在实现人才培养目标上产生协同效应。第四，建立高效的创业政策宣传体系。加强学校、政府及社会的相关部门的工作衔接，弱化因政策宣传滞后给大学生创业带来的消极影响，扩大创业政策宣传的覆盖面。发挥现代信息网络服务优势，通过建立健全全国性公共创业服务网站、微信公众号、手机客户端等新媒体传播路径及时向大学生发布最新的创业政策和信息。

技能培训是大学生村官创业成功的关键因素之一。要进行大学生村官培训需求分析，提高技能培训的针对性。目前，各地都比较重视大学生村官技能培训，但效果并不尽如人意。可以把有培训需求的大学生村官分为两类：一类是培训后准备期满就业的；另一类是培训后准备创业的，这样就有了针对性和实用性。同时，在教学方法上，采用理论联系实际的教学方式和方法，让大学生村官在培训中真正学到技术，真正掌握本领，为创业打下坚实的技能基础，确保大学生村官不为缺乏技能而放弃创业或创业失败。要加强技能培训管理，提高培训的实效性，真正使大学生村官学有所获，学有所用。并且要合理安排培训时间。因为大学生村官还有其本职工作，所以要区别对待，灵活安排时间，提高培训出勤率。

《大学生村官创业问题研究》调查问卷

访问地信息：_____县/市/区_____乡/镇_____村/社区

被访者签名：_____ 联系电话：_____

工作地址：_____省_____县（市、区）_____乡（镇）_____村

访问员姓名：_____ 访问员联系电话：_____

注：1. 本问卷调查对象为担任过大学生村官（由政府通过公开选拔的到村任职的高校毕业生）的有关人员。

2. 大学生村官创业指大学生村官通过创办各类企业及合作经济组织或协会以获得财富的行为。

3. 请您认真阅读本问卷的题项，实事求是地填写您的选项；除下划线需填写的题项外，均可直接在选项序号上打"√"。

4. 本问卷材料仅供课题研究使用，请根据题目要求填答。

访问开始时间：____年____月____日____时____分

一、村域特征

1. 调查地是否地处城镇郊区？（　　　）

①是　②否

2. 您所在村到乡镇大约（　　　）公里，到县城大约（　　　）公里

3. 您所在村是否有合适的创业资源？（　　　）

①根本没有　②有一些　③有很多

4. 与周围村相比，您所在村的居民收入水平如何？（　　　）

①较低　②一般　③较高

5. 与周围村相比，您所在乡镇经济发展水平如何？（　　　）

①较低　②一般　③较高

二、个体特征

6. 您的年龄（　　　）岁

性别（　　　）①男　②女

婚姻（　　　）①已婚　②未婚

7. 您的文化程度（　　　）

①中专　②大专　③本科　④研究生

8. 您的政治面貌（　　　）

①中共党员　②共青团员　③民主党派　④群众

9. 您的毕业学校层次（　　　）

①211学校及更高层次　②省属本科院校　③市属本科院校

④专科院校

10. 您所学专业的类别（　　　）

①农业类　②理工类　③管理类　④医学类　⑤财经类　⑥法学类

⑦教育类　⑧其他

11. 您的出生地（　　　）①城镇　②农村

　　　　　　　　（　　　）①发达地区　②中等地区　③不发达地区

12. 您是于（　　　）年（　　　）月担任大学生村官

13. 您为什么选择当大学生村官？（　　　）

①迫于就业的压力　②优惠政策吸引　③作为跳板

④想在基层建功立业　⑤受其他人影响　⑥其他

14. 您在村或曾在村担任的职务是（　　　）

①村书记　②村主任　③村两委成员　④两委助理

15. 您现在的身份是（　　　）

①村干部　②公务员　③事业编制人员　④企业人员

⑤企业经营者　⑥其他

16. 您的风险偏好（　　　）

①冒险型　②中间型　③保守型

17. 您每月的电话费支出是（　　　）

①40 元以下　②40～60 元　③60～80 元　④80～100 元

⑤100 元以上

18. 与您常联系的朋友（　　　）

①3 个及以下　②4～6 个　③7～9 个　④9～11 个　⑤11 个以上

19. 您是否有一技之长？（　　　）

①有　②无

20. 您的技术专长主要是什么？（　　　）

①农业技术　②工业技术　③建筑技术　④营销技术

⑤管理技术　⑥信息技术

21. 您在村工作期间是否参加过专门的技术培训？（　　　）

①是　②否

三、家庭特征

22. 您父亲的文化程度（　　　）

①小学及以下　②初中　③高中（中专）　④大专及以上

23. 您母亲的文化程度（　　　）

①小学及以下　②初中　③高中（中专）　④大专及以上

24. 您父母主要从事的收入来源是（　　　）

①工资收入　②转移收入　③财产收入　④经营收入

25. 您的兄弟姐妹有（　　　）个

26. 您家 60 岁以上的老人数（　　　）个，18 周岁以下未成年人有（　　　）个

27. 您的主要收入来源是（　　　）

①村官工资收入　②务工收入　③务农收入　④经营收入　⑤其他

28. 您目前的年均收入大约是（　　　）

①1.5 万元以下　②1.5001 万～2.5 万元　③2.5001 万～3 万元

④3.0001 万～4 万元　⑤4 万元以上

29. 您家是否有与你有直接关系人担任村干部或公务员？（　　　）

①有　②无

30. 您是否与政府工作人员有良好关系？（　　　）

①有　②无

31. 您是否与国有银行及政府机构有良好关系？（　　　）

①有　②无

32. 您是否有很多类型的朋友？（　　　）

①有　②无

33. 您是否经常与朋友们保持联系？（　　　）

①有　②无

34. 您能借到 5000 元以上的人数大约有（　　　）人

35. 您经常来往的亲戚有（　　　）家

四、创业环境

注意：数字越大表示越认同该内容。"1"表示自己完全不认同该评价项目内容；"2"介于 1～3；"3"表示对评价项目认同感较低；"4"表示对评价项目认同度一般；"5"表示比较认同；"6"介于 5～7；"7"表示对评价项目认同度很高。

请根据评价项目分别在数字对应的方格中打"√"

编号	评价项目	评价值						
	政策支持环境	1	2	3	4	5	6	7
Sa	创办企业注册、登记、审批程序简捷							
Sb	政府会提供优惠的税收政策							
Sc	政府工作人员办事效率较高							

续表

编号	评价项目	评价值						
	政策支持环境	1	2	3	4	5	6	7
Sd	政府会为创业者提供咨询服务							
Se	政府规范创业行为的相关制度完善							
Sf	政府会提供用地优惠政策							
Sg	政府会提供创业项目							
Sh	本地有多种可供选择的融资渠道							
Si	本地容易获得银行提供的低息贷款							
Sj	本地容易获得政府的创业基金或补贴							
Sk	当地社会管理规范有序							

编号	评价项目	评价值						
	经济发展环境	1	2	3	4	5	6	7
Ea	当地经济发展势头很好							
Eb	当地经济活动比较活跃							
Ec	本地创业有多种信贷担保方式							
Ed	本地金融机构对创业有充足的投资意愿							
Ee	本地金融机构之间竞争非常激烈							
Ef	当地有公平的竞争环境							
Eg	本地有良好的交通设施							
Eh	本地有良好的通信网络设施							
Ei	本地有良好的水、电、气设施							
Ej	本地有良好的土地资源							
Ek	本地有许多可供创业的资源							

编号	评价项目	评价值						
	社会文化环境	1	2	3	4	5	6	7
Ca	创业能得到家人的理解和支持							
Cb	当地文化鼓励创造和创新							
Cc	当地有很多村干部创业成功							
Cd	身边有成功的创业榜样可以效仿							
Ce	公众对创业失败会比较宽容							
Cf	本地会举办创业教育活动							

续表

编号	评价项目	评价值						
	社会文化环境	1	2	3	4	5	6	7
Cg	我在校期间曾经接受过相关创业教育培训							
Ch	我在校期间参加过有关创业项目							
Ci	本地会举办创业培训							
Cj	本地会举办职业技术培训							
Ck	本地创业培训教育得到比较好的发展							

五、创业自我效能

注意：数字越大表示越认同该内容。"1"表示自己完全不认同该评估项目内容；"2"介于1~3；"3"表示对评估项目认同感较低；"4"表示对评估项目认同度一般；"5"表示比较认同；"6"介于5~7；"7"表示对评估项目认同度很高。

请根据评估项目分别在数字对应的方格中打"√"。

编号	评估项目	评估值						
	创新效能	1	2	3	4	5	6	7
Ia	我能实现我的创业期望							
Ib	我能独立思考并形成自己的观点							
Ic	在面对竞争时，我会采取超前行动成为行业领头人							
Id	在面对挑战时，我能勇敢面对并采取恰当行动							
Ie	我对新技术特别感兴趣							

编号	评估项目	评估值						
	机会识别效能	1	2	3	4	5	6	7
Ra	我愿意等待以获取未来可能的高投资回报							
Rb	我时刻关注市场的发展动向及顾客的需求变化							
Rc	我有信心找到更好的发展机会以使自己收入增长							
Rd	我喜欢创业不确定性带来的刺激							
Re	除生活必需我会将赚取的利润全部投入经营							

编号	评估项目	评估值						
	管理控制效能	1	2	3	4	5	6	7
Ma	如果创业有利可图，我有信心承担更大风险							
Mb	当创业现实与目标出现较大偏差时我会适时调整							
Mc	我更喜欢选择高风险高回报项目							
Md	计划制定好后我能确保其顺利实施							
Me	我能创建和维护一个健康良好的团队气氛							

编号	评估项目	评估值						
	组织承诺效能	1	2	3	4	5	6	7
Oa	即使分配给我的任务很难，我也会尽力完成							
Ob	我总是尽最大努力提高工作成绩							
Oc	我能够与我周围的人建立团结协作的工作关系							
Od	在工作中我不会规避额外的责任							
Oe	我能够赢得别人对我的尊重							

六、创业认知特征

注意：数字越大表示越认同该内容。"1"表示自己完全不认同该评价项目内容；"2"介于1~3；"3"表示对评价项目认同感较低；"4"表示对评价项目认同度一般；"5"表示比较认同；"6"介于5~7；"7"表示对评价项目认同度很高。

请根据评价项目分别在数字对应的方格中打"√"。

编号	评价项目	评价值						
	创业希求性	1	2	3	4	5	6	7
Da	创业对我很有吸引力							
Db	我很想自己创业							
Dc	我想创业的意愿很强烈							
Dd	我会很有热情地投入到创业的事务中							

续表

编号	评价项目	评价值						
	创业可行性	1	2	3	4	5	6	7
Fa	我认为我创业的可行性很高							
Fb	我已经做好了创业的准备							
Fc	如果我创业，我觉得成功的机会很大							
Fd	我能写出一个清晰和完整的商业计划							

编号	评价项目	评价值						
	创业动机类型	1	2	3	4	5	6	7
Ta	我想通过创业来发家致富							
Tb	我想通过创业使自己生活更有保障							
Tc	我想通过创业来使家人生活更有保障							
Td	我想通过创业使未来生活更加舒适							
Te	我喜欢挑战、想成就一番事业							
Tf	我想通过创业实现自身价值							
Tg	我想通过创业带动村民致富							
Th	我想通过创业提升村官群体的影响力							

编号	评价项目	评价值						
	创业意愿强度	1	2	3	4	5	6	7
Wa	我的职业发展目标是成为企业家							
Wb	我经常会考虑是否要创业							
Wc	我会尽一切努力创业自己的企业							
Wd	我会认真考虑有关创业的事情							
We	我决定将来要自己创业							
Wf	我已经做好了成为创业者的所有准备							
Wg	我坚信自己将来一定会创办企业							

七、创业意愿行为

36. 您是否会关注创业信息（   ）

①不关注　②不太关注　③一般　④比较关注　⑤非常关注

37. 您是否会关注大学生村官创业相关政策（   ）

①不关注　②不太关注　③一般　④比较关注　⑤非常关注

38. 您是否会关注政府有关创业政策（　　　）

①不关注　②不太关注　③一般　④比较关注　⑤非常关注

39. 您是否会关注创业培训或讲座（　　　）

①不关注　②不太关注　③一般　④比较关注　⑤非常关注

40. 如果您创业，意愿创业的区域是（　　　）

①本村　②本乡镇　③本县　④县外

41. 如果您创业，意愿创业的形式是（　　　）

①个体创业　②合伙创业　③股份制　④其他

42. 如果您创业，意愿创业的行业是（　　　）

①特色种植养殖业　②加工业　③小型工矿企业　④餐饮服务业
⑤运输业　⑥销售服务业　⑦农村旅游业　⑧农业合作组织或协会

43. 如果您创业，是否愿意加入政府设立的创业园区？（　　　）

①愿意　②不愿意

44. 当前您是否愿意创业？（　　　）

①愿意　②不愿意

……如果选择"不愿意"（回答完本题后，结束问卷调查），那么

44a. 您不愿意创业的最主要原因是什么？（　　　）（选择您认为最主要的4项，并依重要程度排序）

①风险太大　②缺乏资金　③没有一技之长　④创业环境不好
⑤没有合适项目　⑥政府支持少　⑦审批手续复杂　⑧税收过重
⑨借贷困难　⑩缺乏适用工人

…………………………………………………………………………

……如果选择"愿意"，那么请继续回答：

44b. 您愿意创业的最主要原因是什么？（　　　）（选择您认为最主要的4项，并依重要程度排序）

①实现自身价值　②工作职责所在　③想为村民做点事　④机会好
⑤有合适创业项目　⑥解决家庭实际困难　⑦想表现自己
⑧有比较好的创业保障　⑨其他人动员

45. 您是否已经创业？（　　　）

①已创业　②还没有创业

……如果选择"还没有创业"（回答完本题后，结束问卷调查），那么

46. 您愿意创业但又没有创业的主要原因是什么？（　　）（选择您认为最主要的4项，并依重要程度排序）

①政府支持少　②缺乏资金　③创业环境不好　④找不到合适项目
⑤找不到合作者　⑥没有技术支持　⑦家人不支持　⑧缺乏社会关系
⑨产品没有销路　⑩村务太繁忙

··

……如果选择"已创业"，请继续回答下列问题：

47. 您是哪一年开始创业？　　年　　月

48. 您创业的初始投资是（　　）万元

49. 您创业的资金来源主要是（　　）

①自有资金　②政府创业基金　③父母、亲戚支持　④银行贷款
⑤民间借贷

50. 您认为您现在的创业是否成功？

①很不成功　②不成功　③说不清楚　④比较成功　⑤很成功

51. 您去年企业的年利润具体为（　　）万元，在（　　）区间，

①2万元以下　②2万～4万元　③4万～6万元
④6万～10万元　⑤10万元以上

52. 您目前创业经营的形式是（　　）

①个体户　②合伙企业　③股份制　④家庭农场　⑤其他

53. 您目前创业的领域是（　　）

①特色种植养殖业　②加工业　③小型工矿企业　④餐饮服务业
⑤运输业　⑥销售服务业　⑦农村旅游业　⑧农业合作组织或协会

54. 您目前的创业地点是（　　）

①本村　②本乡镇　③本县　④县外

55. 您创业场所的硬件条件如何？（　　）

①很不好　②不太好　③一般　④比较好　⑤很好

56. 您创业企业用工量多少？（　　）

①5 人以下　②5 ~ 10 人　③11 ~ 30 人　④31 ~ 50 人　⑤51 ~ 100 人
⑥101 ~ 300 人　⑦300 人以上

57. 您是否受过创业知识或技能培训?（　　）

①是　②否

58. 您创业企业的管理制度是否完善?（　　）

①很不完善　②不太完善　③一般　④较完善　⑤很完善（如果根本没有制度就选"很不完善"）

59. 您创办的企业是否会经常召开会议?（　　）

①从来没有　②有时会　③经常开

60. 您创办的企业是否会进行产品营销推广?（　　）

①从来没有　②有时有　③经常进行

61. 您创办的企业销售网络如何?（　　）

①较差　②一般　③较好

62. 您创办的企业知名度如何?（　　）

①没有知名度　②有一点　③较大

63. 您创办的企业融资渠道如何?（　　）

①较差　②一般　③较好

64. 您创业过程中是否得到了政府支持?（　　）

①是　②否

65. 如果得到了支持，主要是哪些支持（　　）可多选

①企业培训　②企业项目支持　　③加入了创业园区　④用地优惠
⑤简化登记手续　⑥信贷扶持　⑦提供了信息咨询
⑧提供了税收减免　⑨其他

66. 您是否担任了其他社会职务（如人大代表、政协委员、协会负责人、村干部等)?（　　）

①是　②否

67. 如果担任了，是担任了（　　　　）职务。

68. 与去年相比（如果不到 1 年，请与创业初期相比），您创业的总体绩效如何?（　　）

①很差　②比较差　③一般　④较好　⑤很好

其中，与上一年相比（如果不到 1 年，请与创业初期相比）……

68a. 您的营业收入增长速度如何？（　　　）

①很低　②较低　③一般　④较高　⑤很高

68b. 您的净利润增长速度如何？（　　　）

①很低　②较低　③一般　④较高　⑤很高

68c. 您的投资收益率如何？（　　　）

①很低　②较低　③一般　④较高　⑤很高

68d. 您的资产回报率如何？（　　　）

①很低　②较低　③一般　④较高　⑤很高

69. 与周围的主要竞争对手相比，您创业的总体绩效如何？（　　　）

①很差　②较差　③一般　④较好　⑤很好

其中，与周围的主要竞争对手相比……

69a. 您的营业收入增长速度如何？（　　　）

①很低　②较低　③一般　④较高　⑤很高

69b. 您的净利润增长速度如何？　　（　　　）

①很低　②较低　③一般　④较高　⑤很高

69c. 您的市场份额如何？　　　　　（　　　）

①很低　②较低　③一般　④较高　⑤很高

69d. 您的员工数量增长如何？　　　（　　　）

①很低　②较低　③一般　④较高　⑤很高

70. 与相同行业内其他创业者相比，您的创业总体绩效如何？（　　　）

①很差　②较差　③一般　④较好　⑤很好

其中，与相同行业内其他企业者相比……

70a. 您的营业收入增长速度如何？（　　　）

①很低　②较低　③一般　④较高　⑤很高

70b. 您的净利润增长速度如何？　　（　　　）

①很低　②较低　③一般　④较高　⑤很高

70c. 您的市场份额如何？　　　　　（　　　）

①很低　②较低　③一般　④较高　⑤很高

70d. 您的员工数量增长如何？　　　（　　　）

①很低　②较低　③一般　④较高　⑤很高

71. 创业扶持政策满意度评价（注意：“1”表示自己根本没有享受到此类政策，满意度很低；“2”介于1～3；“3”表示虽然享受到此类政策，但基本上没有得到好处，满意度较低；“4”表示享受到此类政策，并从中获得了一定效益，但与预期目标或与其他人相比要差一些，满意度一般；“5”表示受到此类政策，获得了比较好的效果，满意度较高；“6”介于5～7；“7”表示享受到此类政策，并获得了比较别人更多的好处，满意度很高）。

请根据评价项目分别在数字对应的方格中打“√”

编号	评价项目	1	2	3	4	5	6	7
V1	创业培训							
V2	创业项目							
V3	创业园区							
V4	用地优惠							
V5	简化工商登记							
V6	信贷扶持							
V7	信息咨询							
V8	税收减免							
V9	对创业扶持政策的总体满意度							

您对大学生村官创业的看法和意见是：

访问结束时间：　　月　　日　　时　　分

《大学生村官创办企业现状调研提纲》

为进一步了解大学生村官所创企业状况，发掘大学生村官创业典型，依托国家自然科学基金项目《企业环境、自我效能与大学生村官创业问题研究》支持，我们拟就大学生村官创办企业进行调研，调研对象为企业负责人（大学生村官），调研主要内容包括但不限于以下方面。

1. 创业企业基本情况介绍：主要有创业时间、领域、地点及创业形式；创业者个人特征、创业资金数额及来源；企业资本、年销售额、就业或带动就业人数、税额、利润等。

2. 创办该企业的主要动因（主要可从自身特点和外部环境两个方面梳理）。

3. 目前企业运行状况描述。

4. 当前企业运行面临的主要问题。

5. 创办及经营企业的主要感想。

6. 促进大学生村官创业的主要建议。

参 考 文 献

［1］［美］艾芙·居里. 居里夫人传［M］. 左明彻译. 北京：商务印书馆，2014.

［2］艾娟，周海燕，严晶华，黄红霞. 成就动机与创业意向的关系：自我效能感的中介作用［J］. 创新与创业教育，2016（1）：78－80.

［3］［澳］霍华德·H. 佛雷德里克. 创业学［M］. 北京：中国人民大学出版社，2011.

［4］［美］彼得·德鲁克. 创新与企业家精神［M］. 北京：机械工业出版社，2012.

［5］宾幕容. 大学生创业意愿影响因素研究综述［J］. 教育观察（上半月），2015（10）：28－29，38.

［6］蔡静，李剑富. 创业自我效能研究及其在大学生村官创业中的应用［J］. 中国农业教育，2015（6）：64－69.

［7］蔡莉，崔启国，史琳. 创业环境研究框架［J］. 吉林大学社会科学学报，2007，47（1）：50－56.

［8］查佐明. 大学生"村官"创业中的六对辩证关系［J］. 当代青年研究，2010（2）：18－21.

［9］陈华. 大学生农村创业的SWOT分析及路径选择［J］. 农业经济，2010（8）：48－50.

［10］陈权等. 大学生"村官"在社会主义新农村建设中的作用［J］. 江苏农业科学，2015，43（8）：457－459.

［11］陈权，尹俣潇. 大学生创业自我效能感及影响因素实证研究［J］. 高校教育管理，2015（6）：115－120.

［12］陈森青，仇湘云，孙月. 大学生村官创业影响因素的实证研究——基于江苏省"百村千（村）官"调研成果的分析［J］. 第一资源，2014（2）：

105 - 110.

［13］陈森青，杨红进．大学生"村官"创业的影响因素研究——基于江苏省"百村千（村）官"调研成果的分析［J］．中国成人教育，2014（20）：133 - 135.

［14］陈文娟，姚冠新，徐占东．大学生创业意愿影响因素实证研究［J］．中国高教研究，2012（9）：86 - 88.

［15］陈裕先，郭向荣．新世纪大学生创业环境建设探讨［J］．中国成人教育，2006（4）：44 - 45.

［16］陈志祥，马士华，王一凡．用户满意度评价模型及实证分析［J］．系统工程，1999（5）.

［17］程继明．大学生村官职业能力体系的构建与应用［D］．南京：南京大学，2011.

［18］程伟．农民工返乡创业研究［D］．咸阳：西北农林科技大学，2011.

［19］池仁勇．美日创业环境比较研究［J］．外国经济与管理，2002（9）.

［20］崔萌．对农民创业行为及其影响因素的研究——基于扬州市5县（市、区）495名创业者的问卷调查［J］．金融纵横，2010（4）.

［21］丁明磊，杨芳，王云峰．试析创业自我效能感及其对创业意向的影响［J］．外国经济与管理，2009（5）：1 - 7.

［22］杜建华，田晓明，蒋勤峰．基于动态能力的企业社会资本与创业绩效关系研究［J］．中国软科学，2009（2）.

［23］段彩丽，焦伟伟，范彬．大学生返乡创业倾向影响因素研究——基于结构方程模型［J］．调研世界，2016（7）：27 - 32.

［24］段美．大学生创业能力培养问题研究［D］．保定：河北农业大学，2011.

［25］段锦云．基于创业事件模型的农民工创业意向影响因素研究［J］．数理统计与管理，2012（6）.

［26］范明，肖璐．基于社会网络视角的大学生村官创业意愿研究［J］．农业经济问题，2012（5）：82 - 112.

［27］范巍，王重鸣．创业倾向影响因素研究［J］．心理科学，2004（5）.

[28] 范巍，王重鸣. 创业意向维度结构的验证性因素分析 [J]. 人类工效学，2006（1）：14 – 16.

[29] 冯婵璟，谈丹. 大学生村官创业意愿：形成过程、影响因素及培养路径 [J]. 高等工程教育研究，2016（3）：75 – 79，84.

[30] 付冬娟，于洋. 大学生创业自我效能感与培养 [J]. 煤炭高等教育，2014（1）：94 – 96.

[31] 关培兰. 中外女企业家发展问题研究 [M]. 武汉：武汉大学出版社，2003.

[32] 郭雷振. 近年来全球大学生创业意向分布特征与若干影响因素——基于瑞士 GUESSS 国际调研数据的分析 [J]. 比较教育研究，2016（9）：47 – 54.

[33] 郭晓丹. 基于 GEM 模型框架的辽宁省创业环境解析与评价 [J]. 财经问题研究，2009（11）.

[34] 郭元源，陈瑶瑶，池仁勇. 城市创业环境评价方法研究及实证 [J]. 科技进步与对策，2006（2）：141 – 145.

[35] 韩力争. 创业自我效能感的理论界定 [J]. 南京财经大学学报，2006（6）：83 – 86.

[36] 韩力争，傅宏. 大学生创业自我效能感量表的构建 [J]. 南京师大学报，2009（1）.

[37] 郝向宏. 大学生村官形象的建构与媒体传播 [D]. 武汉：武汉大学，2012.

[38] 何志聪. 中小民营企业家创业动机及其影响因素研究 [D]. 浙江：浙江大学，2004.

[39] 侯飞. 基于创业动机和创业自我效能感视角的创业倾向模型构建及实证研究 [D]. 吉林：吉林大学，2014.

[40] 侯飞，粟郁. 创业自我效能感的维度研究 [J]. 会计与经济研究，2015（3）：90 – 100.

[41] 胡定寰. 同一地区内企业与企业之间的相互影响和作用——以中国农村工业企业为例 [J]. 中国农村观察，2002（6）.

[42] 胡书伟. 社会资本与大学生就业关系的实证研究 [D]. 湖南：中南大学，2010：8 – 65.

［43］胡亚波，沈涛，刘卫华．武汉市大学生创业环境与对策研究［J］．中国青年研究，2010（1）．

［44］胡永青．基于计划行为理论的大学生创业倾向影响因素研究［J］．教育发展研究，2014（9）：77－81．

［45］胡跃高．2013中国大学生村官发展报告［M］．北京：中国农业出版社，2013．

［46］黄晓勇．基于结构化视角的农民工返乡创业研究——以重庆为例［D］．重庆：重庆大学，2012．

［47］江珊，李剑富．创业环境与大学生村官创业问题——一个基于三维度视角的研究述评［J］．高等农业教育，2015（7）：76－79．

［48］江苏省委组织部省委研究室课题组．大学生“村官”工作长效机制探究——以江苏省为例［J］．南京大学学报（哲学·人文科学·社会科学版），2010（3）：5－15，157．

［49］教育部办公厅．教育部办公厅关于做好选聘高校毕业生到村任职相关工作的通知［EB/OL］．中华人民共和国教育部网站，2008－4－22．

［50］孔达．社会认知［M］．周治金，朱新秤等译．北京：人民邮电出版社，2013．

［51］李丹丹，李剑富．创业事件模型视域下大学生村官创业意愿研究［J］．创新与创业教育，2017，8（3）：52－56．

［52］李剑富，郭金丰．大学生村官工作发展历程、政策效应及推进策略［J］．理论导刊，2010（6）．

［53］李剑富，江珊．环境约束下大学生村官创业倾向的影响因素研究［J］．农林经济管理学报，2018，17（2）：210－217．

［54］李江红．大学生村官创业能力结构模型的构建与评价［J］．淮阴工学院学报，2013，12（6）：86－88．

［55］李尚坤．重庆市大学生村官任职期满出路问题研究［D］．四川：四川农业大学，2013．

［56］李伟．大学生村官聘任期满留村创业的困境与对策［J］．黑龙江对外经贸，2011（7）：3－4．

［57］李文婷，曹琳琳，陈叙伊等．基于GEM模型的杭州城市创业环境

研究 [J]. 科研管理, 2008 (12).

[58] 李永强, 白璇, 毛雨, 曾峥. 基于 TPB 模型的学生创业意愿影响因素分析 [J]. 中国软科学, 2008 (5): 122 – 128.

[59] 林嵩. 创业倾向模型评述与展望 [J]. 科技进步与对策, 2014 (6).

[60] 刘慧. 大学生村官创业富民制约因素分析——基于连云港市大学生村官的调查 [J]. 社会科学家, 2011 (1): 68 – 70.

[61] 刘唐宇. 中部欠发达地区农民工回乡创业影响因素研究——以江西赣州地区为例 [D]. 福州: 福建农林大学, 2010.

[62] 刘小元, 林嵩. 社会情境、职业地位与社会个体的创业倾向 [J]. 管理评论, 2015, 27 (10): 138 – 149.

[63] [美] 马斯洛. 动机与人格 [M]. 第 3 版. 许金声译. 北京: 中国人民大学出版社, 2012.

[64] 马占杰. 国外创业意向研究前沿探析 [J]. 外国经济与管理, 2010 (4): 9 – 15, 24.

[65] 买忆媛, 甘智龙. 我国典型地区创业环境对创业机会与创业能力实现的影响 [J]. 管理学报, 2008, 5 (2): 274 – 278.

[66] 莫光辉. 少数民族地区农民创业与农村扶贫研究——广西天等县的实证分析 [D]. 武汉: 武汉大学, 2013.

[67] 聂邦军. 大学生村官创业的长效机制研究 [J]. 中国青年研究, 2011 (6).

[68] 邱晨辉. "流得动" 渐成现实 "下得去" 仍需努力 [N]. 中国青年报, 2011 – 4 – 22.

[69] 邱丹. 吉林省大学生创业模式分析 [D]. 长春: 吉林大学, 2014.

[70] 邱滋松. 永安市青年农民创业倾向影响因素的实证研究 [D]. 福建: 福建农林大学, 2015: 36 – 38.

[71] 曲可佳, 邹泓. 家庭社会经济地位、父母教养行为与大学生职业生涯探索的关系 [J]. 心理发展与教育, 2013 (5): 500 – 505.

[72] 单莎娜. 资源整合能力、创业导向与新创企业绩效关系的研究——基于涟水大学生 "村官" 创业的实证研究 [D]. 南京: 南京财经大学, 2011.

[73] 邵阳, 陈晓莉, 李上献. 大学生 "村官" 创业态度和创业倾向的影

响因素分析——以温州市为例 [J]. 企业科技与发展，2011（3）.

[74] 石智雷，谭宇，吴海涛. 返乡农民工创业行为与创业意愿分析 [J]. 中国农村观察，2010（5）：25 – 47.

[75] 宋亚飞. "大众创业、万众创新" 背景下的大学生村官创业问题研究 [J]. 淮海工学院学报（人文社会科学版），2015，13（5）：116 – 118.

[76] 孙春玲，张梦晓，赵占博，杨强. 创新能力、创新自我效能感对大学生自主创业行为的影响研究 [J]. 科学管理研究，2015（4）：87 – 90.

[77] 孙红霞，郭霜飞，陈浩义. 创业自我效能感、创业资源与农民创业动机 [J]. 科学学研究，2013（12）：1879 – 1888.

[78] 谭江林，郑晴晴，吴晓妹. 大学生 "村官" 创业之惑与创业平台支持体系构建——以安徽省为研究视角 [J]. 安徽行政学院学报，2015（6）：7 – 112.

[79] 汤明. 创业自我效能感的维度划分及其与创业之关系探究 [J]. 邵阳学院学报（社会科学版），2009（2）：66 – 68.

[80] 唐靖，姜彦福. 初生型创业者职业选择研究：基于自我效能的观点 [J]. 科学学与科学技术管理，2007（10）：180 – 185.

[81] 唐文跃，马德峰. 大学生 "村官" 创业富民的表征及制度规引 [J]. 西北人口，2015（3）.

[82] 田芳. 农民工对返乡创业政策认知及其宣传效果评价研究——以江西为例 [D]. 南昌：江西农业大学，2012.

[83] 田桂芬. 农村创业型经济背景下大学生村官创业长效机制研究 [J]. 农村经济与科技，2015（1）：171 – 173.

[84] 王超恩，刘庆. 社会资本与农民工创业融资方式选择 [J]. 西北农林科技大学学报（社会科学版），2015，15（2）：43 – 50.

[85] 王莉娜，任中平. 大学生村官创业问题研究——基于衢州市七里乡的观察 [J]. 山西农业大学学报，2011（11）：1163 – 1167.

[86] 王民朴，万远英. 大学生 "村官" 创业风险防范机制研究 [J]. 西部经济管理论坛，2011（3）：67 – 84.

[87] 王卫华. 大学生 "村官" 创业现状、问题及对策研究——以江苏省南通市为例 [D]. 苏州：苏州大学，2010.

[88] 王显玲. 浙江大学生农业创业意愿的影响因素研究 [D]. 杭州：浙江农林大学，2014.

[89] 王雨，王建中. 大学生创业意愿影响因素研究——基于社会网络关系视角 [J]. 经济与管理，2013 (3)：64 –68.

[90] 王泽兵，黄钢威，朱建军. 大学生职业生涯规划概论 [J]. 成都：西南财经大学出版社，2011 (10).

[91] 危旭芳，罗必良. 农民创业研究：一个文献综述 [J]. 中大管理研究，2014 (3)：187 –208.

[92] 魏翠妮，李云龙. 大学生村官创业情况调查研究——以江苏省为例 [J]. 中国大学生就业，2014 (2)：3 –8.

[93] 吴梦迪. 从多维度提升大学生创业能力 [N]. 中国社会科学报，2015 –3 –6 （B02）.

[94] 吴明隆. SPSS 统计应用实务 [M]. 北京：科学出版社，2003.

[95] 吴明隆. 问卷统计与操作实务——SPSS 操作与应用 [M]. 重庆：重庆大学出版社，2015.

[96] [美] 西奥多·W. 舒尔茨. 人力资本投资——教育和研究的作用 [M]. 北京：商务印书馆，1990：28 –35.

[97] 夏朝丰. 新农村建设中推动大学生村官成功创业的对策思考 [J]. 宁波大学学报（人文科学版），2010 (6)：57 –61.

[98] 肖红伟. 地方高校大学生创业能力现状调查及其培养策略研究——以宜春学院为例 [D]. 上海：华东师范大学，2006.

[99] 谢志远等. "大学生村官"创业存在的问题与对策 [J]. 教育发展研究，2010 (9)：47 –49.

[100] 徐康. 湖北省大学生村官创业研究——基于咸宁市的个案分析 [D]. 南京：南京农业大学，2012.

[101] 严圣阳. 以农民资金互助破解农村创业资金短缺问题 [J]. 经济纵横，2015 (5)：48 –52.

[102] 严正，卜安康. 胜任素质模型构建与应用 [M]. 北京：机械工业出版社，2011.

[103] 杨道建，赵喜仓，陈文娟，朱永跃. 大学生创业培养环境、创业品

质和创业能力关系的实证研究 [J]. 科技管理研究, 2014 (20): 129 – 139.

[104] 杨隽萍, 覃予, 王俏尹, 王丹俊. 创业者风险管理能力、创业自我效能与新企业成长 [J]. 人类工效学, 2015 (2): 4 – 9.

[105] 杨亮承, 鲁可荣. 社会资本视角下大学生 "村官" 创业的可行性及基本路径分析 [J]. 山东青年政治学院学报, 2013 (3): 49 – 54.

[106] 杨亮程. 大学生 "村官" 创业过程中社会资本的获取与应用 [D]. 浙江: 浙江师范大学, 2012.

[107] 杨依霖. 吉林省大学生村官职业能力培养研究 [D]. 长春: 吉林农业大学, 2012.

[108] 姚丽萍, 朱红根. 农民创业地域选择的影响因素分析——基于江西省 80 份创业农民问卷调查 [J]. 湖南农业大学学报, 2015 (5): 18 – 24.

[109] 姚晓莲. 从创业意愿到创业行为的认知失调模型研究——以大学生为例 [D]. 浙江: 南京理工大学, 2014.

[110] 姚祎, 赵蕊. 新型城镇化进程中的大学生农村创业研究——以安徽省大学生村官为例 [J]. 农学学报, 2015, 5 (2): 118 – 123.

[111] 尹德志. 构建促进大学生村官创业的可持续发展机制 [J]. 理论与改革, 2011 (4): 6 – 8.

[112] 于海涛. 大学生 "村官" 职业发展研究 [D]. 山东: 中国海洋大学, 2012.

[113] 余帆. 大学生村官创业相关问题及对策研究——以温州市为例 [D]. 安徽: 温州大学, 2015.

[114] 袁晓辉, 王卫卫. 创业型经济背景下大学生村官的角色转变与功能拓展 [J]. 农村经济, 2011 (3): 123 – 126.

[115] 袁应文. 利益相关者态度与创业意愿关系的实证研究 [D]. 北京: 中山大学, 2008.

[116] 张朋飞. 大学生创业能力培养对策研究——以团队运作为例 [D]. 大连: 大连理工大学, 2013.

[117] 张文彤. SPSS 统计分析基础教程 [M]. 北京: 高等教育出版社, 2004.

[118] 张秀娥, 何山. 刍议创业环境的内涵与维度 [J]. 商业时代,

2010（2）：22，27.

［119］张玉利，陈寒松．创业管理［M］．北京：机械工业出版社，2008：14-59.

［120］张志宇，王建升，常凤霞．发展农民贷款难题——濮阳市农村贷款互助合作社的运作模式探析［J］．经济研究导刊，2013（3）：46-50.

［121］赵红燕，李剑富．创业环境、自我效能与大学生村官创业动机［J］．中国农业教育，2018（2）：70-79，96.

［122］甄若宏，周建涛，郑建初，邵明灿，徐胜．关于助推大学生村官创业的思考——以江苏省农业科学院为例［J］．中国农学通报，2013，2（23）：112-116.

［123］郑炳章，朱燕空，赵磊．创业环境影响因素研究［J］．经济与管理，2008（9）：58-61.

［124］钟桂荔．外部环境影响大学生村官成长的实证研究［J］．西北农林科技大学学报（社会科学版），2015（3）：56-64.

［125］钟王黎，郭红东．农民创业意愿影响因素调查［J］．华南农业大学学报（社会科学版），2010（2）：23-27.

［126］周桂瑾，许敏，俞林．高职学生创业意愿影响因素实证研究［J］．技术经济与管理研究，2014（11）：50-53.

［127］周鸿．大学生村官创业现状分析及扶持建议［J］．中国农垦，2014（11）：37-40.

［128］祝敏丹．大学生创业意愿调查研究——以广东海洋大学为例［J］．长江大学学报（社会科学版），2012（4）：165-166.

［129］Aldrich. Organization and Environment［M］. Fort Worth：Harcourt College Publishers，1979.

［130］Anna Lee Saxenian. Silicon Valley's New Immigrant Entrepreneurs［Z］. San Francisco：Public Policy Institute of California，Working Paper，2000.

［131］Audet J. A. Longitudinal study of the entrepreneurial intentions of university students［N］. Paper presented at the annual meeting of the Babson Kaufmann Entrepreneurship Research Conference，Boulder，CO（June）. 2002.

［132］Audet J. L'impact de deux projects de session sur les perception et intentions entrepreneuriales d'etudiants en administration [J]. Journal of Small Business and Entrepreneurship, Vol. 17, No. 3, 2004, pp. 223 – 240.

[133] Aurora A. C. Teixeira, Rosa Portela Forte. Prior education and entrepreneurial intentions: The differential impact of a wide range of fields of study [J]. Review of Managerial Science, Vol. 9, No. 10, 2015, pp. 1 – 42.

[134] Austin J., Skillern J. W. Social and Commercial Entrepreneurship Same, Different, or both [J]. Entrepreneurship Theory and Practice, 2006 (1): 1 – 22.

[135] Bandura A. Social Foundations of Thought And Action: A Social—Cognitive View [M]. Englewood Cliffs, NJ: Prentice – Hall, 1986.

[136] Bandura A. Toward a unifying theory of behavioral change [J]. Psychological Review, 1977, 84 (2): 191 – 215.

[137] Barbosa S. D., Gerhardt M. G. and Kickul J. R. The role of cognitive style and risk preference on entrepreneurial self-efficacy and entrepreneurial intentions [J]. Journal of Leadership and Organizational Studies, 2007, 13 (4): 86 – 104.

[138] Barkham R. J. Entrepreneurial characteristics and the size of the new firm: a model and an econometric test [J]. Small Business Economics, 1994 (6): 117 – 125.

[139] Baron R. A. The Cognitive Perspective: A Valuable Tool for Answering Entrepreneurship's Basic "Why" Questions [J]. Journal of Business Venturing, 2004 (2).

[140] Bentler P. M., Chou C. P. Practical issue in structural modeling [J]. Sociological Methods and Research, 1987 (16): 78 – 117.

[141] Bird B. Implementing Entrepreneurial Ideas: The Case for Intention [J]. Academy of Management Review, 1988, 13 (3): 442 – 453.

[142] Black S. E., Strahan P. E. Entrepreneurship and Bank Credit Availability [J]. Journal of Finance, 2002 (6).

[143] Blanch flower D. G. Self-employment in OECD Countries [J]. Labor Economics, 2000 (5).

[144] Bosma N., Hardlng R. Global Entrepreneurship Monitor GEM 2006

Results ［R］. London Business School, 2007.

［145］ Bourdieu P. The Logic of Practice ［J］. Studies in Philosophy & Education, 1990, 7 (1): 28 –43.

［146］ Boyd N, Gand G. S. Vozikis. The influence of self-efficacy on the development of entrepreneurialintentions and actions ［J］. Entrepreneurship Theory and Practice, 1994, 18 (4): 63 –77.

［147］ Carree M. A. , Thurick A. R. The Impact of Entrepreneurship on Economic Growth ［M］. And book of Entrepreneur ship Research, 2003: 437 – 471.

［148］ Chen C. C. , Greene P. G. , Crick A. Does entrepreneurial self—efficacy distinguish entrepreneurs from managers ［J］. Journal of Business Venturing, 1998, 13 (3): 295 –316.

［149］ Christian Kenschnigg, Soren Bo Nielsen. Start-ups, Venture Capitalists and the Capital Gains Tax ［J］. Journal of Public Economics, 2004 (88).

［150］ Ciavarella M. A. , Buchholta A. K. The Big Five and Venture Survival: Is there a Linkage? ［J］. Journal of Business Venturing, 2004 (9).

［151］ Coleman J. Sociological Analysis of Economic Institutions: Social Capital in the Creation of Human Capital ［J］. American Journal of Sociology, 1998 (94): 95 –120.

［152］ Davidsson P. , Honig B. The Role of Social and Human Capital among Nascent Entrepreneurs ［J］. Journal of Business Venturing, 2003 (3).

［153］ Davidsson P. J. Wiklund. Values, Beliefs and Regional Variations in new Firm Formation Rates ［J］. Journal of Economic Psychology, 1997 (18).

［154］ De Noble A. F. , Jung D. I. , Ehrlich S. B. Entrepreneurial self-efficacy: The development of a measure and its relationship to entrepreneurial action ［A］. Reynolds R. D. et al (Eds). Frontiers of Entrepreneurship Research ［C］. Waltham, MA: P&R Publication Inc. 1999, pp. 73 –87.

［155］ Forbes D. P. The effects of strategic decision making on entrepreneurial self-efficacy ［J］. Entrepreneurship Theory and Practice, 2005, 29 (5): 599 – 626.

［156］ Gnyawali D. R. , Fogel D. S. Environments for Entrepreneurship Development: Key Dimensions and Research Implications [J]. Entrepreneurship Theory and Practice, 1994, 18 (4): 43 – 62.

[157] Hawkins D. L. New Business Entrepreneurship in the Japanese Economy [J]. Journal of Business Venturing, 1993 (8).

[158] Henry C., Hill F., and Leitch C. Entrepreneurship Education and Training: Can Entrepreneurship be Taught? [J]. Education Training, 2005 (2).

[159] Hyungrae J., Lee J. The Relationship between an Entrepreneurs Background and Performance in a New Venture [J]. Tecnovation, 1996 (4).

[160] Jill C. et al. The assessment of optimistic self-beliefs: Comparison of the Chinese, Indonesian, Japanese and Korean versions of the general self-efficacy scale [J]. New York: Psychology, 2005 (40): 1 – 13.

[161] Josephine B., Therese M., Annie S. Female Entrepreneurs out of the Frying Pan into the Fire [J]. The Irish Journal of Management, 2007 (5).

[162] Kolvereid L. and Isaksen E. New business strart-up and subsequent entry into self-employment [J]. Journal of Business Venturing, 2006, 21 (6): 866 – 885.

[163] Krueger N. F., Reilly M. D., Carsrud A. L. Competing models of entrepreneurial intentions [J]. Journal of Business Venturing, Vol. 15, No. 5/6, 2000, pp. 411 – 432.

[164] Liñán F., Santos F. J. Does Social Capital Affect Entrepreneurial Intentions? [J]. International Advances in Economic Researeh, 2007, 13 (4): 443 – 453.

[165] Maribel Guerrero, Josep Rialp, David Urbano. The impact of desirability and feasibility on entrepreneurial intentions: A structuralequation model [J]. Int Entrep Manag J., Vol. 15, No. 4, 2008: 35 – 50.

[166] Peterman N. E. and Kennedy J. Enterprise education: Influencing students' perceptions of entrepreneurship [J]. Entrepreneurship Theory and Practice, Vol. 28, No. 2, 2003: 129 – 144.

[167] Scott Shane. A General theory of entrepreneurship: The individual-opportunity nexus [M]. Cheltenham. UK: Edward Elgar, 2003.

［168］Shapero A. , SokolL. Thesoeial dimensions of entrepreneurship. In C A KENT, D. L. Sexton and K. H. Vesper（eds · ）Encyclopedia of entrepreneuro-hip. Englewood Cliffs, NJ: Prentice Hall, 1982: 72 – 90.

［169］Sherer R. F. , Adams J. S. , Carley S. S. , Wiche F. A. , Role model performance effects on development of entrepreneurial career preference［J］. Entrepreneurship Theory and Practice, 1989（13）: 53 – 71.

［170］Suzuki K. I. , Kim S. H. , Bae Z. T. , Entrepreneurship in Japanand Silicon Valley: A comparative study［J］. Technovaton, 2002, 22（10）: 595 – 606.

后　记

　　大学生村官创业是推动农村发展的助力剂，是实现乡村振兴的接力棒，是激发社会活力的催化剂，大学生村官在农村基层创业的鲜活事迹和生动案例，必将为广袤的农村大地增添新的动力。但大学生村官创业过程是一个复杂的经济、社会生成过程，需要各个层面、各个主体积极性的有效激发。

　　一是需要稳定的组织机构来统筹。大学生村官创业活动既是经济活动，也是政治活动，还是社会活动。从管理层面看，需要县级组织部门牵头，落实大学生村官创业管理和日常工作的衔接；从职能层面看，需要乡镇党委政府负责，规范大学生村官在村工作的职责及工作考核评价；从实践层面看，需要村级组织按照上级管理要求，为大学生村官开展村务工作创造条件，为大学生村官创业提供全面支持。同时，创业活动涉及部门多，省级选拔管理部门要在省级层面建立协调协作机制，联合农业、财政、税务、金融、工商及相关市场执法部门，解决大学生村官创业中的实践问题和工作难题。

　　二是需要特殊的配套政策来激励。基层创业难度大，农村市场空间小，农业投资回报慢，农民人力资本弱，大学生村官要在农村创业成功很不容易。特别是大学生村官大都是刚出校门，进入人生地不熟的农村，要得到村民的认同非常困难。因此，大学生村官到村要给予充分的支持，从乡镇党委政府、村级组织等各个层面的负责人都要予以更多的支持；在村工作和创业过程中要在日常工作安排、兼业工作要求、业务工作内容、岗位工作考核上给予一定弹性，让大学生村官有时间去创业、去经营、去管理，使创业实绩好的大学生村官同其他干得好的大学生村官一样，干事有平台、发展有保障、事业有支持。

　　三是需要健全的体制机制来促进。创业涉及面广，既需要好的环境，也需要个体的努力；既需要好的项目，还要充足的资金；既需要好的管理团队，也要相应的员工素质支持；既需要一定的特色资源，还需要一定的市场容量，等等。对于大学生村官农村创业，健全的体制机制是创业成功的重要基础。在资金管理上，把涉农资金中一部分作为农村创业引导资金；在项目推荐上，可把农村创业与地方招商引资项目有机联系，同引进产业紧密融合起来；在农村基础设施建设中，要真正把乡村振兴作为优先原则，优先投入农村、优先改善农村创业项目所需条件；要把农村集体经济组织作为大学生村官创业的重要载体，在股权配置、成员激励等方面给予政策的支持；在创业项目的延续上，由于大学生村官是有期限的，有因考录或招聘转换工作岗位流出的，其创业项目后续管理上可实行更加宽松的政策，不至于出现创业大学生村官一走，创业项目就解散的困境；在大学生村官发展上，要把创业带动效应作为考核大学生村官的核心指标，使创业大学生村官的政治地位、经济地位和社会地位都能得到认可。

今年是脱贫攻坚、全面建成小康社会的收官之年。未来巩固脱贫攻坚成果、在小康社会基础上实现更高质量发展，还需要大学生村官及其后续农村基层工作者的共同努力。需要我们紧扣乡村产业振兴目标，强化创新驱动，加强指导服务，优化创业环境，培育一批扎根乡村、服务农业、带动农民的农村创新创业带头人，发挥大学生村官及农村乡贤的"头雁效应"，以创新带动创业、以创业带动就业、以就业促进增收。大学生村官工作的实践表明，选拔高校毕业生到农村任职，鼓励高校毕业生到基层接受锻炼，是促进青年人才快速成长、增长才干的有效形式，是培养大批熟悉基层情况、对群众感情深厚的基层干部队伍的有效渠道，是保证中国特色社会主义事业薪火相传、后继有人的重要战略举措。大学生村官就近就地创业是带领农民致富、促进农业发展、实现乡村振兴的重要保障，是提高大学生村官素质的重要路径。我们要强化战略思维、系统思维和底线思维，积极通过政策引导、岗位指导、培训辅导大学生村官在农村一线发挥作用、锻炼成长；从打牢农村经济基础、夯实农村基层政权的战略高度，以改善农村干部结构、培养优秀后备人才和推进社会主义新农村建设、实现乡村振兴的战略举措去谋划，通过加强领导、完善体制、健全机制、创新载体、加强统筹、推进协作，大学生村官工作是大有可为、大学生村官创业大有作为、农村发展大有希望。

李剑富

2020 年 8 月